한국사

이야기로 술술 읽히는 **한국사**

ⓒ 늘푸른소나무 2017, Printed in Seoul, Korea

초판 1쇄 펴낸날 2021년 1월 5일
3쇄 2024년 3월 15일

엮은이 한국문화연구회 편
펴낸이 박일용
펴낸곳 늘푸른소나무
등록일자 2018년 02월 21일 **등록번호** 제25100-2018-000017호
주소 서울시 노원구 동일로 208길 20
전화 02-3143-6763 **팩스** 02-3143-3762
E-mail asokapa@naver.com

ISBN 979-11-963602-8-3 (03910)

이야기로 술술 읽히는

한국사

한국문화연구회 편

우리는 이 책을 통해 역사란 무엇인가를 다시 한 번 생각해 보고자 한다.

모름지기 역사란 우리 선조들의 생활상을 현재의 세태에 비추어 보고, 다가올 미래 세대를 준비하기 위함이다. 지난 세월을 되돌아보아 성찰하고 현재를 생각하며 미래를 설계하는 원동력이 역사인 것이다. 그래서 역사란 삶의 지표가 되어 우리와 함께 숨 쉬고 살아 움직이는 것이다.

이 책 〈이야기로 술술 읽히는 한국사〉는 오늘날의 우리가 함께 기억해야 할 선조들의 경험들로 가득 차 있다. 그래서 우리가 그 지혜로운 경험들을 함께 공유하며 미래의 목표와 이상을 함께 설계해 나갈 수 있게 훌륭한 길동무가 되어 준다.

우리는 매 순간 선택을 하면서 살아간다. 과거에 어떤 선택을 했던 그것이 현재의 우리를 만들고 또한 미래를 일구는 밑거름이 된다. 그 선택이 옳았다면 바르게 계승하고, 잘못되었다면 반성하여 올바르게 수정할 수 있어야 한다. 역사도 마찬가지이다. 역사적 순간의 선택이 오늘날의 현재가 되었고, 또한 우리들의 미래가 될 것이다. 우리는 역사 속에 속해 있고 역사는 거역할 수 없는 운명으로 우리의 삶을 이끌어 간다.

지금 이 순간에도 세상은 변화를 거듭하고 있고, 한국사는 세계사와 상호 영향을 주고받으며 성장과 발전을 거듭한다. 그래서 우리는 급변하는 국제 정세 속에서 장차 미래가 어떻게 변해갈 것인가를 불안해한다. 그래서 우리의 과제가 무엇이고 현재와 미래를 어떻게 대처해야 하는가를 역사를 통해서 배우고자 하는 것이다.

이 책은 고조선에서부터 6.25 한국 전쟁과 휴전 협정까지의 우리 역사를 아우르고 있다.

오천 년 역사의 수많은 역사적 사건들 중에서 사건 속의 인물을 중심으로 한 사람 한 사람의 생애를 이야기하듯 살펴보고 있으며, 또한 그 시대의 사회 생활상과 문화사에 대해서도 개략적으로 서술하고 있다. 그 방대한 역사 속 주인공들의 생애를 따라가다 보면 그 시대의 역사성을 엿볼 수 있고 역사를 좀 더 알기 쉽게 이해할 수 있을 것이다.

우리 역사는 우리 자신부터 소중히 여기고 자랑스러워해야 한다. 우리 말고는 그 어느 누구도 우리의 역사를 기억하고 지켜주지 못한다는 사실을 명심해야 한다.

한국문화연구회

신라

발해

후고구려와 후백제

고려

조선

근대

고조선

고조선의 형성

단군 조선

단군 조선은 고조선의 첫 번째 왕조인데, 단군 조선과 기자 조선을 구분하기 위해 단군 조선을 '전조선' 기자 조선을 '후조선'으로 부른다. 더구나 이성계가 세운 '조선'도 여기에서 빌려 온 것이다. 그래서 조선 왕실은 건국 초기부터 매년 시조 단군과 기자에게 제사를 지냈다.

단군 신화에 의하면 천제의 아들 환웅이 땅으로 내려가 인간세상을 구하겠다고 마음먹었는데, 이를 눈치 챈 천제는 환웅에게 천부 3신(풍백風伯, 우사雨師, 운사雲師)을 내리면서 인간세상으로 내려가라고 명했다.

단군

환웅은 천제의 명을 받아 3,000명의 무리를 이끌고 태백산 신단수 아래로 내려와 신의 도시를 세웠다.

도시를 세운 환웅은 천부 3신에게 인간이 생활하는 곡穀(곡식)·명命(생명)·병病(질병)·형刑(형벌)·선善·악惡 등 무릇 인간의 360여 가지의 일을 맡아서 세상을 다스리고 주관하도록 했다.

이에 두 가지 전설이 전해지고 있다. 첫 번째 전

설의 내용은 다음과 같다. 어느 날 곰과 호랑이가 환웅을 찾아와 인간이 되겠다고 애원했다. 이에 환웅은 쑥과 마늘을 내리면서 캄캄한 동굴에서 100일 동안 지내면 소원을 들어 주겠다고 약속했다.

성질 급한 호랑이는 포기하고 인내심이 강한 곰은 끝까지 견뎌냈다. 그러자 환웅은 21일 만에 곰을 여자로 만들어 주었는데 이름이 웅녀이다. 환웅은 웅녀를 아내로 맞이해 단군을 낳았다.

두 번째 전설의 내용은 이러하다. 신의 도시 근처에 아름다운 처녀 웅녀가 살고 있었다. 환웅은 웅녀와 결혼했고 단군이 태어났다.

성장한 단군은 기원전 2333년을 기준으로, 아사달에 도읍을 정하고 나라 이름을 조선으로 정했다.

단군[1]은 건국이념으로 홍익인간을 주창했다.

기묘년 주나라 무왕이 즉위할 때 기자를 복속시켜 영토를 넓힌 후 장당경으로 옮겼다가 아사달로 다시 돌아왔다. 그러던 어느 날 단군은 홀로 산 속으로 들어 산신이 되었다. 단군은 1,908년을 살았다.

단군 신화는 우리 역사상 최초의 국가인 고조선이 성립되는 과정을 보여 주는 중요한 내용이 들어 있다. 단군 신화가 만들어진 때는 청동기 시대이다.

단군 신화를 통해 곰과 호랑이라는 존재를 새롭게 이해할 수 있다. 단순히 두 동물이 사람이 되고자 한 것이 아니라 두 동물을 숭배하는 두 부족이 있었다고 보는 것이 좋을 듯하다. 두 부족 가운데 곰 부족이 호랑이 부족을 이기고 하늘에서 내려왔다는 힘센 부족과 합쳐 이 두 세력 사이에서 단군이라는 강한 지배자가 나온 것이다.

---

1) 단군(檀君) 또는 단군왕검(檀君王儉)이라고도 한다. 우리 민족의 시조이자 신화적인 인물. 고조선의 건국자로 전해지며 한민족의 역사에서 시조 신앙의 대상이기도 하다. 신화에 의하면 환웅과 웅녀 사이에 태어나 기원전 2333년 아사달에 도읍을 정하고 고조선을 세워 약 2천 년 동안 나라를 다스렸다고 한다.

단군왕검에서 '단군'은 제사장을 뜻하는 말이고, '왕검'은 임금과 발음이 비슷한 데서 알 수 있듯이 왕 또는 정치적 지배자를 뜻한다. 즉 종교와 정치를 모두 아우르는 지배자가 단군왕검인 것이다.

단군 신화를 역사적 사실로 받아들일 수는 없다. 그러나 단군왕검처럼 강력한 힘을 가진 지배자가 자신의 지위를 신성하게 만들기 위해 이러한 신화를 만든 것이다.

예족, 맥족, 한족이 널리 퍼져 있는 만주와 한반도에서 가장 먼저 모습을 나타낸 국가가 고조선이었다. 고조선이 들어서면서부터 주변의 여러 집단들이 강제로 합쳐지고 주민들도 서로 섞이게 되었다. 새로 들어선 국가는 백성을 다스리기 위해 말과 풍속을 통일하였고, 그 과정에서 주민들은 서로 융화되었다. 그리하여 고조선에서는 예족과 맥족이 서로 섞여 예맥족이 형성되었다.

한편 고조선 주변 지역에서는 고구려, 백제, 신라 등의 국가가 들어서기 시작하였다. 또 만주에서는 부여가 성립되었고, 낙동강 유역에서는 가야가 일어섰다. 이들 국가들은 각기 영토 안의 모든 백성들을 하나로 묶으려고 노력하였다.

고구려, 백제, 신라가 통일된 뒤 통일 신라는 고구려와 백제 사람들을 모두 받아들여 하나로 통일하였다. 그리고 고려는 후삼국과 발해 사람들을 모두 받아들임으로써 또다시 사람들을 융합하였다. 그 뒤 우리 민족은 고려와 조선을 거치면서 중국, 일본 민족과는 구별되는 독창적인 민족을 이루었다.

이와 같이 한민족은 고조선이 세워지면서 본격적으로 형성되기 시작한 것이다.

고조선의 국가 성립

고조선은 단군 한 사람이 세운 나라가 아니었다. 처음에는 단군과 같은 지배자들이 주변의 몇 개의 고을을 아우르고 나라라고 부르기에는 아직 규모가 작은 나라를 세웠다. 그 후 작은 나라 몇 개가 합쳐 더욱 세력이 큰 나라가 세워졌고 이러한 과정을 반복하면서 마침내 국가가 형성된 것이다.

우리가 알고 있는 고조선은 이렇게 만들어진 최초의 국가였다.

고조선이 크게 발전하기 시작한 것은 서기전 4세기가 지나서였다. 고조선을 다스리는 지배자는 자신을 왕이라 칭하며 이웃 나라인 연나라를 공격할 준비까지 할 정도로 세력이 커졌다. 실제로 공격하지는 않았지만 그 무렵 중국인들이 고조선 사람들을 '교만하고 사납다'고 할 정도로 세력이 커졌다.

고조선의 중심지로 짐작되는 곳은 만주 지역과 평양 지역이다. 만주 지역에서는 악기처럼 생긴 비파형 동검과 미송리형 토기라는 독특한 그릇이 발견되었는데, 이것은 고조선 사람들이 쓰던 물건이었다.

후기의 고조선 흔적은 한반도 청천강 이남, 평양 지역 주변에서 찾아볼 수 있다.

평양 일대에서는 세형 동검이라는 뾰족한 모양의 칼이 발달해 있었는데 바로 고조선 사람들이 사용하던 것들이었다.

이 시기에 이르러 청동기 문화는 한반도 안에서 독자적인 발전을 이루었다. 대표적 청동기인 비파형 동검은 한국식 동검인 세형 동검으로, 거친무늬 거울은 잔무늬 거울로 변하였다. 그리고 청동 제품을 만드는 틀인 거푸집도 전국의 여러 유적에서 발굴되고 있다.

고조선의 흔적은 처음에는 만주에서 발견되었고, 나중에는 평양 일대에서 발견되었다.

　이것으로 볼 때 처음 고조선은 만주에 있다가 오랑캐의 공격이 적으며, 농사짓기 좋은 비옥한 땅을 찾아서 한반도로 내려온 것으로 보인다.

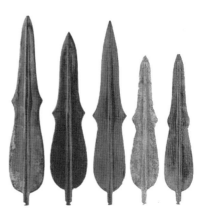

▲비파형 동검
▶세형 동검
▼거친무늬 거울

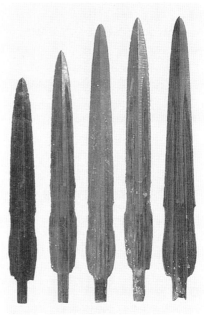

고조선 여덟 가지 법률

잘못을 저지른 사람을 처벌하는 법은 사회 질서를 지키기 위해 만든다. 원시 사회가 무너지면서 부자와 가난한 사람이 생겼다. 가난한 사람들이 굶주리다 못해 도둑질을 하는 경우가 대부분이었는데 부자는 많은 재산을 지키기 위해 엄한 법이 필요했다.

그래서 도둑질을 하면 노비로 삼거나 죄를 면하려면 벌금으로 50만의 돈을 내야 한다는 법을 만들었던 것이다.

그 법은 여덟 가지 법(팔조법금)인데 그 가운데 세 가지만 『한서』[2] 라는 중국 역사책의 조선전에 전하고 있다.

그 세 가지는 '첫째, 사람을 죽인 자는 곧바로 죽인다. 둘째, 남에게 상처를 입힌 자는 곡물로 갚는다. 셋째, 도둑질을 한 자는 그 집 노비로 만든다. 만일 죄를 면하려면 50만의 돈을 내야 한다.'로 되어 있다.

그러나 가난해서 도둑질을 한 사람이 50만이나 되는 큰 돈을 벌금으로 내는 것은 거의 불가능하였을 것이다. 오히려 50만이라는 돈은 노비를 사고 팔 수 있는 금액이었다. 이 만큼의 돈만 있으면 노비를 사고 팔 수 있을 정도로 고조선에는 지배자와 노비, 일반 백성이 뚜렷이 구분되어 있었다.

고조선에 노비가 많았다는 것은 순장 무덤을 통해서도 알 수 있다. 노비는 주인의 말에 무조건 따라야 했다.

고대 로마에서는 노비를 말하는 도구라고 부르며 가혹하게 다루었다. 고조선에서는 죽은 주인을 모시기 위해 함께 무덤 속으로 들어가야 했다. 즉 주인이 죽으면 살아 있는 노비를 강제로 죽여서 주인의 무덤에

---

2) 중국의 전한 시대 229년 동안의 역사를 기록한 책으로 반고다라는 사람이 지었다.

함께 묻었던 것이다. 이것을 '순장'이라 부른다.

　이러한 무덤은 요동 지방에서 많이 발견되었는데 고조선 때의 강상 무덤과 누상 무덤[3]에서는 100명이 넘는 노비들이 주인과 함께 묻혀 있었다. 고조선 사회에서는 많은 노비들이 죽어서도 주인을 섬기고, 지배자들은 죽어서까지 화려하고 편안한 생활을 누리려고 하였다.

---

3) 강상무덤과 누상 무덤은 땅을 파서 시체를 묻고 돌로 덮은 돌무지무덤이다. 서기전 8~5세기에 중국 랴오닝 성 여대 시 강상 지역과 누상 지역에서 만든 무덤이다.

청동기 문화와 고인돌

　기원전 3000년경을 전후하여 큰 강 유역에서 이른바 세계 4대 문명이 출현하였다. 이들 큰 강 유역에서는 청동기가 사용되었고, 관개 농업이 발달하였으며, 계급의 분화가 이루어졌다. 또한 도시 국가가 출현하고 문자를 사용하였는데, 이를 바탕으로 청동기 문화가 크게 발달하였다.

　기원전 2000년경에서 1500년 무렵에는 요령과 만주, 한반도 일대에서도 청동기 문화가 시작되었다. 청동기 시대에는 일부 지역에서 벼농사가 시작되는 등 농경이 더욱 발달하였다. 이에 따라 간석기와 토기도 더욱 다양해져 반달 돌칼, 민무늬 토기 등이 만들어졌다. 또한 농경이 발달함에 따라 토지와 생산물에 대한 사유 재산 개념이 발생하여 빈부의 차가 생기고 계급이 분화되었다.

　청동 무기의 보급으로 정복 활동이 활발해지면서 점차 계급 분화가

고인돌

뚜렷해지고, 막강한 권력과 경제력을 가진 지배자인 군장이 등장하였다. 거대한 고인돌은 당시 지배층들이 누렸던 권력과 부의 크기를 반영한 것으로 이해된다.

군장은 하늘에 대한 제사를 주관하여 권위를 세웠고, 천손사상을 내세워 주변 부족들을 통합하였다. 이에 사회 규모는 더욱 커졌고, 국가도 출현하였다. 고조선은 이 시기에 출현한 우리 역사상 최초의 국가였다.

기원전 5세기경부터 우리나라에서 철기가 사용되었다.

철기가 보급되면서 청동기는 의식용 도구로 사용하였다. 철제 농기구와 무기의 보급으로 농업 생산력이 크게 향상되어 경제 기반이 확대되었고, 정복 전쟁도 활발해졌다. 이에 따라 부족 간의 교역이 널리 확대되었고, 부족 사회의 통합도 촉진되었다.

빗살무늬 토기

한나라와의 전쟁

고조선이 한나라와 전쟁을 시작한 것은 서기전 109년 가을이었다. 한나라는 5만 명이 넘는 군대를 보내 고조선을 공격해 왔다. 고조선으로 도망가서 사는 한나라 사람들이 자꾸 늘어나는데 불만을 품었기 때문이다. 또한 한나라가 가장 무서워하는 적인 '흉노'와 고조선이 서로 교류하는 것을 보자 고조선을 더욱 눈엣가시처럼 여기게 되었다.

그때 한나라 사신 섭하가 편지를 가지고 왔는데, 편지의 내용이 너무나 무례하고 말도 되지 않는 내용이었다. 화가 난 왕이 편지를 받지 않고 다음 날 사신을 한나라로 돌려보냈다.

그러자 섭하는 자기 나라로 돌아가면서 국경선까지 자신을 호위해 준 고조선의 장수를 죽이고 강을 건너 도망가 버렸다. 그런데 중국 왕은 섭하를 처벌하기는커녕 오히려 벼슬을 내려 주었다. 이에 고조선의 신하와 백성들은 분노로 들끓기 시작했는데 곧장 한나라를 공격하자는 주장이 여기저기에서 터져 나왔다. 왕도 같은 생각을 하였다.

마침내 고조선의 용감한 병사들은 요동을 공격하여 섭하를 죽이고 원수를 갚은 뒤 의기양양하게 돌아왔다.

한편 자존심이 크게 상한 한나라는 즉시 고조선과 전쟁을 일으켜 그 뒤로 일 년여 동안 전쟁이 계속되었다. 전쟁을 치르는 동안에 고조선은 군사들과 백성들이 모두 힘을 합쳐 용감하게 싸웠다.

한나라 군대는 금방 끝내겠다는 자신감으로 전쟁을 일으켰지만 일 년 넘게 고조선을 이기지 못하고 있었다. 그 동안 한나라의 많은 장군들이 전쟁을 승리로 이끌지 못한 것에 책임을 지고 물러났다.

한나라가 힘으로는 고조선을 이기기 힘들다고 생각하자, 많은 재물과 벼슬을 미끼로 몇몇 신하들을 자기들 편으로 끌어들였다.

한음, 왕협을 비롯한 몇몇 신하와 장군들이 임금을 살해하고 한나라에 항복하는 일이 일어났다. 성기는 한나라 군대와 마지막까지 싸우다가 장렬히 전사하였다. 많은 백성과 군사들도 용감하게 싸우다가 고조선과 운명을 함께 하였다. 이렇게 하여 우리 민족이 가장 먼저 세운 나라인 고조선은 아쉽게도 역사에서 막을 내리게 되었다.

고조선이 멸망한 뒤, 한나라는 고조선 땅에 네 개의 군현(한사군)⁴을 설치하였다. 낙랑군·현도군·진번군·임둔군이 그것이다. 이 네 개의 군현 가운데 세 개는 30년도 채 되지 않아 고조선 사람들의 저항에 부딪혀 없어지거나 멀리 요동으로 쫓겨났으나, 낙랑군만이 313년까지 한반도에서 그 명맥을 간신히 지켜 나갔다.

---

4) 중국의 한나라 무제가 기원전 108년 고조선을 멸망시키고 그 땅에 설치한 네 군, 낙랑·현도·진번·임둔을 말한다.

고조선의 주변 나라

고조선이 위세를 떨치고 있을 무렵 북쪽에는 부여가 있었고, 남쪽에는 삼한(마한·진한·변한) 세력이 막 움트고 있었다.

만주 쑹화강 가까이에 자리잡고 있던 부여는 왕과 마가·우가·저가·구가로 불리는 귀족들이 나라를 다스리고 있었다. 정치와 종교가 아직 완전히 분리되지 못하였기 때문에 왕은 하늘에 제사 지내는 제사장인 동시에 백성을 다스리는 지배자였다.

부여에는 비가 많이 오거나 가뭄이 들어서 농사가 흉년이 들면 그것을 모두 왕의 탓으로 돌려 왕을 쫓아내고 다른 왕을 세우거나 어떤 때는 왕을 죽이기까지 하였다. 왕이 아직 고대 국가의 왕처럼 강력한 권력을 지니지 못하였기 때문이었다.

부여에도 고조선과 비슷한 법이 있었다. 사람을 죽이면 사형시키고 그 가족은 노비로 삼았으며, 도둑질을 하면 열두 배로 갚아야 했다. 대부분의 백성들은 촌락에서 농사를 지으며 살았다. 사회계급은 대가(귀족), 하호(평민), 노비로 나누어져 있었다.

음력 12월에는 백성들이 모두 모여 축제를 즐겼으며 하늘에 제사를 지내고 며칠 동안 먹고, 마시고, 노래하고, 춤추며 즐겼다. 또 이때 감옥에 갇혀 있는 죄수를 풀어 주었는데 이 축제를 영고[5]라고 불렀다.

부여는 고구려가 강성해지자 중국의 힘을 빌려 고구려를 누르려고 했다. 그러나 부여는 346년 연나라의 침입으로 무너졌고, 그 뒤 부여 땅은 광개토대왕에 의해 모두 고구려 땅이 되었다.

---

5) 부여에서 추수가 끝난 후 음력 12월에 하늘에 제사를 지내던 의식.

고조선 남쪽에서는 삼한이 나타났다. 삼한은 하나의 나라가 아니라, 마한·진한·변한의 세 나라로 이루어져 있었다.

마한은 지금의 경기도·충청도·전라도 지역에서, 진한은 대구·경주 지역을 중심으로, 변한은 낙동강 하류의 김해·마산 지역을 중심으로 자리하고 있었다.

삼한은 여러 개의 작은 나라들을 하나로 묶은 연맹체 국가였다. 마한은 54개의 소국으로 10여만 호에 이르렀으며, 진한은 12개, 변한 또한 12개의 소국으로 이루어졌으며 모두 4~5만 호에 이르렀다.

마한은 뒷날 한강 유역에 있던 백제국을 중심으로 백제가 되었고, 진한은 경주 지역의 사로국을 중심으로 신라가 되었다. 그러나 변한은 고대 국가 단계로 발전하지 못하고 가야 연맹체 단계에서 신라에게 정복되었다.

솟대

삼한에는 세력 크기에 따라 신지, 읍차 등으로 불리는 정치적 지배자가 있었고, 천군이라고 불리는 제사장이 있었다. 천군은 신성 지역인 소도[6]에서 농경과 종교에 대한 의례를 주관하였다. 천군이 다스리는 소도는 정치적 지배자의 권력이 미치지 못하는 곳으로, 죄를 지은 사람이 소도로 도망가면 함부로 잡으러 들어가지 못할 만큼 신성한 곳이었다.

이들 삼한은 철기 문화에 기반을 둔 농경 사회였다. 특히 철제 농기구를 사용하였고,

---

6) 삼한 시대 각 고을에 방울과 북을 단 큰 나무를 세우고 천신에게 제사 지내던 곳. 제의가 행해지는 신성한 구역이다.

벼농사를 중심으로 농사를 짓거나 누에를 쳐서 실을 뽑아 옷을 해 입었다. 삼한 사람들은 5월에 씨뿌리기를 마친 뒤 '수릿날(단오)'에 모두 모여 신에게 제사를 지내고, 노래하고 춤을 추며 즐겼다. 또 10월에는 수확한 후 감사의 제사를 지냈다.

한편, 변한 지역에서는 철이 많이 생산되어 화폐처럼 사용하였고, 낙랑과 일본에 수출하기도 하였다. 그러나 후일 백제의 세력이 커지면서 마한 지역을 통합했고, 낙동강 유역의 변한 지역에서는 가락국(가야)이, 진한 지역에서는 사로국이 성장하여 고대 국가의 기틀을 다져갔다.

고구려

고구려 B.C.37~A.D.668(삼국사기 기준)

동명성왕 B.C.37~B.C.19

2 유리왕 B.C.19~A.D.18

3 대무신왕 18~44

4 민중왕 44~48

5 모본왕 48~53

재사

6 태조왕 53~146

7 차대왕 146~165

8 신대왕 165~179

9 고국천왕 179~197

10 산상왕 197~227

11 동천왕 227~248

12 중천왕 248~270

13 서천왕 270~292

14 봉상왕 292~300

돌고

15 미천왕 300~331

16 고국원왕 331~371

17 소수림왕 371~384

18 고국양왕 384~392

19 광개토대왕 392~413

20 장수왕 413~491

조다

21 문자(명)왕 492~519

22 안장왕 519~531

23 안원왕 531~545

24 양원왕 545~559

25 평원왕 559~590

26 영양왕 590~618

27 영류왕 618~642

태양

28 보장왕 642~668

주몽의 탄생 신화

천제의 아들 해모수[7]가 어느 날 말을 타고 아리수(압록강)를 돌아보던 중 목욕하는 아름다운 여인을 만났다. 해모수는 이 여인에게 다가가 물었다.

"그대는 구구인가? 어찌하여 사람이 드문 이곳에 홀로 있는가?"

"소녀는 강을 다스리는 신 하백의 딸 유화라고 합니다."

"날도 저물고 길이 멀어 그대의 집에 유숙을 부탁해도 되겠나?"

"곤란합니다. 지금 소녀의 아비가 집에 계시지 않습니다."

"걱정하지 마라."

해모수는 유화를 안심시킨 후 하룻밤을 묵었다. 해모수는 유화에게 사랑을 고백하고 정을 나누었다.

그 다음 날, 해모수는 유하에게 다음의 말을 남기고 성으로 돌아갔다.

"나는 천제의 아들인데 오늘 급히 하늘나라로 돌아가야 한다."

며칠 후 강을 다스리는 신 하백이 돌아왔다. 하백에게는 딸이 셋 있었는데 유화가 첫째이고 훤화가 둘째, 위화가 셋째딸이었다. 동생들은 유화에게 있었던 일을 아버지 하백에게 고했다.

화가 난 하백은 유화를 집에서 내쫓았다. 이에 유화는 해모수를 만나

---

7) 북부여의 시조. 전설상의 인물로 홀승골성에 도읍하여 나라를 세워 국호를 북부여라 하였다. 천재(天帝)의 아들로 하백의 딸 유화와 사통하여 고구려의 시조 주몽을 낳았다.

기 위해 태백산 남쪽 우발수로 갔다.

유화가 강가에서 방황하고 있을 때 사냥하던 동부여 금와왕이 그녀를 발견하고 그녀를 자신의 궁에서 살게 하였다. 금와왕은 가섭원에 동부여를 세운 해부루의 아들이다.

해부루가 늙도록 자식이 없어 명산을 찾아다니며 기도했다. 그러던 중 바위 밑에서 개구리처럼 생겼는데 몸에서 금빛을 발산하고 있는 아기를 발견했다. 이 아기가 바로 해부루의 대를 이어 왕이 된 금와왕이다.

동부여의 궁에서 살게 된 유화는 출산의 고통을 겪다가 큰 알을 낳았다. 금와왕은 유화가 알을 낳았다는 소식을 듣고 신하들에게 명령했다.

"해괴한 일이구나. 사람이 알을 낳다니, 필시 불길한 징조이니 알을 돼지먹이로 주어라."

알을 돼지먹이로 주었더니 돼지들이 알을 피했다. 그러자 또 명령을 내렸다.

"그래? 그러면 길에 버려라."

역시 가축들도 모두 알을 피해 다녔다. 그러자 이번엔 들판에 버리도록 명했다. 들판에 버려진 알은 새들이 날아와 따뜻하게 품어 주었다.

그제야 왕은 그 알이 보통 알이 아니라고 생각하고 유화부인[8]에게 돌려 주라고 했다. 알을 돌려 받은 유화부인이 이불에 싸서 따뜻한 곳에 두자 며칠 후 건장한 사내아이가 알을 깨고 나왔다.

알에서 태어난 사내아이는 일곱 살이 되자 스스로 활과 화살을 만들었다. 더구나 화살을 쏘기만 하면 모두 백발백중이었다. 그 시대에는 활을 잘 쏘는 사람을 주몽[9]이라 했는데 유화부인이 아이가 활을 잘 쏜다

---

8) 전설상의 인물로 중국의 물의 신인 하백의 딸이라고 전해진다. 북부여의 시조인 해모수와 사이에 동명왕 주몽을 낳았다.
9) 주몽(BC 37~19 재위) 고구려의 시조. 성은 고(高)이며 이름은 주몽(朱蒙), 추모, 상해, 추몽, 중모, 도모 등으로 전해지고 있다. 동명성왕(東明聖王)이라고도 한다.

고 하여 주몽이라는 이름을 붙였다.

이때 금와왕에게는 태자 대소를 비롯
해 일곱 명의 왕자가 있었다. 주몽은 그
들과 함께 자랐지만 항상 왕자들보다 뛰
어나자 이를 시기한 첫째 왕자 대소가 금
와왕에게 말했다.

주몽

"주몽은 사람의 자식이 아닌데다가 능
력이 뛰어나고 용감하여 뒷날 반란을 일
으킬 것입니다. 지금 없애 버리는 것이 좋
을 듯합니다."

그러나 금와왕은 첫째 왕자의 말을 듣지 않고 주몽을 마구간으로 보
내 말을 돌보게 했다. 그러자 유화부인은 주몽에게 이렇게 일렀다.

"애야, 마구간에서 제일 잘 달리는 말을 고른 후 야위게 만들어야 한
다. 그 대신 다른 말들은 먹이를 많이 주어 살을 찌워라."

시간이 지나면서 주몽이 고른 말은 몹시 야위었고, 다른 말들은 살이
올라 보기 좋게 되었다.

그러던 어느 날 금와왕이 마구간에 들렀다가 여윈 말을 보고 놀라 물
었다.

"아니, 저 말은 왜 저렇게 말랐느냐?"

"대왕마마! 저의 불찰이옵니다."

"그럴 수도 있겠지. 저 마른 말을 너에게 주겠다. 이제부터 마구간 일
은 그만두고 저 말을 잘 길러 보거라."

주몽은 여윈 말을 명마로 길러냈다.

주몽이 스무 살이 되었을 때 유화부인은 예씨와 짝을 맺어 주었다. 그
렇지만 태자 대소를 비롯한 일곱 명의 왕자들은 주몽을 해치기 위해 호

시탐탐 기회를 노리고 있었다. 그래서 주몽은 떠나기로 마음먹었다.

마침 어머니 유화부인도 주몽을 불러 부여궁을 떠나라고 했다.

이에 주몽은 임신 중인 아내에게 달려가 칼집에서 칼을 뽑아 두 동강을 낸 후 반쪽을 아내에게 주며 이렇게 말했다.

"반쪽의 칼을 일곱 모서리가 있는 돌 위 소나무 밑에 묻어 두겠소. 만약 사내아이가 태어나면 이것을 찾은 후 나에게 보내시오."

그런 다음 주몽은 그의 친구들인 오이와 협보와 마리 등을 불렀다.

"난 오늘 이곳을 떠나기로 결정했다."

"형님, 어디로 가시려고 하십니까?"

"남쪽으로 내려가 나라를 세우겠다."

"저희들도 함께 따르겠습니다."

주몽은 그들과 함께 자신이 길러온 명마를 타고 부여궁을 떠났다. 이 사실을 늦게 보고받은 태자 대소는 군사들을 데리고 주몽을 쫓았다.

앞서 떠난 주몽 일행은 엄호수에 도착했다. 하지만 강이 깊어 건널 수가 없었다. 그는 손으로 하늘을 가리키며 강물을 향해 소리쳤다.

"나는 해모수의 아들이자 강을 다스리는 신 하백의 외손자이다. 지금 뒤쫓는 자들을 피해 여기까지 왔으나 강을 건너지 못하고 저들에게 붙잡힐 것 같으니 이를 어찌할 것인가!"

그리고는 활로 물을 내리치자 물 속의 물고기와 거북이가 올라와 다리를 만들었다. 그리하여 그들은 무사히 강을 건널 수 있었다.

주몽 일행이 무사히 강을 건너자 물고기와 자라들은 감쪽같이 사라졌다. 이들 일행은 모둔골에 도착했는데 이곳에서 기골이 장대한 무골, 재사, 묵거 등을 만났다.

주몽은 이들에게 자신의 뜻을 말했다.

"내가 큰 뜻을 품고 나라를 세우려고 하오. 오늘 세 분을 만난 것은 하늘의 뜻이라 생각합니다."

"거두어만 주신다면 충성으로 따르겠습니다."

이에 주몽은 졸본[10]에 도착했는데 이곳은 땅이 기름지고 도읍을 정하기에 안성맞춤이었다. 22세의 주몽은 비류수 강가에 초가를 짓고 나라 이름을 고구려(기원전 37년)라 하였다.

---

10) 졸본(卒本) 고구려의 시조 주몽이 도읍을 정한 곳으로, 정확한 위치는 알 수 없으나 훈강 유역의 환인 지방으로 추측하고 있다.

압록강 가에 세워진 고구려

주몽은 처음에는 계루부의 우두머리에 지나지 않았다.

어느 날 주몽이 비류수 가를 거닐다가 거슬러 올라가서 송양국 소노부에 도착하였다.

송양국의 왕이 주몽에게 말했다.

"그대는 보통 사람이 아닌 것 같은데 어디서 온 누구인가?"

"나는 하늘나라 황제의 아들로 지금 나라를 세워 다스리고 있소."

"이 나라는 이미 오래 전부터 있어온 나라요. 한 나라에 두 명의 왕이 있을 수 없으니 그대가 나의 부하가 되는 것은 어떻소?"

주몽은 몹시 화가 났지만 겉으로는 드러내지 않고 말했다.

"힘을 겨루어 이기는 사람이 왕이 되기로 합시다."

"좋소."

무용총 수렵도

이 힘겨루기에서 주몽이 이기고 계루부가 연맹체의 중심 세력이 되었다.

계루부는 점점 더 강해져 다른 집단과는 비교할 수 없을 정도가 되었다.

이렇게 세력이 강해지자 계루부 왕은 연맹체의 이름뿐인 우두머리가 아니라 진짜 힘 있는 왕이 되고 싶었다.

계루부의 태조는 힘을 합쳐 중국의 요동과 낙랑 방면을 공격하였으며, 옥저와 동예도 정복하였다. 이러한 성정에 힘입어 미천왕 때는 국가의 체제를 모두 갖추고 진짜 나라라고 일컬을 만하게 모양을 갖추게 되었다.

이에 소수림왕 때는 백성들을 다스리기 위해 율령을 널리 펴고, 인재를 기르기 위해 학교인 태학을 세웠다.

또, 불교를 받아들여 온 나라에 퍼뜨렸다. 이를 바탕으로 장수왕과 광개토대왕 때에는 마침내 한반도와 만주에 걸친 대제국을 세울 수 있었다.

유리왕의 황조가

주몽과 예씨 사이에서 태어난 아들 유리가 어린 시절 부여궁에서 화살로 장난치다가 어느 부인이 머리에 이고 가는 물동이를 맞춰 깨뜨렸다. 그러자 화가 난 부인은 유리를 쫓아오면서 욕을 하였다.

"아비 없는 자식이라 어쩔 수 없어!"

이 말을 들은 유리는 어머니에게 왜 아버지가 없냐고 따졌다. 그러자 예씨부인은 유리가 컸다고 생각해 숨겨왔던 이야기를 해주었다.

"너의 아버지는 고구려를 세운 분이시다. 네 아버지는 칼을 부러뜨려 반쪽을 일곱 모서리가 있는 돌 위 소나무 아래에 묻어둘 테니 찾아서 널 보내라고 하셨다."

유리는 이튿날부터 반쪽 칼을 찾았지만 쉽지 않았다. 하지만 포기하지 않고 열심히 칼을 찾고 있던 어느 날, 자기집 주춧돌 틈에서 알 수 없는 소리가 들렸다.

그 주춧돌은 일곱 모서리였고 기둥은 소나무로 되어 있었다. 그곳에 반쪽 칼날이 끼워져 있었다.

유리는 부러진 칼을 가지고 고구려로 아버지 주몽을 찾아갔다. 주몽은 유리가 내민 반쪽 칼을 보고 부러진 다른 쪽 칼과 맞추어 보았다. 두 개의 조각은 딱 들어맞았다. 왕은 매우 기뻐하며 유리를 아들로 받아들이고 태자로 임명하여 왕위를 잇게 하였다.

유리 왕자는 송양국의 딸 다물도주를 왕비로 맞이했다. 주몽이 죽고 고구려 2대 왕으로 즉위한 지 22년 후 졸본을 떠나 국내성으로 도읍지를 옮겼다. 이곳에서 위나암성을 쌓고 왕궁을 지었다.

유리가 왕으로 즉위한 지 3년 10월, 왕비 송씨가 죽어 2명의 여자를 계실로 맞아들였다. 골천 사람 하희와 치희라는 제나라 여자였다. 그런데 두 여자는 서로 질투하며 사이가 좋지 않았다. 왕은 어쩔 수 없이 양곡에 동궁과 서궁을 지어 서로 따로 살게 했다.

유리왕[11]은 왕비 송씨가 죽자 골천 사람 화희와 한나라 사람 치희를 부인으로 맞았다. 하지만 두 부인은 유리를 놓고 서로 질투하기 시작했다. 그래서 유리왕은 양곡에 두 개의 궁전을 지어 서로 떨어져 살게 했다.

유리왕은 기산으로 7일 동안 사냥을 갔다가 돌아왔는데 그 동안 두 부인이 싸워서 치희가 자신의 집으로 돌아가 버렸다. 유리왕은 치희의 집으로 찾아가 달랬지만 헛수고였다.

어쩔 수 없이 유리왕은 혼자 궁으로 돌아오면서 안타까운 마음에서 시 한 수를 읊었다. 이것이 「황조가」이다.

'훨훨 나는 꾀꼬리

암놈, 수놈 쌍을 지어 노닐건만

외로이 홀로 있는 이내 몸은

누구와 함께 돌아갈거나'

---

11) 유리왕(BC 19~ AD18 재위) 주몽의 맏아들이며 고구려 제2대 왕으로 이름은 유리(類利), 유류(儒留), 누리(累利)이다. 도읍을 홀본에서 국내성으로 옮기고 위나암성을 쌓았다. 13년 부여가 침공해오자 격퇴했다. 14년에는 군사 2만으로 양맥을 치고 다시 한나라의 고구려현을 점령했다.

찢긴 자명고

호동 왕자[12]는 고구려 3대 대무신왕의 아들로 기골이 장대하고 성격이 쾌활하며 명랑했다.

어느 날 호동 왕자가 옥저로 여행을 떠났는데 낙랑국왕 최리가 첫눈에 반하고 말았다. 최리왕은 호동 왕자를 왕검성으로 초청한 다음 사위로 삼겠다고 마음을 먹었다. 그래서 최리왕은 호동 왕자에게 자신의 딸인 낙랑 공주를 소개시켰다. 호동 왕자 역시 그녀에게 반해 아내로 맞아들이겠다고 결심했다.

낙랑국에 머물면서 호동 왕자는 공주에게 온 마음이 쏠렸다. 여행을 마치고 고구려로 돌아온 호동 왕자는 아버지 대무신왕에게 자신의 뜻을 말했다.

"아바마마! 낙랑 공주를 아내로 맞이하고 싶습니다."

그러나 대무신왕은 아무 대답도 하지 않았다.

"아바마마, 왜 말씀이 없으십니까?"

대무신왕은 대답 대신 다른 말을 꺼냈다.

"결혼보다 낙랑국을 정벌해 우리의 옛 땅을 되찾는 것이 시급하구나."

"아바마마의 뜻을 충분히 알고 있습니다."

대무신왕은 호동 왕자의 의중을 미리 파악한 다음 낙랑 공주와의 혼인을 허락했다.

얼마 후 호동 왕자는 낙랑 공주를 아내로 맞이했고 서로가 행복한 나날을 보냈다. 그러나 아버지 대무신왕은 낙랑국을 정벌하기 위해 계획을

---

12) 호동 왕자(?~32) 고구려 3대 대무신왕의 맏아들로 대무신왕과 차비 갈사왕의 손녀 사이에서 태어났다. 32년 낙랑 태수(樂浪太守)의 딸인 공주와 사랑을 언약하고, 공주로 하여금 적군의 침입을 알린다는 자명고를 찢게 하여 낙랑을 정벌하였으나, 그가 태자가 되는 것을 시기한 원비(元妃)의 참소와 공주에 대한 사랑의 번민으로 자살하였다고 한다.

세우고 있었다.

이때 낙랑국에는 자명고라는 큰 북이 있었다. 이 북은 적이 침략해 오면 저절로 울렸다. 그래서 고구려는 낙랑국을 정벌하기 위해서는 먼저 자명고를 제거해야만 했다. 이에 대무신왕은 호동 왕자에게 자명고를 제거하라는 명을 내렸다.

호동은 부왕의 명을 거역할 수가 없어서 고민을 하다가 낙랑에게 사실을 말했다. 낙랑 역시 호동의 말을 듣지 않을 수가 없었다. 그래서 낙랑 공주는 자진해서 나섰다.

"제가 친정으로 가서 자명고를 찢겠습니다."

이렇게 말을 마친 낙랑 공주는 남편을 위해 친정인 낙랑국으로 갔다. 그러자 최리왕은 딸을 반갑게 맞이하면서 고구려에 대해 물었다.

"애야, 지금 고구려 정세는 어떠냐?"

"무슨 말씀이신지……요?"

"그쪽의 군대나 군사의 수를 묻는 것이다."

이 말을 들은 낙랑 공주는 아버지 최리왕이 고구려 정복을 위해 정략적으로 자신을 시집보냈다는 것을 알았다. 이에 실망한 낙랑은 사랑하는 남편의 나라를 위해 자명고를 찢어버렸다.

그 순간 고구려의 호동은 군사를 이끌고 낙랑국으로 쳐들어왔다. 하지만 낙랑국은 자명고가 울리지 않아 고구려 군사가 침략했다는 것을 까맣게 모르고 있었다.

"대왕, 큰일 났습니다. 고구려군이 쳐들어왔습니다."

이 보고를 받은 최리왕은 자명고가 있는 곳으로 갔다. 그런데 자명고가 칼로 찢겨져 있었다. 이에 화가 난 최리왕은 딸인 낙랑을 참형시켰다.

이 사실을 보고받은 호동은 아내 낙랑을 안고 한없이 눈물만 흘렸다.

낙랑국을 정벌한 호동은 고구려로 돌아오자 그의 용맹성에 칭찬을 받았다. 하지만 그는 기쁘기보다는 가슴이 더 아팠다. 때마침 호동 왕자의 세력이 확산되자 부왕의 왕비가 모함을 했다.

"폐하, 호동 왕자가 대왕의 자리를 노리고 있습니다."

이 말을 들은 대무신왕은 호동을 의심하기 시작했다.

그러자 그를 믿는 부하들은 부황에게 억울한 사실을 고하라고 건의했지만 믿었던 아버지에 대한 배신감과 낙랑 공주를 죽게 만들었다는 자괴감으로 결국 스스로 생을 마감하고 만다.

소금 장사를 한 미천왕

고구려 봉상왕은 아우인 돌고를 늘 경계하고 의심하였다. 자기보다 똑똑할 뿐만 아니라 백성들이 자신보다 돌고를 더 따랐기 때문이다. 그래서 봉상왕은 돌고가 반란을 일으키려 했다고 모함하여 죽이려고 했다.

돌고는 잡혀가기 바로 전날 아들 을불에게 '나는 죽음을 피할 수 없을 것 같으니 너는 부디 도망쳐서 뒷날을 기약하라'고 했다.

도망친 을불은 처음에 음모라는 사람의 집에 종으로 들어갔다. 낮에는 하루 종일 쉴 틈 없이 나무를 해 오게 하고 밤에는 개구리 소리가 시끄럽다며 밤새도록 연못에 돌을 던져 개구리를 쫓으라고 시켰다. 을불은 계속되는 고생을 견디지 못하고 일 년 만에 그만두고 음모의 집을 나왔다.

그 뒤 을불은 압록강을 오가면서 여러 마을에 소금을 팔러 다녔다.

그 무렵 신하들은 포악한 봉상왕을 쫓아내고 을불을 찾아 왕으로 모시니 그가 바로 미천왕이다. 미천왕은 지난날 겪었던 고생을 잊지 않고 백성들을 편히 살게 해 주려고 늘 노력했다.

을불이 도망 다니던 3세기 말에서 4세기 초 무렵에는 농민들도 부유한 사람과 가난한 사람으로 나누어져 있었다. 을불을 종으로 두고 고생시킨 음모는 부유한 농민이었다. 부유한 농민은 종을 부릴 만큼 토지와 재산을 가지고 있었다.

가난한 농민은 농사를 열심히 짓지만 가지고 있는 농토가 적고 나라에 많은 세금을 내야 하기 때문에 양식조차 넉넉하지 않았다.

농민이 줄어들면 세금을 내는 사람이 줄어들었기 때문에 국가에서는 대책을 마련하지 않을 수 없었다. 그래서 고구려에서는 진대법을 실시하였다. 진대법이란 봄에 농민한테 곡식을 빌려 주고 가을에 이자를 붙여서 돌려받는 제도였다.

그러나 대부분의 지역에는 진대법보다 높은 이자를 붙여 이자놀이를 하는 귀족들이 더 많았다. 이래저래 농민들만 살기 힘들었다.

그 무렵 농사뿐 아니라 장사를 하는 사람들도 있었다. 농업사회였기 때문에 대부분의 사람들이 농사를 지으며 살았지만 소금이나 생선, 바늘 등 생활에 필요한 여러 가지 물건을 팔러 다니는 장사꾼도 있었다. 그러나 오늘날처럼 상업이 크게 발전한 것은 아니었다.

한 곳에 머무르지 않고 여기저기 돌아다니는 장사꾼이 많아지면 이들을 다스리기가 힘들고 세금을 받기도 어렵기 때문에 나라에서는 좋아하지 않았다.

그리하여 나라에서는 상업을 천하게 여기고 농사일을 장려했다. 백성들이 농사일을 멀리할까 해서였다. 농민한테 세금을 거둬들여야 왕과 귀족들이 살 수 있고, 나라를 이끌 수 있기 때문이었다.

광개토대왕의 활약

광개토왕[13]은 고구려 고국양왕의 아들이며, 19대 임금으로 즉위했다. 광개토왕은 넓은 만주 땅을 차지하면서 고구려를 동북아시아에서 최고의 국가로 만들었다.

391년 18세로 왕위에 즉위하였을 때 고구려는 남북으로 침략을 받고 있었다. 특히 할아버지 고국원왕 때에는 중국 전역에서 침략을 자주 받았다.

고국원왕 12년(342년)에는 연나라 왕 모용황이 5만 명의 군사를 이끌고 국내성에 침입했다. 그는 궁궐을 불태웠고 고국원왕 아버지 미천왕의 무덤에서 시신까지 꺼내갔다. 이와 함께 왕의 어머니와 고구려 백성 5만 명을 인질로 잡아갔다. 또, 고국원왕(41년) 371년에는 백제 근초고왕이 3만의 군사를 이끌고 평양성을 공격해 왔다. 이때 고국원왕은 전쟁터에서 전사했다.

복수를 꿈꾸며 왕위에 오른 광개토대왕은 연호를 '영락'으로 사용해 고구려가 독립국가임을 선포했다. 이에 백성들은 광개토대왕을 '영락대왕' 또는 '호태왕'으로 불렀다.

392년 7월, 4만 명으로 하북의 백제성 10여 곳을 함락시켰는데, 이것은 고구려가 20년 만에 거둔 대승리였다. 같은 해 10월에는 20일 만에 백제 관미성을 함락시켜 백제 북방의 주요 요새까지 점령했다.

그 뒤 백제가 옛 영토를 찾고자 자주 침입했지만 격퇴시키면서 남쪽

---

13) 광개토대왕(廣開土大王, 374~412)
　　고구려 제19대 왕이다. 고국양왕의 태자로 18세에 왕위에 올랐다. 불교를 신봉하였고, 재위 기간 동안 고구려의 영토와 세력을 크게 확장시켰다. 만주와 한강 이북을 차지하는 등 고구려의 전성시대를 이룩하였다. 영락이라는 연호를 써서 중국과 대등한 입장을 보였다. 이름은 담덕(談德)이고, 중국측 기록에는 안(安)으로 전한다. 영락대왕(永樂大王)이라고도 한다.

국경선에 성 일곱 개를 쌓았다.

395년 12월에는 기병 3천 명을 이끌고 송화강까지 진격해 북쪽 변방을 괴롭히던 비려를 정벌하였다. 귀국 후 백제의 아신왕이 공격해 오자 수군을 앞세워 남쪽으로 갔다.

396년 고구려군이 한강을 건너 백제의 서울 위례성을 포위하자 아신왕은 항복하고 말았다. 광개토대왕은 항복한 아신왕을 살려 주는 대신 그의 동생과 대신 10여 명을 볼모로 데리고 돌아왔다. 광개토대왕이 돌아가자 아신왕은 복수를 위해 일본에 구원을 요청했다. 이에 출전 준비를 하고 있던 광개토대왕에게 때마침 신라 사신이 찾아와 왜구들이 쳐들어왔다며 구원을 요청했다.

광개토대왕은 보병과 기병 등 5만 명을 신라에 보내 왜구들을 무찔렀다. 이때 백제 아신왕은 고구려군이 신라에서 왜구를 전멸시켰다는 소문을 듣고 후퇴했다.

얼마 뒤 후연의 오용희가 3만 명의 대군으로 고구려 북방 요새인 신성과 남소성을 함락시켰다.

광개토대왕 비

광개토대왕은 이번 침략을 계기로 오래 전부터 꿈꿔온 후연을 쳐 영토를 넓히겠다고 결심했다.

402년, 마침내 광개토대왕은 6만 명의 군사를 이끌고 후연 정벌에 나섰다. 요하를 건너 숙권성을 향해 만주벌판으로 진군했다. 당시 숙군성에는 후연의 장수 모용귀가 있었다.

광개토대왕은 화살에 항복하라는 편지를 달아 모용귀 진영으로 쏘았다. 이에 화가 난 모용귀는 부하장수를 성 위로 보내 외치게 했다.

"목숨이 아까우면 하루빨리 돌아가라."

이에 광개토대왕이 화살 시위를 당겨 소리친 장수를 쏘아 죽이자 전쟁이 시작되었다. 하지만 고구려의 공격을 받은 모용귀는 패하여 북문으로 달아났다.

숙군성이 함락되었다는 소식을 접한 후연의 다른 성주들은 겁을 먹고 달아나기에 급급했다. 이에 따라 고구려군은 현도성과 요동성까지 점령할 수 있었다. 또한 광개토왕은 고구려 북쪽 동부여를 정벌하기로 했다. 그러자 동부여왕은 순순히 항복했고 이런 여세를 몰아 숙신족까지 정벌하면서 고구려는 만주의 넓은 땅을 차지하게 되었다.

광개토대왕이 413년 40세로 죽고 왕자 거련이 고구려 20대 장수왕으로 즉위했다.

막강한 국력의 장수왕

이름은 거련巨連·연璉. 광개토왕의 맏아들이다. 408년 태자로 세워졌다가 413년 10월 광개토왕이 죽자 뒤를 이어 즉위했다. 79년에 걸친 장수왕의 재위기간은 고구려 역사상 가장 국력이 막강한 시기였다.

장수왕은 광개토왕이 이룩해 놓은 업적을 바탕으로 대외적으로는 적극적인 외교를 추진하고 대내적으로는 왕권을 강화하는 데 힘을 기울였다. 그 결과 고구려는 북으로 부여성, 남으로는 남한강 유역, 서쪽으로는 요하, 동쪽으로는 훈춘에 이르는 광대한 영토를 차지하게 되었다.

장수왕은 중국이 남북조로 나뉘어 왕조의 교체가 빈번하던 국제정세 속에서 다각적인 대중국 외교를 전개했다. 즉위하던 해 동진에 사신을 보내 외교관계를 수립한 이래 남조의 여러 왕조와 계속 외교관계를 유지했다.

435년 장수왕 23에는 북중국의 북위에 사신을 파견했다. 436년 북위의 압박을 받고 있던 연나라 풍홍의 피신을 돕고, 북위의 압송 요구를 거절했으며, 466년에는 북위의 혼인 요청을 거절하는 등 독자적인 입장

고구려 벽화(왼쪽)·고구려 벽화와 닮은 다카마쓰 고분 벽화(오른쪽)

을 견지하기도 했다.

재위기간 동안 대체로 북위와는 긴밀한 관계를 유지했으며 특히 백제가 북위와의 관계를 강화하려 하자 매년 두 차례씩 사신을 보내어 견제했다.

국내 정치에서 가장 주목되는 것은 427년에 이루어진 평양 천도였다. 이때 옮긴 곳이 지금의 평양시 동북쪽 대성산성이다. 평양 천도에 의해 기존에 통구를 중심으로 한 5부의 세력 기반이 약화되고 국왕의 권한은 강화되었으리라 짐작된다.

백제 개로왕이 북위에 보낸 국서에는 장수왕이 귀족에 대한 대대적인 숙청을 단행한 사실도 나타난다. 수도가 넓은 평야지대에 자리잡게 됨에 따라 정치·문화·경제의 중심지로 기능을 하게 되었으며, 장수왕은 재위 연간에 강력한 왕권을 행사할 수 있었다.

491년에 98세로 죽자, 북위의 효문제는 거기대장군 태부 요동군개국공신 고구려왕車騎大將軍太傅遼東郡開國功臣高句麗王으로 추증하고 시호를 강康이라 했다

을지문덕과 살수대첩

598년 영양왕 9년에 고구려의 요서 지방 선제공격에 수나라의 문제文帝
는 수륙군 30만 명을 동원하여 침략해왔으나 장마·기근·질병으로 막대
한 손실만 입은 채 철수했다.

그 후 양제煬帝가 즉위하여 고구려 원정준비에 착수했고, 612년에는
113만 명에 달하는 수륙군을 직접 통솔하여 원정에 나섰다. 그러나 바
닷길로 평양성 부근에 도착한 수군 4만 명은 고구려군에게 궤멸되었고,
요하를 건너 요동성을 포위한 육군이 고구려의 완강한 저항으로 교착상
태에 빠지자 우중문과 우문술이 이끄는 별동대 30만 명이 평양성을 직접
공격했다. 수나라군은 군량이 부족했음에도 불구하고 을지문덕[14]의 유도
작전에 말려 평양성 30리 밖까지 접근했으나 전의를 상실한 상태였다.

두 나라 군사들은 요하를 사이에 두고 첫 번째 전투를 벌였다. 수나라
양제는 공부상서 우문개에게 부교를 만들어 사용하게 했지만 실패했다.
하지만 수나라군은 이틀 만에 서쪽 언덕에서 부교를 완성해 요하를 건
너 요동성을 에워싸고 공격했지만 성은 쉽게 함락되지 않았다.

계절이 바뀌어 여름이 되었지만 성 안은 꿈쩍도 하지 않았기 때문에
도리어 수나라 군사들은 사기가 떨어졌다. 그러자 양제는 하는 수 없이
요동성 서쪽에 위치한 육합성에 머물렀다.

한편 좌익위 대장군 내호아는 수군을 거느리고 패수로 쳐들어와 평양
성을 위협했다. 이때 부총관 주법상이 자신의 작전을 건의했다.

"기다렸다가 뒤에서 오는 군사들과 함께 공격합시다."

---

14) 을지문덕(乙支文德. 567~?)
　　고구려 영양왕 때의 장군. 영양왕 23년(612) 중국 수나라 양제가 고구려에 대군을 이끌고 쳐
　　들어오자 이를 살수에서 물리쳤다. 무용에 뛰어났으며 시문에도 능하였다. 살수대첩에서 적
　　장 우중문에게 전한 전략적인 오언 절구의 시 〈유우중문시(遺于仲文詩)〉가 전한다.

그러나 내호아는 그의 말을 듣지 않고 고집만 부렸으며, 수나라 군사들은 공격을 시작했다. 그렇지만 고구려 군사들은 성 안의 빈 절에 숨어 있었고, 일부는 성 밖으로 나와 싸우는 척하다가 도망쳤다. 그러자 수나라 군사들은 성 안까지 고구려 군사들을 쫓아왔다가 물건을 약탈하기 위해 흩어졌다.

그때 숨어 있던 고구려 병사들이 일산분란하게 공격하여 수나라 군사를 전멸시켰다. 내호아는 그 곳에서 간신히 목숨을 부지한 채 해포로 도망쳐 진을 쳤지만, 싸울 생각은 하지 못했다.

그때 좌익우 대장군 우문술은 부여도로 나오고, 우익우 대장군 우중문은 낙랑도로 나왔다. 그 밖의 수나라 군사들은 요동성을 돌아 압록강 부근으로 모였다.

이 무렵 을지문덕 장군은 깊은 생각에 잠겼다가 직접 동태를 살펴보기로 했다. 그러자 장수들은 한결같이 말렸다.

"직접 적의 통태를 살피러 적진에 가시는 것은 매우 위험한 일입니다."

"걱정하지 마라. 나에게도 계략이 있다."

을지문덕 장군은 거짓 항복문서를 가지고 배를 타고 적진으로 향했다.

"을지문덕도 별수 없는 모양이군. 제 발로 항복하러 찾아오다니."

강기슭에 배를 정박한 을지문덕 장군은 적진으로 걸어갔다. 이때 수나라 군사들 모두 지쳐 있다는 것을 알았다. 우중문은 을지문덕 장군이 들어오는 것을 보았다.

우중문은 이미 양제의 밀서를 가지고 있었다. 밀서에는 '만일, 고구려왕이나 을

을지문덕

지문덕이 오면 반드시 사로잡아야 한다'라고 씌어 있었다. 을지문덕 장군은 우중문에게 거짓 항복문서를 꺼내 주었다.

그러자 우중문이 고함을 치며 을지문덕 장군을 체포하라고 명령했다. 그러자 장군은 여유롭게 웃으며 말했다.

"허어, 수나라가 이렇게 소인배인 줄은 몰랐소."

"소인배라고?"

"한 나라 사신이 항복문서를 가지고 왔는데 졸개 취급을 하고 있지 않소."

그러자 우중문은 을지문덕 장군을 체포하려고 다가온 군사들을 물리쳤다.

"장군, 내가 너무 흥분했소. 그러니 돌아가서 당신 왕에게 조공 문제를 해결하고 다시 돌아오시오."

우중문은 얼떨결에 을지문덕 장군을 놓아 주었다. 그러자 을지문덕 장군은 재빨리 배를 타고 강 중간쯤 건너왔다. 그때서야 우중문은 양제

살수대첩

의 밀서가 생각났다.

우중문은 급히 부하를 시켜 을지문덕 장군을 다시 불렀지만 못 들은 척하고 강을 건너왔다. 얼마 후 을지문덕 장군은 우중문에게 조롱의 시를 지어 보냈다.

'지혜로운 전술은 하늘에 닿았고,
교묘한 전략은 땅의 이치에 통하였다지,
이만하면 전쟁에 승리한 공이 이미 높으니,
만족하고 이제 그만두게나.'

우중문은 시를 보고 분을 삭이지 못했다.

이때 우중술이 의견을 내놓았다.

"장군, 지금 군량미가 바닥났습니다. 지금 돌아가야 합니다."

"무슨 말을 하는 것이냐? 대군으로 적은 적을 이기지 못하고 돌아가면 무슨 낯으로 황제를 뵙겠나?"

이에 양제는 우중문의 주장에 찬성한 후 그를 총사령관으로 임명해 전군 통솔권을 주었다. 병권을 쥔 우중문의 공격으로 압록강을 중심으로 고구려와 전쟁이 다시 시작되었다. 이때 을지문덕 장군은 수나라 군사들을 지치고 굶주리게 하는 작전을 사용했다.

"모든 군량미를 평양성으로 속히 옮겨라!"

배가 고픈 수나라 군사들이 압록강을 건너 공격했지만 먹을 것이 없었다. 그러자 우중문은 군사들에게 평양성에는 먹을 것이 많다며 공격 명령을 내렸다.

이에 고구려 군사들은 살수에서 일부러 패하며 달아났다. 더구나 작전상 천천히 퇴각하면서 평양성으로 돌아가 성문을 굳게 닫았다. 이에 수나라 군사들은 평양성을 겹겹이 에워쌌지만 너무 조용했다. 그러자 우문술은 또다시 을지문덕이 잔꾀를 쓴다고 생각했다.

우문술은 부하를 시켜 성문을 두드리게 했다. 그러자 성 안 쪽에서 이런 연락이 왔다.

'지금 항복문서를 꾸미고 모든 것을 정리할테니 며칠 간 말미를 주시오.'

이 말에 우문술은 우쭐했지만 며칠이 지나도 성 안에서는 아무런 기별이 없었다. 화가 난 우문술은 또 다시 부하에게 성문을 두드리게 했다. 그러자 성 안에서 연락이 왔다.

'지금 수나라 황제와 군사들을 위해 음식 준비를 하고 있소. 그런데 아직 술과 고기가 부족해 소를 잡고 있소. 준비될 때까지 2, 3일만 더 기다려 주시오.'

우문술은 기뻐하며 군사들에게 알리자 '군사들은' 굶주림에 지쳐 있어 더욱 배가 고파졌다. 하지만 약속한 사흘이 지났지만 성 안에서는 아무런 기별도 없었다.

화가 난 우문술과 우중문은 성문으로 달려가 발로 걷어찼다. 그때 성루에서 을지문덕 장군이 내려다보자 우문술은 급히 몸을 피하면서 물었다.

"어째서 매번 약속을 어기는 것이오? 기다려달라고 한 날이 벌써 8일이나 되었소."

"대국 사람들은 그렇게 성질이 급하오? 조금만 참으시오."

"우리에게 항복하겠다고 약속하지 않았소."

"곧 항복할테니 군사들을 모두 물리시오!"

"뭐? 지금까지 우리를 가지고 놀았단 말이지!"

이렇게 흥분했지만 수나라 군사들은 지치고 굶주려서 평양성을 공격할 힘도 없었다. 이에 우문술과 우중문은 후퇴하기 시작했다. 이때 고구려 군사들이 일제히 성 밖으로 나와 공격했다.

이에 놀란 수나라 군사들은 살수까지 도망쳤지만 그곳에는 모든 다리가 끊어지고 배 한 척도 없었다. 이때 스님들이 바지를 걷어올리고 강을 건너는 것을 본 수나라 군사들은 모두 강물에 뛰어들었다.

수나라 군사들이 강 한복판에 도착했을 때 강 위쪽에서 갑자기 거센 물결이 휘몰아치며 흘러내려 왔다. 을지문덕 장군이 군사들을 시켜 미리 막아놓았던 보를 무너뜨리게 했던 것이다.

이때 수장된 수나라 군사들은 모두 30만 명이었으며 살아서 돌아간 숫자는 2천여 명이었다. 이것이 을지문덕 장군의 '살수대첩'이다. 이후 수나라 양제는 고구려를 침략한 후유증으로 나라가 멸망했다.

안시성과 양만춘 장군

618년 수나라가 망하고 당나라가 들어서면서 고구려와 화친정책을 폈다.

이때 고구려는 연개소문이 대막리지가 되어 정권을 잡고 신라 당항성을 공격하고 있었다. 그러자 신라는 당나라에 구원을 요청했고 당 태종 이세민은 고구려를 칠 좋은 기회로 생각했다.

당나라의 첫 전투는 고구려 28대 보장왕 3년 644 여름, 요동성을 중심으로 건안성, 개모성, 비사성, 신성 등에서 벌어졌다.

이때 당 태종은 한 달 이상의 전투로 요동성을 함락시켰다.

그 다음 대군을 이끌고 안시성을 공격했는데, 이때 안시성을 지키고 있던 장군은 양만춘[15]이었다. 그는 군사들은 물론이고 성 안의 백성과 단결하여 용감하게 싸웠다. 이에 당 태종은 하루에 6, 7차례 공격을 했지만 끄떡도 없었다. 그러자 당 태종은 군사들에게 안시성 옆에 언덕을 쌓으라고 지시했다.

그날 밤 양만춘 장군은 부하들에게 돈대를 완전히 허물어 버리라고 명령했다. 아침에 이것을 본 당 태종은 다시 돈대를 쌓도록 했다.

당나라 군사들은 두 달 동안 50만 명을 동원하여 성 옆에 흙을 쌓았다. 그 후 당 태종은 흙산 꼭대기에 올라가 성 안을 살펴보았다. 그러자 양만춘 장군은 또 다시 명령하여 흙산을 파헤치게 했다.

당 태종은 다음 날 아침 흙산이 파헤쳐진 것을 보고 화가 나 안시성

---

15) 양만춘(楊萬春 ?~?)
   고구려 보장왕 때 안시성의 성주. 정사에는 기록이 없으나 송준길이 쓴 《동춘당선생별집(同春堂先生別集)》, 박지원의 《열하일기(熱河日記)》 등에 이름이 나온다.
   보장왕 4년(645) 당태종이 30만 대군을 이끌고 고구려를 침공하자 끈질긴 항전으로 이를 물리치고 고구려를 승리로 이끌었다.

을 향해 소리쳤다.

"양만춘! 목숨을 부지하려면 빨리 항복하라!"

그 순간 안시성에서 화살을 쏘아 당 태종의 갑옷에 맞힌 후 외쳤다.

"이세민! 포기하고 군사를 되돌리지 않으면 머리통을 뚫겠다!"

당 태종을 향해 양만춘 장군이 화살을 겨누자 겁이 난 당 태종은 진영으로 돌아와 어찌할 바를 몰라 했다. 당 태종은 할 수 없이 군사들에게 퇴각 명령을 내렸다.

당 태종이 군사들과 함께 퇴각할 때 고구려 군사들의 맹공이 시작되었다.

당 태종은 막대한 피해를 입고 돌아갔다. 그리고 647년, 649년에 고구려를 두 번이나 침공했지만 모두 패했다.

바보 온달과 평강 공주

고구려 25대 평원왕 때 평양성 주변의 산 속에 나무꾼 바보 온달[16]이 장님인 늙은 어머니와 함께 살고 있었다.

평원왕의 슬하에는 왕자와 어린 평강 공주가 있었다. 그런데 평강 공주는 걸핏하면 울었기 때문에 별명이 울보였다. 더구나 고집이 너무 세서 한번 울면 울음을 그치지 않았다. 이에 평원왕은 공주가 울 때마다 이렇게 말했다.

"자꾸 울면 바보 온달에게 시집보낸다."

평원왕은 공주의 울음을 그치게 하려고 늘 이렇게 놀렸다.

마침내 공주가 어른이 되었을 때 왕이 다른 사람에게 시집보내려고 하자 공주가 단호하게 말했다.

"아바마마께서는 저에게 늘 온달에게 시집가라고 하시고는 어찌하여 지금 다른 사람에게 시집보내려고 하십니까?"

"그것은 너의 울음을 그치게 하기 위해 해 본 소리였다."

"아바마마, 소녀는 바보 온달이 아니면 결혼을 하지 않겠습니다."

이 말을 들은 왕은 노발대발하여 공주를 내쫓았다.

쫓겨난 공주는 온달의 집을 찾아가서 결혼을 청하였다. 온달과 눈먼 어머니는 어찌할 바를 몰라 했다. 귀하신 공주님과 결혼한다는 것은 생각도 할 수 없는 일이었기 때문이다. 공주는 끝내 고집을 꺾지 않았고, 마침내 평강 공주와 온달은 결혼하였다.

---

16) 온달 장군(溫達將軍. ?~590)
    고구려 평원왕 때의 장군. 집안이 가난하여 구걸로 어머니를 봉양했다. 남루한 옷차림으로 다녔기 때문에 '바보 온달'로 불렸지만, 평강 공주와 혼인하여 무예를 닦고 무장이 되었다. 후주의 무제가 요동을 거쳐 고구려를 침공하자 선봉에서 승전을 이끌어 큰 작위를 받았다. 영양왕 1년(590)에 한강 이북의 땅을 찾고자 출전하였다가 전사하였다.

평강 공주는 온달에게 글과 무술을 가르치기 시작했다. 이때 조정은 매년 3월 3일이 되면 낙랑에서 사냥 대회를 열었는데 온달이 우승을 했다. 그러자 평원왕은 온달에게 누구냐고 물었다.

"이름이 무엇이냐?"

"온달이라고 하옵니다."

"뭐? 온달이라고! 네가 그 바보 온달이란 말이냐?"

"그렇습니다. 제가 바보 온달입니다. 평강 공주님이 가르쳐 준 무술을 익혀 출전한 것입니다."

왕은 온달과 평강 공주를 반갑게 맞아 혼인잔치를 베풀었다.

그 후 중국 후한의 무제가 침략해 왔다. 그러자 온달이 선봉장이 되어

온달

적을 무찔렀고, 그 공을 인정받아 대형이란 벼슬에 이르면서 고구려의 명장이 되었다.

온달 장군은 고구려의 옛 땅을 회복하기 위해 아차산성에서 신라군과 싸우다가 전사했다. 전사한 온달 장군의 관을 옮기려고 했지만 꿈쩍도 하지 않았다. 이때 평강 공주가 울면서 관을 어루만지자 움직였다.

고대 사회는 오늘날처럼 평등한 사회가 아니라 엄격하게 신분이 구별되는 사회였다. 고구려의 고분 벽화를 봐도 귀족은 항상 크게 그리고, 신분이 낮은 종은 아주 작게 그렸다. 그림에서도 대우가 달랐던 것이다.

온달 장군과 평강 공주는 꾸며낸 이야기가 아니고 역사 속에서 존재했던 실제 인물이다. 평원왕은 평민 세력의 불만을 달래주려고 온달과 공주를 결혼시킨 것이다. 온달의 출세를 시기한 명문 귀족들은 빈정거렸지만 일반 백성들은 온달과 평강 공주의 사랑을 부러워하며 두고두고 이야깃거리로 삼았다.

연개소문

644년 보장왕 3, 연개소문은 당 태종의 17만 대군을 안시성에서 격파하였다.

642년 영류왕 25, 그는 천리장성 축조를 감독하는 임무를 맡았는데, 그가 아버지의 지위를 이은 뒤 흉포하고 잔인하여 귀족들이 영류왕과 비밀리에 의논하여 그를 죽이려 했다. 그러나 이를 먼저 간파한 그는 동부의 군사를 모아 사열하는 체하며 귀족들을 초청한 뒤 급습하여 죽였다. 그리고 궁궐로 쳐들어가서 영류왕을 살해하고 왕의 조카인 장(보장왕)을 왕으로 옹립한 뒤 자신은 대막리지가 되었다.

이 정변에서 죽은 자가 100여 명에 달했다고 하니 귀족들에 대한 대대적인 숙청이 단행되었음을 알 수 있다. 정치·군사적 실권을 장악한 그는 다섯 개의 칼을 차고 다니며, 외출할 때는 의장대를 앞세우고 대단한 위엄을 부렸다.

그러나 안시성安市城 성주가 그에게 굴복하지 않자 연개소문[17]이 군사를 내어 성을 쳤다. 그러나 함락되지 않자 성주의 지위를 인정할 수밖에 없었다.

그가 정변을 통해 권력을 장악할 당시 동아시아의 정세는 매우 긴박했다. 수나라에 이어 중국의 통일 왕조로 등장한 당나라가 세력을 강화하여 고창국과 돌궐을 멸망시키고 서서히 동쪽으로 그 세력을 뻗쳐 오고 있었다.

고구려에서 천리장성을 쌓은 것도 이에 대한 대비책이었다. 또 남쪽

---

17) 연개소문(淵蓋蘇文. 603~665)
   고구려 말기의 정치인이자, 군인으로 일명 개금으로 불린다. 대대로(大對盧)가 된 후, 영류왕을 죽이고 보장왕을 추대해 스스로 대막리지(大莫離支)가 되어 정권을 장악하였다.

에서는 백제와 신라의 충돌이 격화되면서 신라는 당과 적극적인 연합을 모색하고 있었다.

이러한 때 정권을 잡은 그는 왕에게 도교를 수용할 것을 건의하여 당나라에서 도사를 맞이하고 『도덕경』을 전해받기도 했으나, 대외적으로는 시종일관 강경한 노선을 견지했다.

백제의 공격으로 대야성(지금의 합천)이 함락되어 위기를 느낀 신라의 김춘추가 직접 고구려를 방문하여 협상을 시도했으나 이를 거부했고, 당에서 사농승 상리현장을 사신으로 보내 신라에 대한 공격을 그칠 것을 요구했으나 신라에게 빼앗긴 고구려의 영토 500리를 회복하기 전에는 전쟁을 그만둘 수 없다는 입장을 고수했다.

당나라 태종은 다시 사신 장엄을 보냈으나, 연개소문은 그를 가두어 버렸다. 이에 당 태종은 644년 보장왕 3에 연개소문의 시역을 성토한다는 명분을 걸고 군사를 내어 직접 고구려 침략에 나섰다.

고구려의 장군 고연수와 고혜진이 고구려군과 말갈군으로 구성된 15만의 구원군을 이끌고 출전했으나 안시성 동남쪽에서 대패하고 말았다.

당은 요동 지방에 있는 고구려의 일부 성을 함락시키고 안시성을 포위했다. 당나라 군사는 필사적으로 안시성을 공격했으나 안시성의 완강한 저항으로 함락에 실패하여 철수할 수밖에 없었다.

당에서는 이후에도 몇 차례 군사를 파견하여 고구려를 공격했으나 성과가 없었다. 당 태종이 철수하면서 연개소문에게 활과 의복을 보냈으나 그는 이를 받고도 사례하지 않았으며 이후 당에 사신을 보내 글을 올렸지만 정중하지 않았다고 한다.

그는 강력한 권력을 배경으로 수년에 걸쳐 계속되는 당과의 투쟁을 계속하면서 신라에 대해서도 공세를 멈추지 않았다.

그러던 중 신라와 당이 연합하여 백제를 멸망시킨 뒤, 661년 다시 고구려를 침략해 소정방이 이끄는 군대가 평양성 부근까지 접근하기도 했다.

이때 그는 아들 남생을 압록강에 보내 당나라군이 건너지 못하도록 막았으나 강이 얼자 건너온 당나라군에게 고구려군이 패하여 남생은 겨우 몸을 피했다.

이듬해 방효태가 이끄는 당나라군이 다시 침입하자 연개소문은 직접 사수 언덕에서 접전을 벌여 적군을 몰살시켰다. 그러나 그의 대외 강경 정책은 고구려의 국력을 소모시켰다.

결국 665년에 그가 죽자 곧 장남 남생과 남건·남산 등의 아들들 사이에서 불화가 생겼다. 남생은 당에 투항했고, 그의 동생 연정토도 열두 개의 성城을 이끌고 신라에 투항하면서 이들 성에는 신라군이 배치되었다.

고구려의 멸망

보장왕 19년 가을 어느 날, 3일 동안 대동강 물이 핏빛으로 물들었다. 이로 인해 민심은 극도로 어지러워졌다.

몇 달 후 겨울, 당나라의 조효위 대장군 설필하력과 포주자사 정명진이 고구려를 침략했다. 이에 고구려군은 당나라군과 용감하게 싸우다가 3만여 명이 죽고 나머지는 항복하고 말았다. 그때 갑자기 군대를 철수시키라는 당나라 황제의 명령으로 당나라군은 모두 퇴각했다.

665년 보장왕 25에 연개소문이 죽고 그의 맏아들 연남생이 부친을 대신하여 막리지가 되었다. 연남생은 아버지 연개소문의 대를 이어 대권을 장악한 뒤, 지방의 여러 성을 순시하였다. 이 틈을 타서 동생 연남산과 연남건이 정변을 일으켜 수도를 장악하였다.

그 후 연남생의 아들 연헌충을 죽이고 왕명을 빌려 소환하자, 연남생은 국내성으로 달아났다. 그리고, 그곳 세력을 규합해 고구려 중앙정부에 대한 반격에 나섰다.

먼저 오골성을 치는 한편 당나라에 대형 불덕을 보내 구원을 요청하려 하였으나 요동을 통과하지 못하였다. 고구려 평양의 압력이 가해지자, 연남생은 남으로 내려가 고구려 수도 평양을 치는 대신 서북 요동 방면으로 진로를 바꾸었다. 연남생은 또다시 대형 염유를 다시 당나라에 보내 구원을 청하였으나 회답이 없자, 이번에는 아들 연헌성을 당나라에 보내어 거듭 구원을 청하였다.

666년 6월, 마침내 당 고종이 좌효위 대장군 계필하력으로 하여금 군사를 거느리고 나가 연남생을 맞이하게 하였다. 연남생은 이에 고질, 고현, 책성 도독 이타인, 고족유 등 국내성의 귀족들 및 부하들을 데리고 탈출하여 당나라로 도주하였다.

한편 고구려에서는 666년 8월, 보장왕이 연남건을 대막리지로 삼아 내외의 군사에 대한 직무를 겸하도록 하였다. 666년 12월, 고구려에 형제간 내부 권력투쟁이 발생하는 동안 연개소문의 동생이자, 연남생, 남건 형제의 숙부인 대신 연정토가 고구려 남쪽의 12성, 7백여 호, 3천여 명을 데리고 신라에 투항해 버렸다.

북쪽에서는 연남생이 당에게, 남쪽에서는 연정토가 신라에게 각각 투항하여 고구려 조정은 심각한 내부 분열 후유증을 맞게 되었다. 668년 9월에 신라군은 평양에 주둔하고 있는 당나라 군대와 합류하여 평양성을 포위하였다. 이에 고구려는 멸망하고 말았다.

백제

백제 ?~660

온조왕
B.C.18~A.D.28

2 유리왕 28~77 — **3** 기루왕 77~128 — **4** 개루왕 128~166 — **5** 초고왕 128~166

8 고이왕 166~286

6 구수왕 214~234 — **7** 사반왕 234~77

11 비류왕 304~344 — **13** 근초고왕 346~375 — **14** 근구수왕 375~384

9 책계왕 268~298 — **10** 분서왕 298~304 — **12** 계왕 344~346

15 침류왕 384~385 — **17** 아신왕 392~405 — **18** 진지왕 405~420 — **19** 구이신왕 420~427

16 진사왕 385~392

20 비유왕 427~455 — **21** 개로왕 455~475 — **22** 문주왕 475~477 — **23** 삼근왕 477~479

곤지 — **24** 동성왕 479~501

25 무령왕 501~523 — **26** 성왕 523~554 — **27** 위덕왕 554~598

28 혜왕 598~599 — **29** 법왕 599~600

30 무왕 600~641 — **31** 의자왕 641~660

백제의 탄생

주몽은 졸본부여의 둘째딸 소서노[18]와 결혼하여 두 아들을 낳았다. 큰아들은 비류이고 작은아들은 온조였다.

백제의 탄생은 주몽이 소서노와 결혼하여 두 형제를 낳은 뒤 갑자기 유리가 찾아와 태자로 책봉되면서 시작되었다.

유리가 태자가 되자 비류와 온조는 유리가 자신들을 미워하지 않을까 걱정이 되어 고구려를 떠나기로 마음먹었다.

유리가 세자로 책봉되자 비류와 온조는 오간과 마려 등 10여 명의 신하를 비롯해 자신을 따르는 백성들을 데리고 남쪽으로 내려갔다.

한강 유역에 도착한 비류와 온조는 언덕에 올라가 지형을 살폈다. 이때 신하들은 하남 땅이 도읍지로 좋다고 했다. 하남 위례성은 오늘날 서울에 있는 몽촌토성이다.

그러나 비류는 마음에 들지 않는다며 자신을 따르는 무리와 함께 미추홀에 정착해 도읍했다. 미추홀은 지금의 인천이다.

먼저 온조는 기원전 18년에 하남 위례성에 도읍을 정하고 나라 이름을 '십제'라고 정했다.

---

18) 소서노(召西奴)

비류(沸流)를 시조로 하는 백제 건국설화에 나오는 비류와 온조(溫祚)의 어머니이자, 고구려 동명성왕 주몽의 두 번째 부인이다. 부여에 있던 동명성왕의 장자 유리왕이 고구려에 올 때 주몽과 결별하여 비류와 온조 두 아들과 함께 남하하여 백제를 건국하였다.

이때 비류와 함께 미추홀로 간 백성들은 토지에 물기가 많고 물맛이 짜 온조에게 되돌아왔다. 이에 비류는 자신의 선택이 잘못된 것을 후회하다가 죽었다.

그 후 온조는 나라 이름을 십제에서 '백제'로 고쳤는데 백제란 백성들이 즐겨 따랐다고 해서 지어진 이름이다. 또한 백제는 고구려와 함께 부여에서 나왔기 때문에 성 이름을 부여라고 했다.

효자인 온조왕은 아버지 주몽을 위해 사당을 세웠다. 온조왕 2년 어느 날, 왕은 신하들에게 예언했다.

"우리나라 북쪽과 경계를 맞대고 있는 말갈이 침략의 기회를 엿보고 있소. 그들의 침략을 막기 위해 무기를 수선하고 군량미를 비축해 두어야 될 것이오."

형제지간에서 원수로 변한 백제와 고구려

한수 유역에 자리잡은 백제의 온조왕은 세력을 점차적으로 키워나갔다. 그의 뒤를 이어, 2대 다루왕, 3대 기루왕, 4대 개루왕, 5대 초고왕, 6대 구수왕 등이 차례로 영토를 넓혔다.

그 후 8대 고이왕 때부터 나라의 기틀을 갖춰가기 시작했다.

백제의 왕들은 붉고 큰 소매의 곤룡포를 입었으며 머리엔 황금색 꽃으로 장식한 비단 관을 썼다. 9대 책계왕이 대방군(중국 한나라가 옛 고조선 땅에 설치한 군현) 태수의 딸 보과를 왕비로 맞은 얼마 뒤 고구려 13대 서천왕이 대방군을 공격했다. 그러자 대방군은 사위 나라인 백제에 원병을 요청했다. 이로 인해 백제와 고구려는 멸망할 때까지 원수지간이 되었다.

고구려는 백제가 낙랑군을 넘본다는 구실을 내세워 침략해 책계왕을 죽였다.

298년 책계왕의 뒤를 이어 맏아들이 10대의 분서왕으로 즉위한 후 복수의 칼을 갈았다. 하지만 304년 분서왕 역시 낙랑의 자객에게 암살당하고 말았다.

분서왕이 죽자 구수왕의 둘째아들 비류가 11대 왕으로 등극하였다. 분서왕의 적자가 왕위를 계승하지 못한 이유는 나이가 너무 어렸기 때문이다. 그렇지만 비류왕 다음으로 분서왕의 아들이 12대 계왕으로 즉위했다.

그러나 346년 계왕은 즉위 3년 만에 죽고 비류왕의 둘째아들이 13대 근초고왕으로 즉위했다. 근초고왕은 고구려에 대한 복수로 군사력을 키워 3만 명의 대군을 이끌고 고구려를 공격했다.

백제군과 고구려군은 패수를 사이에 두고 맞섰다. 이때 근초고왕의 태자가 선봉에 서서 공격명령을 내리자 백제군은 고구려군 진영으로 화살을 퍼부었다. 그런 다음 군사들이 돌격하여 창과 칼을 휘두르자 고구려군은 추풍낙엽처럼 쓰러졌다.

이때 고구려는 고국원왕이 친히 싸움터에 나왔다가 백제군의 화살을 맞고 말에서 떨어졌다. 그러자 근초고왕의 태자가 고국원왕을 사로잡기 위해 돌진했지만 막고해 장군이 말고삐를 잡았다.

"장군, 왜 그러십니까?"

"저하, 고구려왕은 이미 죽었습니다."

"그래? 그렇다면 이번 기회에 고구려를 멸해야 합니다!"

"저하, 참으십시오. 옛말에 만족함을 알면 욕이 되지 않고, 그칠 줄 알면 위태로움이 없다고 했습니다."

하여 공격의 끈을 늦추었다.

주지육림으로 나라를 망친 백제의 왕들

태자 수는 백제 14대 근수구왕으로 즉위해 10년 동안 통치했다. 그 다음으로 맏아들이 백제 15대 침류왕으로 즉위했지만 2년 만에 죽었다. 그 뒤를 이어 제14대 근구수왕의 둘째아들이며, 제15대 침류왕의 동생이 16대 진사왕으로 즉위했다.

진사왕은 백성들과 함께 태평세월을 누리면서 궁궐을 아름답게 지었다. 궁궐이 완성되자 그는 나랏일보다 사냥과 놀이에만 집중했다. 이에 백제는 국력이 쇠약해지면서 고구려에게 침략의 빌미를 주었다.

백제 21대 개로왕 때는 고구려의 침략을 견디지 못해 위나라에 사신을 보내 고구려 토벌을 청했지만 거절당했다. 그럼에도 불구하고 개로왕은 한강변에 토성을 쌓고 궁궐을 더욱더 화려하게 조성했다.

475년에 고구려 장수왕의 공격으로 개로왕은 한성을 빼앗기고 고구려 군사에게 잡혀 죽었다. 이때 백제는 고구려의 침략에 대비해서 신라와 동맹을 맺었지만, 신라군 1만 명이 백제에 도착하기 전에 패하고 말았다.

개로왕의 뒤를 이어 백제 22대 문주왕이 즉위했다. 문주왕은 도읍지를 웅진(공주)으로 옮긴 후 부왕의 복수를 노렸다. 하지만 정신적인 충격으로 나랏일을 좌평 해구에게 맡겼는데, 그는 반역의 음모를 꾸미며 문주왕을 죽였다.

문주왕이 죽자 백제 23대 삼근왕이 13세의 나이로 뒤를 이었다. 그렇지만 해구가 권력을 쥐고 마음대로 휘두르다가 대신들로부터 미움을 샀다. 이 사실을 눈치 챈 해구는 대두성에서 반란을 일으켰다.

그러자 덕솔 진로가 군사 5백 명을 동원하여 해구를 죽이고 반란을 진압했다. 이때 해구와 반란을 일으킨 연신이 고구려로 달아나 백제의 모든 비밀을 폭로하였다.

479년 삼근왕이 재위 3년 만에 죽자 그의 사촌이 백제 24대 동성왕으로 즉위했다. 동성왕은 활을 잘 쏘고 담력이 뛰어났으며 성격까지 호탕했다. 그는 즉위 초부터 고구려의 침략을 막기 위해 신라와 동맹을 맺기 위해 정략결혼을 했다.

결혼 이듬해 고구려가 신라를 공격한다는 말을 듣자 동성왕은 1천 명의 군사를 파병해 고구려를 물리쳤다. 또다시 고구려가 백제의 치양성을 공격하자 신라에서는 덕지 장군을 보내 백제를 구했다.

그렇지만 동성왕 역시 궁궐 동쪽에 임류각을 짓고 왕비와 궁녀들을 데리고 잔치로 세월을 보내면서 나랏일을 돌보지 않았다. 더구나 흉년까지 겹쳐 전국에 도적떼가 들끓고 거리엔 걸식하는 백성들로 가득했다. 보다 못한 신하들은 동성왕에게 정사에 힘쓰라고 충언했다.

하지만 동성왕이 신하들의 말을 무시하자 좌평 백가가 나서서 왕을 살해했다. 그 다음 동성왕의 둘째아들이 백제 25대 무령왕으로 즉위하면서 나라를 안정시켰다. 하지만 고구려와 말갈의 수많은 전쟁으로 백성들의 생활은 역시 궁핍했다.

무령왕이 죽고 뒤를 이어 백제 26대 성왕이 즉위하면서 신라와의 동맹관계를 더욱 다져 나갔다. 그러나 고구려의 끊임없는 침략으로 538년 도읍지를 웅진에서 사비(부여)로 옮긴 후 국호를 남부여로 개칭했다.

칠지도(백제왕이 왜왕에게 하사한 칼)[왼쪽]
백제금동대향로[오른쪽]

충신과 간신은 종이 한 장 차이

사비성으로 도읍지를 옮긴 백제 성왕은 중국 양나라와 교역하면서 남조문화를 받아들여 찬란한 백제문화를 완성시켰다.

그러나 국력이 강해진 신라는 백제를 압박했고, 신라 24대 진흥왕 때 백제를 침략해 한산주와 삼년산성을 빼앗고 옥천까지 공격했다. 이에 성왕이 크게 분노했다.

"우리는 고구려와 맞서기 위해 신라와 맺은 동맹관계가 백년인데, 이렇게 배신할 수가 있는가? 내가 친히 신라를 공격하겠다."

554년 성왕 32년 7월, 성왕은 직접 대군을 이끌고 관산성으로 나가 싸우다가 전사하며 패했다. 이후부터 두 나라는 원수지간이 되었다.

554년 성왕의 뒤를 이어 태자 창이 백제 27대 위덕왕으로 즉위했다. 왕은 부왕의 원수를 갚기 위해 신라의 국경을 위협했다. 백제 30대 무왕은 신라의 아막산성을 공격했지만 완벽한 승리를 이루지 못했다.

577년 백제의 위덕왕이 자신의 죽은 왕자를 위하여 왕흥사라는 절을 창건하였다.

『삼국사기』에는 '600년 봄 정월에 창건하고, 30명이 승려가 되는 것을 허가하였다.'라고 기록되어 있다. 그러나 2007년 10월 10일 왕흥사지[19] 터에서 발견된 사리함 몸통에 한자 '丁酉年二月 十五日百濟 王昌爲亡王 子爲刹 本舍 利二枚葬時 神化爲三(정유년 2월 15일 백제왕이 죽은 왕자를 위해 절을 세우고 본래 사리 두 매를 묻었을 때 신의 조화로 셋이 되었다)'라는 글이 음각되어 있는 것이 밝혀져, 실제 창건 연도가 『삼국사기』 기록보다 23년 앞선 것으

---

19) 백제시대의 절터
《삼국사기》에 '절은 물가에 임하여 채색과 장식이 장엄하고 화려하였으며, 왕은 매양 배를 타고 절에 가서 향불을 올렸다'는 기록이 있다.

로 확인되었다.

국력이 강해진 백제는 신라의 옥문곡을 기습 공격했지만 김유신의 방어로 실패했다. 백제의 마지막 왕인 31대 의자왕[20]은 무왕의 아들이다. 그는 어릴 적부터 효성이 지극했고 형제간의 우애가 돈독해 '해동증자'로 불렸다.

의자왕은 당나라와 친교정책을 폈고, 이에 당나라 태종은 의자왕을 '주국대방군공 백제왕'으로 책봉했다.

의자왕은 즉위 초에 나라를 안정시키고 군사를 훈련시키며 영토 확장에 힘썼다. 642년 의자왕 2년 왕은 군사를 이끌고 신라를 공격해 미후성 등 40여 개의 성을 함락하였다. 같은 해 윤충에게 1만여 명의 군사를 내주어 대야성을 함락하면서 대승을 거두었다.

의자왕 3년에는 적대관계를 풀고 고구려에게 화친을 청했으며, 신라를 멸망시키겠다고 마음먹었다. 더구나 당항성을 빼앗아 신라와 당나라 간의 교역통로를 막았다.

이에 신라 선덕여왕은 당나라에 구원을 청했고, 당나라 태종은 의장왕에게 압력을 행사해 군사를 철수시켰다. 또한 655년 의자왕 13년에는 일본과도 외교관계를 맺어 신라를 제압하기도 했다. 그러나 의자왕 15년 이후, 왕은 즉위 초와는 달리 궁전 남쪽에 정자를 짓고 궁녀들과 함께 주지육림에 빠지고 말았다. 이때 후궁 사이에 태어난 왕자만 모두 41명이나 되었다고 한다.

---

20) 의자왕(義慈王. 641~660)
　　백제의 제31대 마지막 왕이다. 즉위 직후에는 당에 유화적인 정책을 폈으나 곧 고구려와 화친을 맺고 신라를 견제했다. 이는 연개소문의 집권 후 고구려가 당에 강경노선을 취하고, 신라와 당의 관계가 급속히 가까워지고 있던 상황에서 비롯된 것이다. 그리하여 여러 번 군사를 내어 신라를 공격하여 변경의 많은 성을 빼앗았다. 그러나 말년에 들어 강화된 왕권을 배경으로 사치하고 방탕한 생활이 이어지면서 제배체제 내부의 균열을 초래했다. 660년 나당 연합군에 항복하여 당에 압송되었다가 병사하였다.

이에 백성들의 원망이 하늘을 찔렀지만 의자왕은 이를 무시한 채 아버지 무왕처럼 나랏돈을 탕진했다. 그때 충신 좌평 성충이 의자왕에게 충언했다.

"대왕마마, 성충이옵니다."

"누구라고?"

의자왕은 술에 취해 비틀거리며 성충을 노려보았지만 그는 충심으로 간언했다.

"대왕마마, 하루속히 도탄에 빠진 백성들을 구하고 정사에 힘쓰십시오."

"뭐라고! 네까짓 것이 뭔데! 썩 물러가지 못할까?"

"대왕마마! 신라는 당나라와 연합하여 우리를 노리고 있습니다."

"예봐라! 저 늙은 놈을 당장 하옥시켜라. 감히 신라가 백제를 친다고!"

옥에 갇힌 성충은 의자왕에게 상소문을 올렸다.

'충신은 죽음을 맞아도 임금을 잊지 않습니다. 대왕마마, 마지막으로 아룁니다. 만약 외적이 침략해 오면 육로로는 탄현을 넘지 못하게 하시고, 수로로는 기벌포의 언덕에 들어서지 못하게 하옵소서.'

금동미륵반가상

그러나 의자왕은 성충의 상소문을 찢어버렸다. 이 소식을 들은 성충은 28일 동안 단식하다가 죽었다. 그가 죽은 지 2년 후부터 나라에는 이상한 징조들이 나타났다.

궁중에 흰여우가 나타났고 사비수(백마강)에는 세 길이나 되는 죽은 물고기가 떠올랐다. 또한 키가 18자나 되는 여인의 시체가 생초진에서 발견되었고, 궁중에는 매일 밤마다 귀신의 울음소리가 난무했다. 그리고 배의 돛대가 큰물을 따라 절로 들어오는 것을 왕흥사 중들이 보았다. 노루처럼 생긴 개가 사비수 언덕에 올라와 대궐을 향해 짖다가 사라지기도 했다.

같은 해의 어느 날, 귀신이 대궐 안으로 들어와 백제가 망한다고 외친 후 땅 속으로 사라졌다. 군사들이 그곳을 파헤치자 거북이 한 마리가 나왔는데 등에는 이런 글이 적혀 있었다.

'백제는 보름달 같고, 신라는 초승달 같다.'

그러자 의자왕은 거북이 등의 글을 점쟁이에게 보여주면서 풀이를 명했다.

"백제가 보름달 같다는 것은 달이 꽉 찼으니 기울어진다는 뜻이고, 신라는 초승달 같다는 것은 곧 보름달 같이 된다는 뜻이옵니다."

이 소리에 의자왕이 화를 내며 점쟁이를 죽이라고 명하자 그는 겁을 먹고 거짓으로 아뢰었다.

"백제는 보름달처럼 강하고, 신라는 초승달처럼 약하다는 뜻이옵니다."

660년 당나라 고종은 소정방에게 13만 대군을 내주며 백제를 공격하라고 했다. 신라도 당나라와 연합해 백제를 공격할 준비를 끝낸 상태였다.

소정방은 성산을 출발해 바다를 건너 백제의 도성 서쪽 덕물도에 도착했다. 신라의 무열왕은 김유신에게 5만의 정예군을 이끌게 했다. 모월 모 시에 의자왕은 신라와 당나라 연합군이 쳐들어온다는 보고를 받고 정신을 차렸다.

그러나 술이 덜 깬 의자왕은 대신들을 불러 어전회의를 열었다. 이때 좌평 의직이 의자왕에게 아뢰었다.

"당나라군은 물에 익숙하지 않아 군사가 배에 남아 있기 어려울 것입니다. 그들이 뭍으로 내려와 대열을 갖추기 전에 공격하면 승산이 있을 것입니다. 이에 당나라 군사들을 믿는 신라군은 감히 공격하지 못할 것입니다."

달솔 상영 등이 의직의 의견에 반대했다.

"당나라 군사들은 멀리서 왔기 때문에 싸움에 서두를 것입니다. 그래서 그들의 기세를 꺾을 수가 없습니다. 그렇지만 신라군들은 우리에게 적수가 못됩니다. 이에 따라 먼저 당나라 군사들의 진로를 막고 신라군을 공격한 후 전군이 합세하여 싸우도록 해야 합니다."

몇 달 전 좌평 홍수가 의자왕의 문란한 행동을 말리다가 도리어 고마미지로 귀양을 가게 되었다. 문득 홍수가 생각난 의자왕은 즉시 사람을 보내어 홍수에게 의견을 묻도록 했다.

그러자 홍수는 이렇게 대답했다.

"당나라군은 대군이어서 군율이 엄격합니다. 따라서 넓은 들판에서 당나라군과 싸운다면 이길 수가 없습니다. 우선 백강과 탄현의 길목을 지켜 당나라군이 쳐들어오지 못하게 막고, 신라군은 탄현을 넘지 못하게 막으시면 됩니다. 그런 다음 대왕께서는 성문을 굳게 닫고 지키시옵소서. 그러면 군량미가 떨어지고 지칠 것입니다. 그때를 노려 공격하면 섬멸할 수 있습니다."

그렇지만 의자왕과 대신들은 홍수의 의견이 옥에서 굶어죽은 성충의 상소문과 같다고 반대한 다음 이런 대책을 내놓았다.

"당나라군이 백강에 들어와도 배를 나란히 띄울 수 없을 것입니다. 또한 신라군이 탄현을 넘더라도 좁은 통로 때문에 말들이 한꺼번에 들어오지 못할 것입니다. 그때를 기회로 삼아 공격하면 적들을 섬멸할 수 있습니다."

의자왕은 결국 충신들의 의견이 아닌 대신들의 의견을 따랐다.

계백과 5천 결사대

계백 장군[21]은 의자왕 때 달솔이란 벼슬자리에 있었다. 666년 의자왕 20에 당나라 소정방이 대군을 이끌고 바다로, 신라 김유신은 5만 군사를 이끌고 육로로 침략해 왔다.

그러자 계백 장군은 의자왕의 명으로 5천 결사대를 조직했다. 그는 황산벌로 나가기 전 집에 들렀다.

"이번 싸움은 앞날을 예측할 수가 없구나. 내가 죽어 처와 자식들이 적의 노예가 되는 것보다 내 손에 죽는 것이 훨씬 행복할 것이다."

계백 장군은 처와 자식들을 모두 죽이고 싸움터인 황산벌로 향했다. 그는 지형에 따라 세 개의 영을 쌓고 결사대에 외쳤다.

"듣거라! 옛날 월나라 왕 구천은 5천으로 오나라 70만 대군을 물리쳤다. 우리군의 수가 적다고 하지만 죽음을 각오하고 싸운다면 결단코 승리할 것이다!"

황산벌에서 신라군과 맞붙은 백제군은 네 차례의 접전으로 적군 1만여 명을 섬멸했다. 그러나 나이 어린 화랑 반굴盤屈·관창官昌의 전사로 인해 전의를 불태우며 노도처럼 밀려드는 신라군을 당하지 못하고 패배, 장렬한 최후를 맞이했다.

이 패전으로 백제는 마지막 희망마저 잃고, 나당연합군에게 사비성이 함락되어 멸망하고 말았다.

---

21) 계백 장군(階伯將軍. ?~660)
　　백제 말기의 장군. 660년 의자왕 20에 나당(羅唐) 연합군이 백제로 쳐들어오자, 황산벌에서 결사대 오천을 이끌고 신라 김유신의 5만여 군사와 맞서 싸우다가 전사하였다. 성충(成忠), 흥수(興首)와 함께 백제의 3충신으로 불린다.

삼국의 영토 전쟁

보다 넓은 영토를 차지하기 위해 세 나라는 계속해서 전쟁을 일으켰다. 고구려, 백제, 신라가 처음 일어난 시기에는 사람과 재물을 빼앗기 위해 자주 전쟁을 하였다. 귀족들은 전쟁에서 잡힌 포로들을 노예로 삼고 금은보화나 값진 물건들을 차지하였으며, 나라의 영토도 점차 넓어졌다. 전쟁을 치르는 과정에서 왕과 나라의 힘이 점차 강해졌다.

세 나라 가운데 가장 먼저 발전한 백제는 중국과 활발히 무역 활동을 하며 영토를 넓혀 갔다. 백제에 이어 고구려의 힘 또한 강해졌는데 중국도 두려워할 정도였다. 특히 광개토대왕과 장수왕 때에는 매우 넓은 영토를 차지하였다.

고구려가 북쪽에서 중국의 침략을 막고 있었기 때문에 백제와 신라는 안정적으로 성장할 수 있었다. 오늘날 서울이 있는 한강 유역은 지리적으로 중요한 지역이었기 때문에, 세 나라가 이곳을 차지하기 위해 서로 싸웠다. 그리하여 백제, 고구려, 신라의 순서로 한강 유역을 한 번씩 차지하였다.

이렇게 세 나라가 서로 영토를 차지하려고 애쓴 이유는 농업 때문이었다. 이 시대에는 농업이 가장 중요한 산업이었기 때문에 농사를 지어 얻은 곡식이 가장 중요한 재산이었다. 영토가 넓고 사람이 많을수록 곡식을 많이 거두어들일 수 있었다.

백제와 신라는 힘을 합쳐 고구려를 공격하여 고구려가 차지하고 있던 한강 유역을 빼앗았다. 그리하여 백제는 한강 하류를, 신라는 한강 상류를 각각 나누어 가졌다.

그 무렵 고구려는 왕위를 둘러싼 다툼이 있었고 밖으로는 돌궐의 위협을 막느라 한강 유역을 신경 쓸 여유가 없었다. 그래서 고구려는 백제

몰래 신라와 약속하여 한강 유역을 안정시킨 다음 돌궐의 위협을 막는 데 힘을 기울이기로 하였다.

한강을 신라가 차지하고 두 나라는 전쟁을 하지 않기로 약속하였다. 그러나 신라는 백제를 공격하여 한강 하류 지역까지 차지하였다.

신라의 배신에 분노한 백제 성왕은 가야군과 1천 명의 왜군까지 불러들여 신라를 공격하였다. 이렇게 하여 고구려에 맞서 싸웠던 백제와 신라의 동맹 관계는 깨졌다. 어제의 친구가 오늘의 적이 된 것이다.

이 싸움에서 크게 패한 성왕은 관산성에서 전사하고, 백제 편에 서서 신라를 공격했던 대가야도 그만 멸망하고 말았다. 가야가 신라의 땅이 되면서 신라는 한반도 중앙과 남쪽 지역에서 큰 기세를 떨쳤다.

이러한 정복 활동은 단양 적성비와 4개의 진흥왕 순수비를 통해서 확인할 수 있다. 한강 유역을 차지한 신라는 경제 기반을 확대하고 황해를 통해 중국과 직접 교류할 수 있는 발판을 마련하였다. 이로써 삼국의 상호 경쟁에서 주도권을 차지하였다. 이처럼 신라의 세력이 강해지자 이번에는 고구려와 백제가 힘을 합쳐 신라를 공격하였다. 의자왕은 군사를 일으켜 신라 서쪽에 있는 마흔 개의 성을 빼앗았다. 그리고 고구려와 함께 당항성을 빼앗아 당나라로 가는 신라 사람들의 바닷길을 막아 버리기도 하였다. 또한 대야성 싸움에서도 백제가 신라를 크게 무찔렀다. 그 무렵 신라 선덕 여왕의 신임을 받고 있던 김춘추는 백제의 기세를 꺾기 위하여 다시 고구려와 손을 잡기로 하였다.

김춘추가 고구려로 가서 군사를 청하였으나 보장왕은 의심하여 김춘추를 감옥에 가두어 버렸다. 그 후, 보장왕은 신라로 돌아가서 왕에게 말하여 마목령과 죽령 지역을 고구려에게 돌려주겠다는 약속을 김춘추에게 받고 신라로 돌려보냈다.

고구려의 힘을 빌리려던 계획이 실패로 돌아간 신라는 당나라와 힘을 합쳐 백제와 싸우기로 하였다.

신라는 당나라에게 백제와 고구려를 멸망시킨 다음, 영토의 일부를 당나라에게 주겠다고 약속했다.

그 무렵 당나라는 주변의 모든 나라를 굴복시키고 세계의 중심이 되겠다는 야욕을 품고 있었다. 그런데 고구려만 당나라에 무릎을 꿇지 않고 있었다. 당나라는 수나라처럼 여러 번 고구려를 침략하였지만 그때마다 실패하였다. 그래서 이번 기회에 신라와 힘을 합쳐 고구려를 멸망시킬 생각이었다. 당나라는 고구려와 백제를 멸망시킨 다음 신라를 차지할 속셈이었다.

당나라의 속셈을 모르는 김춘추를 비롯한 신라 귀족들은 당나라의 비위를 맞추려고 온갖 노력을 다하였다. 선덕 여왕의 뒤를 이은 진덕 여왕은 당나라 황제를 칭송하는 노래를 비단에 수놓아 바치기도 하였다.

송산리고분군

백제의 멸망

　오랫동안 신라와 전쟁을 벌인 백제는 생활이 무척 어려워졌다. 용맹스럽고 지혜가 넘치던 의자왕도 정치는 돌보지 않고 술과 놀이에만 빠져들었다. 백성들과 신하들의 불만은 날로 커졌다. 의자왕은 나라의 걱정을 충직하게 아뢰는 성충을 비롯한 충신들을 오히려 가혹하게 벌주었다.

　그러한 가운데 660년 신라와 당나라 연합군이 많은 군사를 이끌고 쳐들어왔다.

　신라 명장 김유신은 백제의 수도 사비성을 빼앗기 위해 5만 명의 군사를 이끌고 백제로 쳐들어왔다. 김유신이 이끄는 군대는 큰 피해 없이 탄현을 통과하고 황산벌로 진군하였다.

　이때 당나라군은 택강에 도착해 진을 치고 있었다. 의자왕은 어떻게 적을 막느냐는 문제를 고민하면서 시간만 보냈다.

　이때 계백 장군이 이렇게 아뢰었다.

　"신 계백이 직접 전쟁터로 나가겠습니다."

　"장군, 이제부터 장군에게 백제의 운명을 걸겠소."

　그렇지만 계백 장군이 거느린 군사는 고작 5천이었다.

계백장군 묘

　계백 장군은 5천의 결사대와 함께 황산벌에서 열 배가 넘는 신라군과 맞서 용감하게 싸웠지만 신라군에 의해 끝내 모두 전사했다.

　신라군은 사비성을 총공격했고 당나라군은 백강 어귀에서 패한 직후 상륙작전을 감행해 30만 대군으로 사비성을 공격했다.

이때 의자왕은 태자 효와 함께 궁궐을 탈출해 부소산을 거쳐 웅진성으로 피했다. 그러자 궁녀들 역시 의자왕을 따르려고 했지만 서로가 뒤엉켜 진퇴양난이었다. 이에 궁녀들은 적에게 치욕을 당하는 것보다 죽는 것이 낫다고 판단해 백마강에 몸을 던졌다.

오늘날 이곳은 낙화암이라 불리고 있으며, 강물에 뛰어든 궁녀가 무려 3천 명이나 되었다고 한다.

한편 의자왕이 피신하자 셋째 왕자 융은 좌평 각가를 시켜 당나라 소정방에게 군사를 철수시켜 달라는 글을 전했다. 소정방이 이를 묵살하자 융은 어쩔 수 없이 항복했다. 그때 신라 세자 법민은 융을 꿇어앉힌 후 말했다.

"20년 전 네 아버지 의자왕이 내 누이동생을 죽였다. 그것으로 하여금 내가 원한을 품었다."

얼마 후 의자왕은 태자와 함께 사비성으로 들어와 당나라 소정방과 신라 태종 무열왕에게 항복했다. 소정방은 의자왕과 태자 효, 왕자 태를 비롯해 융과 1만2천여 명의 포로를 끌고 당나라로 돌아갔다. 결국 백제는 31대에 멸망하고 말았다.

정림사지 오층석탑[오른쪽]·부소산 백화정[왼쪽]

신라

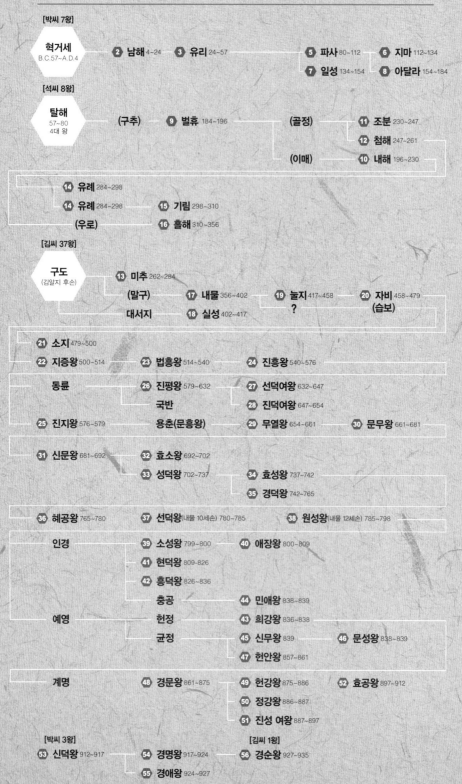

신라 B.C.57~A.D.935(삼국사기 기준)

[박씨 7왕]

혁거세 B.C.57~A.D.4 ── ❷ **남해** 4~24 ── ❸ **유리** 24~57 ── ❺ **파사** 80~112 ── ❻ **지마** 112~134
❼ **일성** 134~154 ── ❽ **아달라** 154~184

[석씨 8왕]

탈해 57~80 4대 왕 ── (**구추**) ── ❾ **벌휴** 184~196 ── (**골정**) ── ⓫ **조분** 230~247
⓬ **첨해** 247~261
(**이매**) ── ❿ **내해** 196~230

⓮ **유례** 284~298
⓮ **유례** 284~298 ── ⓯ **기림** 298~310
(**우로**) ── ⓰ **흘해** 310~356

[김씨 37왕]

구도 (김알지 후손) ── ⓭ **미추** 262~284
(**말구**) ── ⓱ **내물** 356~402 ── ⓳ **눌지** 417~458 ── ⓴ **자비** 458~479
대서지 ── ⓲ **실성** 402~417 **?** (**습보**)

㉑ **소지** 479~500
㉒ **지증왕** 500~514 ── ㉓ **법흥왕** 514~540 ── ㉔ **진흥왕** 540~576

동륜 ── ㉖ **진평왕** 579~632 ── ㉗ **선덕여왕** 632~647
국반 ── ㉘ **진덕여왕** 647~654
㉕ **진지왕** 576~579 ── **용춘(문흥왕)** ── ㉙ **무열왕** 654~661 ── ㉚ **문무왕** 661~681

㉛ **신문왕** 681~692 ── ㉜ **효소왕** 692~702
㉝ **성덕왕** 702~737 ── ㉞ **효성왕** 737~742
㉟ **경덕왕** 742~765

㊱ **혜공왕** 765~780 ── ㊲ **선덕왕**(내물 10세손) 780~785 ── ㊳ **원성왕**(내물 12세손) 785~798

인경 ── ㊴ **소성왕** 799~800 ── ㊵ **애장왕** 800~809
㊶ **헌덕왕** 809~826
㊷ **흥덕왕** 826~836
충공 ── ㊹ **민애왕** 838~839
예영 **헌정** ── ㊸ **희강왕** 836~838
균정 ── ㊺ **신무왕** 839 ── ㊻ **문성왕** 838~839
㊼ **헌안왕** 857~861

계명 ── ㊽ **경문왕** 861~875 ── ㊾ **헌강왕** 875~886 ── 52 **효공왕** 897~912
50 **정강왕** 886~887
51 **진성 여왕** 887~897

[박씨 3왕]
53 **신덕왕** 912~917 ── 54 **경명왕** 917~924
55 **경애왕** 924~927

[김씨 1왕]
56 **경순왕** 927~935

신라의 형성 █

박혁거세의 탄생

서라벌의 넓은 들 가운데는 알천이 흐르고 이곳을 중심으로 알천 양산촌, 돌산 고허촌, 취산 진지촌, 무산 대수촌, 금산 가리촌, 명활산 고야촌, 총 여섯 마을이 자리잡고 있었다. 각 마을에는 촌장이 별도로 있었고 큰일이 있을 때면 모두 한자리에 모여 회의를 했다.

촌장들은 양산촌의 알평, 고허촌의 소벌공,[22] 진지촌의 지백호, 대수촌이 구례마, 가리촌의 지타, 고야촌의 호진이다. 여섯 마을 회의 의장은 연장자인 고허촌 소벌공이 맡았다.

어느 날 여섯 촌장들이 알천 동쪽에서 건국에 대한 회의를 하고 있었다. 그때 양산 기슭에서 한줄기 빛이 내려와 양산촌 나정우물 옆에 있는 숲 속을 비췄다.

촌장들은 동시에 빛이 닿은 곳을 보니 백마 한 필이 무릎을 꿇고 하

---

22) 소벌공(蘇伐公)

소벌도리(蘇伐都利)라고도 부르는 신라 초기의 씨족장. 서라벌 6촌 중 돌산고허촌(突山高墟村)의 촌장(村長). 소도리라고도 한다.

소는 철을 비롯한 금속류를 가리키는 고유어 '쇠', 도리는 고유어 인명인 '돌이'와 연결된다. 사량부 정씨(沙梁部鄭氏)의 시조이다.

또 진주 소씨 족보에 따르면 소벌도리는 진한의 초대 군주 소백손의 5대손이다. 김춘추에 의해 무열왕에 추봉되었다고 하며 최씨와 소씨의 공동 조상이다.

어느 날 양산(楊山) 기슭 나정(羅井)가 숲 속에서 말이 무릎을 꿇고 우는 것을 보고 그 자리에 가서 큰 알 하나를 얻었다. 그 알을 깨자 속에서 어린아이가 나와 그 아이를 길렀다. 10여세에 유달리 숙성하고 총명하여 6부(部) 사람들과 함께 그 아이를 왕으로 추대했으니 곧 박혁거세(朴赫居世)이다.

늘을 향해 절하는 시늉을 했다. 촌장들은 황급히 달려갔지만, 백마는 울음소리를 낸 뒤 하늘로 사라지고 말았다.

그 후 촌장들이 백마가 절을 하던 곳에 놓여 있는 커다란 알을 발견했다. 그때 호기심이 많은 촌장 한 사람이 알을 만졌고, 그 순간 알이 깨졌다. 깨진 알 속에서 건강한 사내아이가 방실거리며 웃고 있었다. 아이를 알에서 꺼내자 몸에서 알 수 없는 향내와 광채가 났다.

촌장들의 결정에 따라 소벌공이 사내아이를 기르기로 했다. 그는 아이의 이름을 고민하다가 박처럼 큰 알에서 나왔다고 성을 박씨로, 이름은 '세상을 밝게 다스린다'는 뜻으로 혁거세로 지었다.

이 사내아이는 기원전 57년 4월 13세의 나이로 왕이 되었다. 그때 백성들은 그를 '거서간'으로 불렀다. 도읍지 서라벌은 땅이 기름지고 비가 알맞게 내렸다.

경주나정

그가 왕으로 등극할 때부터 서라벌은 매년 풍년이 들었고, 모든 것이 넉넉한 태평세월이었다. 그가 즉위한 지 5년째 되었을 때 알영과 혼인했다.

박혁거세가 태어날 무렵, 양산마을 알영이라는 우물가에 용이 구름을 타고 내려왔다. 용은 겨드랑이 갈비뼈 밑에서 여자아이를 낳은 후 하늘로 올라가 버렸다. 이 여자아이를 마을 할머니가 데려왔는데 입술 모양이 부리처럼 쑥 나와 있었다. 그때 샘물로 입술을 씻자 본래의 입술로 돌아갔다. 할머니는 여자아이가 알영이라는 우물에서 태어났다고 하여 이름을 알영으로 지었다. 알영은 성품이 어질고 착하여 사람들의 칭송이 자자했다.

알영의 소문을 들은 혁거세는 알영을 왕비로 맞이하였다. 신라에서는 박혁거세와 알영을 두 성인으로 일컫고 뒷날까지 신으로 받들어 모셨다.

박혁거세는 왕이 된 후 61년 만에 죽었다.

가야국 시조 김수로왕

낙동강 하류는 예로부터 땅이 기름져 매년 풍년이 들었는데, 이에 감사하기 위해 족장들은 함께 모여 풍년제를 지냈다.

"천제님, 올해도 풍년이 들게 해주시어 감사합니다."

그때 하늘에서 우렁찬 소리가 천지를 진동했다.

"아래에 누가 왔느냐?"

"아홉 족장들이 있사옵니다."

"너희의 정성에 감동받아 선물을 내리겠다. 지금 산봉우리의 흙을 파면서 거북노래를 불러라. 또한 춤도 반드시 춰야 하느니라. 그러면 너희를 다스릴 사람을 만날 것이다."

족장들이 일제히 천제의 명대로 행하자 갑자기 하늘에서 무지개가 나타나면서 보자기에 싸인 궤짝 하나가 내려왔다. 족장들은 궤짝을 향해

김수로왕릉

절하고 뚜껑을 열었다.

그 속에는 여섯 개의 황금 알이 들어 있었다. 족장의 우두머리 아도 간이 여섯 개의 알을 집으로 가져와 따뜻한 곳에 두었다.

얼마 후 여섯 개의 알에서 남자아이들이 나왔다. 그리고 남자아이들 은 순식간에 어른으로 성장했다.

이때 맨 먼저 나온 남자의 이름을 수로라고 짓고, 성은 금궤에서 나왔 다고 하여 김씨로 정했다. 아도간은 그를 금관가야의 왕으로 추대했다. 그리고 나머지 다섯 아이들도 모두 다섯 가야의 임금이 되었다. 수로는 금관가야의 왕으로 여섯 가야를 이끌었다.

하루는 김수로왕[23]이 신하들에게 말하였다.

"오늘 왕후가 될 여인이 바닷가에 도착할 것이니 마중하라."

기이하게 생각한 신하들이 바닷가로 달려가자 그곳엔 시종을 거느린 처녀가 보물을 가지고 도착해 있었다.

"소녀는 16세로, 인도 야유타국의 공주랍니다. 성은 허씨고 이름은 황 옥입니다. 어느 날 천제님께서 꿈에 나타나 금관가야국 수로왕에게 시집 가라고 해서 왔습니다."

김수로왕은 그녀를 맞이해 황후로 삼았다. 또한 김수로왕과 함께 알에 서 나온 사내아이들 역시 다른 곳에서 왕이 되었다. 낙동강 하류에 분 포되어 있던 변한의 12개 나라가 금관가야, 아라가야, 성산가야, 대가 야, 고령가야, 소가야 등으로 발전했다.

가야연합의 세력이 확장되면서 신라를 위협했으며 일본까지 진출하

---

23) 김수로왕(金首露王, ?~199)
  가야국의 시조로 수릉(首陵)이라고도 한다. 하늘로부터 김해의 구지봉에 내려와 여섯 가야 를 세웠다는 여섯 형제의 맏이로, 김해 김씨의 시조이다. 소탈해와 재주를 겨루어 이긴 뒤 가 락국의 왕 자리를 지켰고, 파사 이사금 때에는 실직국과 음즙벌국 사이의 영토 분쟁을 중재 하였다. 부인은 아유타국 공주인 허황옥(許黃玉)이며, 156세까지 살았다는 신화적 인물이다.

여 문화를 전파했다. 이와 함께 최초로 낙랑과 대방 등의 한나라 군현과 일본 등지에 철을 수출하기도 했다.

가야는 서기 0년을 전후로 낙동강 유역에 흩어져 있던 작은 나라에서 시작하였는데 삼한 가운데 하나인 변한이 가야로 발전했다.

가야는 고구려, 백제, 신라와 달리 고대 국가로까지는 발전하지 못하고, 연맹체 국가 단계까지로만 나아갔다. 김해의 금관가야, 고령의 대가야, 함안의 아라가야, 진주의 고령가야, 고성의 소가야, 성주의 성산가야 가 이에 해당한다.

앞의 설화에서도 알 수 있듯이 처음에는 김해 지역을 중심으로 한 금관가야가 여섯 가야 연맹체를 이끌었다. 금관가야가 있었던 김해 지역에서는 철이 풍부하게 생산되었다. 철은 무기나 농기구의 재료였으므로 그 시대에 가장 중요한 자원이었다. 즉 철을 많이 가진 무리가 곧 힘이 센 집단이었던 것이다.

그러나 신라 23대 법흥왕 19년에 금관가야를 비롯한 모든 가야국들이 신라에 복속되었다. 가야국의 철기문화와 농업기술은 신라 부흥의 원동력이 되었다. 또한 김유신 장군도 금관가야의 왕족 출신이었고, 가야금의 대명사 우륵 역시 가야 출신이다.

신라의 태동

신라가 나타나기 전 현재의 경상북도에는 12개의 작은 나라들로 이루어진 진한이 있었다. 그 가운데 하나가 사로국(신라)이다.

사로국의 시조 설화를 보면, 처음에는 혁거세와 알영을 내세우는 세력이 사로국의 중심이었다.

신라의 발전 과정은 우두머리를 가리키는 호칭의 변화[24](거서간→차차웅→이사금→마립간→왕)를 통해서도 알 수 있다. 거서간은 '족장'이라는 뜻이고, 차차웅은 '무당' 또는 '제사장'이라는 뜻이다. 따라서 혁거세 거서간과 2대 남해 차차웅은 바로 하늘이나 조상에게 제사를 지내는 제사장인 동시에 백성을 다스리는 지배자였던 것이다.

이사금은 나이가 많은 사람을 가리키는 칭호였다. 옛날 사람들은 나이가 많은 사람이 지혜가 많고 덕망이 높다고 생각하였기 때문에 그러한 사람을 우두머리로 뽑았다.

우두머리는 세습이 되었는데 박씨, 석씨, 김씨가 교대로 왕이 되었다.

또한 이사금은 여러 집단을 모아 회의를 열고, 사람들 사이에 생긴 다툼을 조정하는 역할을 하였다. 시기를 거치면서 경주의 사로국은 진한의 여러 나라 가운데 가장 왕성하였다.

---

24) 신라왕의 호칭 변화

《삼국사기》와 《삼국유사》에 의하면 신라의 왕호는 거서간(居西干) - 차차웅(次次雄) - 이사금(呢師今) - 마립간(麻立干) 순으로 변하였다. 왕호의 변천은 신라 사회의 성장과 밀접한 관련이 있다고 보여진다. 가장 먼저 사용된 '거서간'은 '태양, 신령한 제사장, 군장, 대인'의 의미로서 시조인 박혁거세에게만 사용되었다. 2대 남해는 '무당, 제정일치의 군장'을 의미하는 '차차웅' 칭호를 사용하였으며, 3대 유리 때부터 '연장자, 계승자'의 의미를 갖는 '이사금' 왕호를 사용하였다. 그리고 17대 내물 혹은 19대 눌지 때부터 '마립간'이라고 칭하였는데, 마립간은 대수장(大首長)이라는 정치적 의미를 갖는 호칭으로 왕권의 성장과 강화를 상징한다. 왕(王)이라는 중국식 칭호를 사용한 것은 지증왕 혹은 법흥왕 때인데, 이는 당시 율령 제도의 정비 등에 따라 나타나는 왕권의 강화를 반영하고 있다.

내물 마립간에 이르러 신라는 현재의 경상북도 일대를 모두 다스리게 되었다. 이때 마립간은 지배자를 뜻한다. 이 시기부터 왕이 중심이 되어 나라를 다스리고, 왕의 자리도 아들에게만 물려주었다. 이때부터 김씨만 왕이 되었다.

처음에는 신라가 고구려보다 힘이 약했기 때문에 왕자를 인질로 보내야만 했다. 그러나 내물 마립간 때에 백제, 가야와 동맹을 맺으면서 비로소 고구려의 압력에서 벗어날 수 있게 되었다.

가배에서 유래된 한가위

신라 유리왕은 잠행을 나갔다가 한 노파가 추위와 허기에 쓰러져 있는 것을 발견했다. 그는 자신의 잘못이라고 생각해 노파에게 옷과 음식을 내린 후 유사에게 명했다.

"홀아비와 홀어미, 고아와 늙은이, 병으로 능력이 없는 백성을 모두 나라에서 먹여 살리도록 하라!"

그러자 이웃나라 백성들까지 신라로 몰려오고, 때마침 풍년까지 들어 '도솔가'가 온 나라에 퍼졌다.

유리왕은 6부의 이름을 고치면서 성씨를 하사했다. 성씨의 내력은 양산부를 양부로 고치고 이씨 성을, 고허부는 사량부로 고치고 최씨 성을, 대수부는 모량부로 고치고 손씨 성을, 간진부는 본피부로 고치고 정씨 성을, 가리부는 한지부로 고치고 베씨 성을, 명활부는 습비부로 고치고 설씨 성을 하사하였다.

이 때의 관리제도는 17관등제였는데, 6부가 정해지면서 6부의 여자들을 두 편으로 나누었다. 이때 두 사람을 대표로 각기 자기편으로 거느리고 7월 16일부터 8월 15일까지 밤낮으로 길쌈을 짠 결과로 성적순이 매겨졌다.

게임에서 진 쪽은 술과 음식을 장만해 이긴 쪽에게 대접했다. 이에 더해 진 쪽 여자들이 춤을 추면서 '회소회소'라며 탄식조로 노래를 불렀다. 이것이 바로 '회소곡'이다. 또한 이날 밤에 행해진 노래와 춤과 놀이를 '가배'라고 했는데 이것이 오늘날 한가위의 기원이 된다고 할 수 있다.

그러나 추석(한가위)은 신라 유리왕 때 길쌈 시합에서 처음 시작되었다기보다는 오랜 옛날 농사가 본격적으로 시작되면서 열린 추수 감사제에서 비롯되었다고 보는 것이 옳을 듯하다.

요즘에도 추석이 되면 새로 나온 햇곡식과 햇과일로 조상님께 차례를 지낸다. 추석과 같이 한 해 농사를 감사하는 축제는 우리나라뿐 아니라 세계 여러 나라에서도 두루 찾아볼 수 있다.

고구려 고분 벽화를 보면 고구려 축제인 동맹의 모습에서 많이 남아 있다. 공놀이, 도둑잡기 등의 놀이와 씨름, 사냥 등의 그림을 통해 당시의 축제를 상상할 수 있다.

고대 사람들은 이런 축제를 통해 음식을 같이 나누어 먹고 함께 춤추며 노는 동안 서로가 친해지고 하나로 뭉치는 계기로 삼았다.

화랑제도

신라 자비왕 때 고구려의 세력은 조령까지 미쳤다. 이에 신라와 백제는 고구려에 맞서기 위해 동맹을 맺었다. 당시 신라는 군사적인 요지로 삼년산성을 가지고 있었다.

474년 백제가 신라에 구원병을 청하자 신라는 곧바로 군대를 파병했다. 자비왕이 죽자 소지왕이 뒤를 이었다. 그는 고구려와 충돌을 막기 위해 국방에 주력했다. 그가 죽고 64세의 지대로가 지증왕으로 즉위했다. 지증왕은 체격이 우람하고 담력이 컸다.

지증왕 4년에 나라의 이름을 '신라'라고 정했다. '신'은 덕업을 매일 새롭게 한다는 것이고, '라'는 사방을 포함해 다스린다는 의미이다.

지증왕 13년에 우산국(울릉도)을 점령했다. 528년 지증왕의 뒤를 이은 법흥왕은 이차돈의 순교를 계기로 불교를 정식으로 인정했다. 또한 율령을 공포해 국가 체제의 확립에 힘썼다.

진흥왕 때는 이사부와 거칠부 등의 명신들이 있어 나라의 발전에 큰 공을 세웠다. 당시 고구려는 왕위 다툼으로 국력이 쇠약해졌고, 이때를 놓치지 않고 신라는 중국과의 교역을 위해 북쪽을 공격해 한강 연안을 점령했다.

그는 영토를 넓힌 후 북한산에 순수비를 세웠고 서남쪽으로 진출해 가야국을 병합했다. 또 지금의 창녕 부근과 함경남도의 황초령과 이원군에 있는 마운령에 순수비를 세웠다. 이것으로 신라는 제국의 모습을 이웃나라에 제대로 알렸다.

불교가 정식으로 인정되면서 황룡사를 비롯한 많은 사찰이 세워졌는데 이것은 삼국을 통일하는 데에 기반이 되었다. 이와 동시에 화랑도까지 창설되었다. 화랑도는 남자와 여자로 나뉘어 놀게 하면서 인재를 뽑았다.

신라 진흥왕 때 15세쯤 되는 진골 귀족의 아들을 화랑으로 뽑고, 그 밑으로 많은 젊은이들을 모아 낭도라고 불렀다. 주로 경주에 사는 사람들을 중심으로 이루어진 화랑과 낭도의 수는 적게는 300명 많을 때는 1,500명이 넘었다.

처음에는 원화제도에서 뽑힌 원화의 두령인 남모와 준정을 중심으로 3백여 명이 각각 무리지어 놀게 했다. 남모와 준정은 자신을 따르는 남자들에게 여왕처럼 군림했다.

하지만 두 여자는 서로를 시기했으며 준정은 남모를 죽이려는 음모를 꾸몄다. 얼마 후 준정은 남모를 자신의 집으로 초대해서 술을 마시게 했다. 준정은 만취한 남모를 강물에 떠밀어 죽였다. 그렇지만 준정의 살인

신라 기마인물형 토기

이 밝혀지면서 참형을 당했고, 이와 함께 원화제도도 없어졌다.

이후부터 남자를 곱게 꾸며 화랑으로 칭했으며 그를 따르는 무리가 모여들었다. 이것이 화랑제도의 시초가 되었다.

화랑과 낭도는 평소에는 같이 모여 공부도 하고, 무술을 익히고, 몸과 마음을 닦았다. 왕과 귀족들은 화랑에게 여러가지 도움과 혜택을 제공하였다.

화랑에게는 원광 스님이 만든 '세속 오계世俗五戒'라고 하는 다섯 가지 지켜야 할 덕목이 있었다. 충성을 다해 임금을 섬겨야 한다는 '사군이 충', 어버이께 효도해야 한다는 '사친이효', 믿음으로 친구를 사귀어야 한다는 '교우이신', 싸움터에 나가서는 물러서지 말아야 한다는 '임전무퇴', 생명을 죽이는 데는 신중해야 한다는 '살생유택'이 그것이다.

화랑은 국가의 중요한 인재들이었다. 어른이 되면 신라의 중요한 관리나 장수가 되고, 나라에 큰 일을 담당했기 때문이다. 실제로 신라가 삼국을 통일하는 데에 화랑들이 큰 역할을 하였다.

화랑세기(花郎世紀)

신라 성덕왕 때 한산주 도독이던 김대문(金大問)이 저술한 역사서로, 저자인 김대문은 4대 화랑인 이화랑(二花郎)의 후손이다. 판본은 전하지 않고 《삼국사기》에 극히 일부가 인용되고 있다. 그런데 1989년에 조선 후기의 필사본으로 보이는 《화랑세기》가 발견되었다. 이 책은 총 16장 32면으로 후반부가 일부 탈락되어 있다. 분량은 총 7,406자이다. 이곳에 서술되어 있는 내용은 가히 충격적으로 근친혼·동성애·다부제(多夫制) 등 고대사회의 실상이 생생하게 그려져 있다.

백결 선생의 거문고 연주

신라 눌지왕 때부터 전국에 노래와 음악이 퍼져 자비왕 때까지 전해졌다. 이때 섣달 그믐날만 되면 백성들은 조상에게 제사를 지내고 새해를 맞아 떡을 만들어 먹는 풍습이 생겼다.

그렇지만 경주 남산 기슭에 살고 있는 백결 선생[25]은 너무 가난해서 제사는커녕 떡도 만들어 먹을 수가 없었다. 백결이란 이름은 너무 가난해 옷을 백 번 기워 입었다고 붙여진 것이다. 그는 벼슬길 출사에 실패하고 집에서 거문고만 뜯었다.

그러던 어느 섣달 그믐날이었다. 마을 사람들은 새해를 맞이하기 위해 떡방아를 찧고 있었다. 그러자 백결 선생은 풀이 죽어 아내의 얼굴도 쳐다보지 못했다. 백결 선생과 눈이 마주친 아내가 불같이 화를 냈다.

"여보! 귀가 있으면 알 것 아니오!"

백결 선생은 아내의 화풀이를 받아들였다. 이때 까치 한 마리가 감나무에 앉아 '까악'하고 울었다. 이어 아내는 거문고를 배운 제자가 쌀이라

---

25) 백결 선생(百結先生)

신라 20대 자비왕 때의 거문고의 명인 박문량(朴文良)을 일컫는다. 평생 가난한 생활을 하면서 예술에 전념하였으며, 가난한 살림을 꾸려가는 아내를 위하여 〈대악(碓樂. 방아타령)〉이라는 곡조를 남겼다.

《삼국사기》 '백결 선생전'에 다음과 같은 이야기가 전한다.

'백결선생은 낭산(狼山) 아래에 살았는데 가난한 집에 옷을 백 번이나 기워 입어 마치 비둘기를 거꾸로 매단 것처럼 너덜너덜하였다. 그는 일찍이 영계기(榮啓期)의 사람됨을 흠모하여 거문고를 가지고 다니면서 무릇 기쁨과 성냄, 슬픔과 즐거움 그리고 마음에 편치 않은 일들을 모두 거문고로 폈다.

어느 해 연말에 이웃 사람들이 방아로 곡식을 찧을 때 아내가 그 절구공이 소리를 듣고 말하기를, '다들 곡식이 있어 방아질을 하는데 우리만 곡식이 없으니 어떻게 해를 넘길까?' 하였다. 선생이 하늘을 우러러보며 탄식하여 말하기를, '대저 사람이 살고 죽는 것은 명이 있는 것이요, 부귀는 하늘에 달린 것이라! 오는 것은 거절할 수 없고, 가는 것은 따라 잡을 수 없는 것인데 그대는 어찌 마음 상해하시오? 내 그대를 위하여 절구공이 소리를 지어서 위로해 주리다.' 하였다. 이에 거문고를 뜯어 절구공이 소리를 내었다. 세상에 전하여져서 그 이름을 '방아타령(碓樂)'이라고 하였다.'

도 가지고 찾아올 것으로 생각했다. 아내는 빈 독을 깨끗이 씻어놓고 물을 긷기 위해 우물가로 갔다. 갑자기 자신의 집에서 떡방아 찧는 소리가 들려왔다.

이 소리에 기쁜 마음을 감추지 못하고 집으로 돌아온 아내는 기가 막혔다. 그것은 떡방아 찧는 소리가 아니라 백결 선생의 거문고 소리였다. 그렇지만 아내는 실망하지 않고 거문고 소리에 맞춰 마당에서 어깨춤을 추었다. 이것을 본 이웃 아낙네들까지 마당으로 모여들며 춤판이 벌어졌다.

우리나라 최초로 탄생한 여왕과 골품제

신라 진평왕 43년 가을, 당나라에서 모란꽃이 그려진 병풍과 모란씨를 보내왔다. 이때 진평왕은 덕만 공주를 불러 병풍을 보여 주었다. 그러자 덕만 공주는 병풍에 그려진 모란꽃을 바라보다가 이렇게 말했다.

"아바마마, 좋은 꽃이 아닙니다."

"뭐가 잘못 되었느냐?"

"네, 이 꽃에는 향기가 없습니다."

"그림인데 향기가 있을 리가 없지 않느냐."

"아닙니다. 꽃 주위에 벌이나 나비가 없습니다. 그것은 꽃에 향기가 없다는 증거입니다."

세월이 흘러 봄이 되자 진평왕은 병풍과 함께 가져온 모란씨를 뿌렸다. 여름이 되어 꽃이 피자 진평왕은 공주와 함께 모란꽃을 살펴보았다. 과연 꽃에는 향기가 없었다. 그때부터 진평왕은 덕만 공주를 자신의 후계자로 삼기로 작정했다.

632년 진평왕이 죽자 덕만 공주가 뒤를 이어 신라 27대 선덕 여왕으로 즉위하여, 우리나라 최초의 여왕이 되었다. 선덕 여왕은 농사를 위해 별을 관측하는 첨성대를 세웠고, 영묘사와 분황사 등 큰 사찰까지 지었다.

특히 젊은이들을 당나라로 유학보내 발달된 문물을 배워 오게 했다. 이때 여왕을 보필한 인물들이 바로 김춘추와 김유신이었다.

그녀는 김춘추에게는 외교를, 김유신에게는 군사를 맡겼다. 두 사람은 힘을 합쳐 삼국 통일의 초석을 마련했다. 또한 자장율사는 여왕의 명을 받아 8년 간 불경을 연구하고 돌아와 통도사와 10여 개의 사찰을 세웠다.

그러나 이런 여왕을 해치고자 비담과 염종은 음모를 꾸며 새해에 거사를 계획했다. 그렇지만 음모를 알아챈 알천은 이들의 행동을 몰래 살피고 있었다.

647년 선덕 여왕 16년 1월 새해가 밝아오자 잔치가 벌어졌다. 비담이 여왕에게 새해 인사를 하기 위해 궁궐로 들어오는 순간 알천이 그의 목을 베었다. 뒤이어 김유신이 반란군을 10일 만에 진압했다. 이에 충격을 받은 선덕 여왕은 647년에 죽었다.

선덕 여왕은 아름답고 영리하였지만 나라에서 결혼을 허락하지 않았기 때문에 결혼을 할 수 없었다. 그 이유는 신라에 있는 골품제라는 독특한 신분제도 때문이었다. 골품이라는 말은 뼈에도 차이가 있다는 뜻으로, 타고난 신분에 차이를 둔다는 뜻이다. 골품제는 모든 사람을 성골, 진골, 6두품, 5두품, 4두품, 3두품, 2두품, 1두품으로 나누어 차별하였다. 4두품 이상은 관리가 될 수 있는 귀족 계급이었고, 3두품 이하 1

첨성대

두품은 관리가 될 수 없는 평민이었다. 골품제에서는 자신이 속한 등급에 따라 높이 올라갈 수 있는 관직이 정해져 있었다.

이들 가운데 왕이 될 수 있었던 것은 성골 귀족뿐이었다. 또한 성골은 성골 귀족끼리만 결혼할 수 있었다.

그런데 선덕 여왕 시대에는 성골 남자가 한 명도 없었다. 그리하여 여왕은 결혼을 하지 못한 채 왕의 자리에 오르게 되었다. 선덕 여왕이 죽은 뒤에는 마지막 남은 여자 성골인 진덕 여왕이 왕이 되었는데 더 이상 성골 귀족이 없었기 때문에 성골 다음으로 높은 신분인 진골 귀족에서 왕이 되었다.

그 뒤를 이어 즉위한 태종 무열왕 김춘추는 김유신과 함께 백제를 멸망시켰다. 또한 무열왕의 아들 문무왕은 당나라와 연합해 고구려를 멸망시켜서 삼국을 통일했다. 문무왕의 뒤를 이은 신라 31대 신문왕은 국력 신장에 힘썼다. 특히 신라 32대 효소왕부터 성덕왕까지는 당나라 문화를 받아들여 신라 문화의 황금기를 누렸다.

신라 35대 경덕왕은 당나라 제도를 받아들여 나라를 9주로 나눴고, 9주 안에 5소경을 두었다. 이때 고유지명들도 한자어로 고쳤다.

이 무렵 불교와 관련된 예술품들이 많이 나왔는데 대표적인 것으로 불국사와 석굴암이 있다. 석굴암은 바위를 깎아 동굴을 만든 다음, 그 속에 부처님을 조각한 불상을 모셨다. 그리고 불경 소리가 들려 땅을 파니 석불이 나와 지었다는 굴불사를 비롯해 황룡사 대종과 봉덕사종을 만들었다.

꿈 때문에 운명이 바뀐 두 자매

신라 진평왕 15년 가을 밤, 태수 김서현의 아내 만명부인[26]은 태몽을 꾸었다. 금빛 갑옷을 입은 아이가 하늘에서 구름을 타고 내려와 부인의 품에 안겼다. 이보다 앞서 남편 김서현은 화성과 토성이 안마당으로 떨어지는 꿈을 꾸었다.

산달이 되어 만명부인은 남자아이를 순산했는데 등에는 북두칠성 모양의 점이 일곱 개 있었다. 이 아이가 김유신으로 그는 화랑이 되어 매일 몸과 마음을 갈고 닦았다.

화랑 김유신은 모가대와 우기나 등과 말을 타고 남산으로 올라갔다. 남산에 오른 이들은 훌륭한 인물이 되자고 언약했다. 해가 저물고 이들은 남산을 내려와 북문 밖 술집으로 향했다. 술집에는 미모의 기생 천관이 있었다.

김유신은 그 날부터 천관을 만나기 위해 술집에 자주 들렀다. 김유신이 가야금을 뜯고 있는 천관의 손을 잡자 그녀는 이렇게 말했다.

"백제와 고구려를 반드시 정복해야 합니다."

이 말을 들은 김유신은 천관을 대견스럽게 쳐다보았다. 그가 계속해서 술집을 들락거리자 어느 날 어머니 만명부인이 김유신을 불렀다.

"듣자하니, 공부를 게을리 하고 날마다 기생집에 출입한다고 하던데

---

26) 만명부인(萬明夫人)

김유신(金庾信)의 어머니로 만명공주라고도 한다.

조부가 갈문왕 입종(立宗)이며, 부친은 진흥왕의 아우인 숙흘종(肅訖宗), 남편은 가야왕족의 후예인 김서현(金舒玄)이다.《삼국사기》에 의하면 김유신의 아버지인 서현(舒玄)이 길에서 만명부인을 보고 속으로 기뻐하여 중매도 없이 야합(野合)하였다고 한다.

김유신이 젊어서 기생 천관(天官)에게 혹하여 타락하였을 때 아들을 잘 타일러 천관과의 관계를 끊게 하는 등 자녀의 교육에 엄격하였다. 서현과 만명부인 사이에는 김유신뿐만 아니라 삼국통일에 큰 공을 세운 김흠순(金欽純)과 태종무열왕의 왕비가 된 문명부인(文明夫人) 등이 있다.

김유신

사실이냐?"

"기생 천관이 저에게 많은 것을 깨우쳐 줍니다."

"그것을 묻는 것이 아니라, 네 나이가 술집을 드나들 나이가 아니지 않느냐?"

김유신은 어머니에게 이제부터 술집에는 절대로 가지 않겠다고 맹세했다. 맹세 후 어느 날, 김유신은 잔칫집에서 밤늦도록 술을 마시고 귀가하기 위해 말에 올랐다.

술에 취한 김유신은 말 위에 오르는 순간 졸았는데, 말은 혼자 걸어가다가 어느 집 앞에 멈췄고, 김유신이 잠에서 깼다. 고개를 든 김유신은 깜짝 놀랐다. 그곳은 천관이 있는 술집으로 말은 습관처럼 그곳으로 왔던 것이다. 이때 김유신을 본 천관은 버선발로 뛰어나와 반겼다.

하지만 김유신은 그녀를 거들떠보지도 않고 말에서 내리는 순간 사랑하는 말의 목을 베었다. 이 광경을 본 천관은 목놓아 울면서 김유신을 불렀지만 뒤돌아보지 않고 곧장 집으로 돌아왔다.

이에 천관은 머리를 깎고 중이 되었다가 죽었는데, 훗날 김유신은 천관이 살던 곳에 '천관사'라는 사찰을 지어 그녀의 넋을 달랬다고 한다.

김유신에게는 사랑하는 누이인 둘째 보희와 막내 문희가 있었다. 당시 신라는 엄격한 계급사회였지만 김유신은 진골 김춘추와 둘도 없는 친구 사이였다.

정월 보름날, 김유신은 김춘추를 초대해 집 근처에서 공차기를 했다. 김유신은 공을 빼앗는 척하면서 일부러 김춘추의 소맷자락을 잡아당겼다. 그러자 옷의 바느질이 터졌다. 하지만 김춘추는 놀이에 정신이 팔려 옷이 터진 줄을 몰랐다. 놀이가 끝나자 그제야 김춘추는 소맷자락이 터진 것을 알았다.

"이런, 옷이 터졌구먼."

"상공, 저희 집에서 꿰매고 가십시오."

"괜찮소. 집에 가서 꿰매면 됩니다."

"그대로 가시는 것보다 낫지 않겠습니까?"

김유신은 김춘추를 데리고 집 안으로 들어갔다. 그때 방안에 있던 보희와 문희가 일어나 김춘추에게 인사를 하였다. 그러자 김유신은 동생들에게 김춘추의 옷을 꿰매라고 부탁했다. 그러자 보희가 이렇게 말하면서 거절했다.

"이런 하찮은 일로 어찌 귀공자를 가까이 하겠습니까?"

이에 김유신은 문희에게 청하자 쾌히 승낙했다. 그러자 김춘추는 문희의 앞으로 다가갔고 그녀는 다소곳이 터진 곳을 꿰맨 후 입을 열었다.

"천한 소녀가 귀공자의 옷을 제대로 꿰맸는지 모르겠습니다?"

이날 이후부터 김춘추는 문희가 눈에 어른거려 공부가 되지 않았다. 30세가 넘은 김춘추는 이미 결혼했지만 그녀를 만나기 위해 공놀이를 핑계로 김유신의 집을 들락거렸다. 그러던 어느 날 김유신은 문희를 불러 꾸짖었다.

"문희야, 어찌해서 상공의 아이를 가졌느냐?"

"오라버니, 죽을죄를 지었습니다."

"너도 알고 있듯이 상공은 기혼자다. 그렇다고 네가 상공의 첩으로 들어가는 것은 절대로 반대다."

그런 후 김유신은 문희를 김춘추의 정실부인으로 만들 방법을 생각하였다. 때마침 선덕 여왕이 신하들을 거느리고 남산으로 거동했다. 이때를 놓치지 않고 김유신은 자기 집 마당에 나무를 잔뜩 쌓아놓고 불을 질러 연기를 피웠다. 자욱하게 피어오르는 연기를 본 여왕은 신하에게 까닭을 물었다.

"여봐라! 저기에 웬 연기인가?"

"김유신이 자기 누이를 불태워 죽인다고 하옵니다."

"뭣이라고! 그렇다면 무슨 이유가 있지 않겠느냐?"

"네, 누이가 처녀의 몸으로 임신했기 때문이랍니다."

"그렇다면 그 남자가 누구라더냐?"

"어느 진골이라 하옵니다."

그때 김춘추는 얼굴이 빨개졌고 여왕은 김춘추를 보면서 말했다.

"춘추공, 어찌 안색이 좋지 않습니다."

"마마, 용서하시옵소서. 그 진골이 바로 소신이옵니다."

"그래요? 그렇다면 공이 책임지셔야겠네요. 여봐라! 어서 그만두라고 하라. 그리고 어명이니 혼인을 하도록 하라."

이렇게 김유신의 계략으로 문희가 정실부인이 되었다. 오랜 세월이 흘러 김춘추는 태종 무열왕으로 등극했으며 문희는 왕비가 되었다. 혼례를 치르는 날 문희의 언니 보희는 비단치마 하나를 찢으며 울었다. 비단치마는 자신의 꿈을 동생 문희에게 팔면서 받았던 것이었다.

꿈 이야기는 김춘추가 집에 들르기 전의 일이다. 언니 보희가 꿈을 꾸고 문희에게 말했다.

"문희야, 언니가 어젯밤에 이상한 꿈을 꾸었단다."

"무슨 꿈을 꾸었기에?"

"꿈에서 내가 서현산에 올라가 소변을 보았는데, 서라벌이 온통 오줌 바다로 변했지 뭐니!"

"어머, 그러면 그 꿈을 나한테 팔아요."

"팔면 무엇으로 살 것이니."

"지금까지 한 번도 입지 않은 비단치마를 줄게."

꿈은 왕비가 되는 길몽으로 영특한 문희가 그것을 알아차리고 꿈을 샀던 것이다. 그리고 김춘추의 옷도 언니가 아닌 본인이 꿰맸던 것이다.

신라의 삼국 통일

660년 5월 26일, 태종 무열왕[27]은 신라군을 이끌고 백제 원정길에 올라 남천에 이르렀다. 이때 당나라 13만 대군도 황해를 건너 덕물도에 진을 쳤다. 태종 무열왕은 김유신[28]에게 5만 명의 군사를 주었다.

김유신은 군사를 이끌고 품일 장군과 함께 백제의 여러 성을 점령한 다음 황산벌에 진을 쳤다. 이때 백제의 명장 계백의 5천 결사대와 싸웠다. 신라군은 수가 많았지만 백제군에게 여러 차례 패했다. 그러자 김유신은 장군들을 모아 전략을 의논할 때 김흠춘은 화랑인 아들 반굴을 불렀다.

"반굴아, 이럴 때 나아가 싸우는 것이 나라에 충성하고 부모에게 효도하는 길이다."

"네, 아버님 말씀 명심하겠습니다!"

반굴은 곧장 말을 타고 홀로 적진으로 뛰어 들어가 용감하게 싸우다가 전사했다. 이를 지켜본 품일 장군의 아들 관창이 앞으로 나섰지만 나이가 너무 어려 허락하지 않았다.

그러나 관창이 포기하지 않고 여러 차례 출전요청을 하자 김유신은 마지못해 허락했다. 관창은 말을 타고 창을 비껴든 채로 적진 깊숙이 들어갔지만 백제군에게 사로잡혔다. 계백은 관창의 투구를 벗기는 순간 놀

---

27) 태종 무열왕(太宗武烈王. 645~661 재위)
　　신라 제29대 왕으로 성은 김(金), 이름은 춘추(春秋), 묘호는 태종(太宗)이다. 율령을 정비하고, 당나라와 연합하여 백제를 멸망시키고 삼국 통일의 기반을 닦았다.
　　할아버지는 진지왕이고 아버지는 이찬 용춘이다. 어머니는 진평왕의 딸 천명부인이고 비는 문명부인으로 김유신의 동생이다. 제18대 풍월주를 지냈다.
28) 김유신(金庾信. 595~673)
　　가야출신의 신라의 명장이다. 가야국의 시조 김수로왕의 12대 손으로, 태종 무열왕 7년(660)에 당나라 소정방과 함께 백제를 멸망시키고, 문무왕 8년(668)에 고구려를 정벌한 후 당나라 군사를 축출하는 데 힘써 삼국 통일의 기반을 다졌다.

랐다.

"허, 신라에도 이런 용감한 소년이 있다니…… 항복하겠느냐?"

"항복이라니! 나는 대신라의 화랑이다! 화랑에게 항복이란 단어는 없고 오직 죽음만이 있을 뿐이다."

계백은 관창을 번쩍 안아 말에 태워 신라 진영으로 되돌려 보냈다. 그러자 아버지 품일 장군은 되돌아온 관창을 호되게 꾸짖었다.

"네 어찌하여 돌아왔느냐? 다시 출전해 적장의 목을 베기 전에는 돌아오지 말라!"

"죄송합니다. 이번엔 반드시 적장의 목을 베어 오겠습니다."

관창은 또다시 말을 타고 적진으로 달려가 목이 터져라 외쳤다.

"적장은 나와서 내 칼을 받아라!"

그러나 어린 나이라 별수 없어 백제군에게 사로잡혀 또다시 계백 앞으로 끌려갔다. 계백은 두말없이 관창의 목을 베어 말안장에 매달아 신

태종무열왕릉비

111

라군 진영으로 보냈다.

이를 본 신라군들은 사기가 충천했고 김유신은 이때를 놓치지 않고 공격 명령을 내렸다. 신라군은 성난 파도처럼 적진을 향해 돌진해 백제군을 무찔렀다. 결국 백제는 660년 태종 무열왕이 왕위에 오른 지 7년 만에 멸망하고 말았다.

태종 무열왕의 아들인 신라 30대 문무왕은 백제의 부흥군을 소탕하고 당나라군과 연합하여 고구려까지 멸망시켰다. 그 후 당나라군과 충돌하자 그들의 세력을 몰아내고 삼국 통일을 이루었다.

신라 통치 제도

신라가 삼국을 통일한 뒤, 신라는 넓어진 영토와 늘어난 백성, 바뀐 나라의 사정을 맞추어 여러 가지 제도를 새로 마련하였다.

통일 전에는 '화백'[29]이라는 귀족 회의에서 나라의 중요한 일을 결정하였으나, 통일 후부터는 왕의 힘이 세졌다. 또한 왕의 명령에 따라 일하는 집사부의 위치가 강해졌다. 그 밖에도 관리를 임명하고 각 지역으로 보내는 일을 하는 위화부, 세금과 같이 돈에 관한 업무를 보는 창부, 행사나 외교 업무를 맡아 보는 예부 등 여러 관청을 새로 설치하여 나라의 일을 나누어 맡았다. 오늘날 국무총리 역할을 하는 집사부의 최고 우두머리인 중시가 이러한 부서들을 이끌어 나갔다.

그리고 지방을 다스리기 위한 제도도 갖추어졌다. 통일 신라는 옛 고구려, 백제, 신라의 땅에 각각 세 개의 주를 두로 전국을 아홉 개의 주로 나누었다. 주 안에는 군을 두고, 군 아래에는 현을 두었다. '주, 군, 현'은 오늘날의 도, 시, 군, 면과 비슷한 구조로 주, 군, 현에는 각각 도독, 태수, 현령을 임명하여 중앙에서 임명하였다.

현 아래에는 촌을 두었는데 신라 때와 마찬가지로 그 지방에서 대대로 살아온 세력 있는 사람을 촌주라고 이름 붙이고 그 지방을 다스리게

---

29) 화백회의(和白會議)

신라 때 나라의 중대사를 의논하던 회의 제도. 의결 방법은 만장일치제로, 처음에는 경주의 육촌(六寸) 사람들의 회의였으나 뒤에는 진골 이상의 귀족들의 회의로 변하였다.

중국의 〈신당서(新唐書)〉 동이전 신라조에 '국가에 일이 있으면 반드시 여러 사람과 의논해 결정한다. 이를 화백이라 했으니 한 사람이라도 이의(異議)가 있으면 그만두었다.'라고 했다. 이로써 화백은 만장일치로 의결하는 것을 원칙으로 했던 것 같다. 단 화백이란 말의 본뜻은 확실하지 않고 신라 고유의 이두(吏讀)식 표기로 생각할 수 있겠지만, 여러 사람이 '화합하여 아뢴다'는 뜻에서 취한 한자어로 보는 것이 타당할 듯싶다.

진덕여왕 5년(651) 김춘추 일파에 의해 국왕 직속의 관청인 집사부(執事部)가 설치되면서 화백 회의는 지난날의 권위를 계속 유지할 수 없게 되었다.

하였다.

통일 신라 시대에는 '모든 땅은 왕의 것이고, 모든 백성은 왕의 신하'라는 생각을 가지고 있었다. 그래서 백성들은 왕의 땅에서 사는 대가로 왕에게 세금을 냈다. 백성들은 정해진 액수에 따라 세금과 특산물을 나라에 바쳤고 나라에서 벌이는 각종 공사에도 나가 일을 하였다.

열다섯 살부터 예순 살까지의 남자들은 모두 부역에 동원되었다. 일하는 기간은 일 년에 두 달이 넘지 않았다. 농사일에 지장을 주면 안 되었기 때문에 나라에서는 농사일이 별로 없는 이른 봄과 늦가을에 주로 큰 공사를 벌였다.

장보고의 해상 왕국

9세기 중엽 흥덕왕이 통일 신라를 다스리고 있을 무렵, 통일 신라와 친하게 지내오던 당나라의 힘이 약해지면서 도적떼가 들끓고 바다에서는 해적들이 사람들을 괴롭혔다. 당나라 해적들이 통일 신라의 바다에까지 들어와 재물을 빼앗고 사람들을 죽이거나 노예로 잡아갔다.

이런 어수선한 시기에 장보고는 지금의 완도에서 가난한 어부의 아들로 태어났으며 어릴 때 이름은 궁복이었다. 그는 두서너 살 아래의 정연과 친했다. 두 소년은 넓은 바다를 보면서 꿈을 키웠다.

그러던 어느 날 밤, 두 소년은 두 달에 한 번 정도 도착하는 당나라 배에 몰래 올랐다. 그들은 배가 바다 한가운데쯤 왔을 때 창고에 숨어 있다가 발각되었다. 험상궂게 생긴 선장은 두 소년을 바라보며 물었다.

"거짓말하면 바다로 던져 버리겠다. 도둑질하러 배에 탔느냐?"

"우리는 당나라로 가서 훌륭한 장수가 되기 위해 배를 탔소."

궁복의 당당함에 선장은 그들을 용서해 주었다.

두 소년은 무사히 당나라의 산동 반도 등주항에 내렸다. 갈 곳이 없던 두 소년은 늙은 무사를 만나 무예를 닦았다.

세월이 흘러 두 소년은 검술, 창술, 마술, 궁술 등에 통달한 무사가 되었다. 이들은 당나라 무술대회에 참가해 이름을 떨친 다음 궁복이란 이름을 버리고 장보고로 바꿨다. 무

장보고

술 실력이 뛰어난 장보고는 당나라 군관을 시작으로 서주지방 무령군 소장으로 발령받으면서 장수가 되었다. 정연 또한 무예가 출중해 장수가 되었다.

당시 당나라 등주에는 신라인들의 집단으로 거주하는 신라방이 있었다. 그곳에는 중국과 거래하는 신라 상인들과 공부하기 위해 유학 온 중들이 살고 있었다.

어느 날 장보고와 정연은 들녘으로 나갔다가 신라 소년들이 노예가 되어 있는 것을 목격했다. 감독은 소년들에게 채찍을 휘두르며 심하게 다루었다. 순간 장보고는 분노가 치밀었지만 일단 그 자리에서는 참을 수밖에 없었다. 그리고 소년들을 만나 까닭을 물었다. 그러자 한 소년이 대답했다.

"해적들이 마을로 쳐들어와 우리들을 잡아다가 이곳에 팔아 넘겼어요."
"뭣이! 해적놈들이 그랬단 말이지."

그때 신라에서는 당나라 해적과 일본 해적들이 수시로 침입해 약탈을

장보고 기념관

일삼았다. 이런 사실을 알게 된 장보고는 소년들이 노예가 되지 않도록 구해 주었다.

그 다음 날, 장보고는 당나라 조정에 해적을 소탕하고 억울하게 잡혀 와 팔린 신라 노예들을 풀어달라고 청했다. 때마침 당나라 조정도 해적들의 행패로 골치가 아팠기 때문에 그의 청을 받아 주었지만 큰 변화가 없었다. 그러자 장보고는 정연에게 말했다.

"우리가 신라로 돌아가서 해적을 소탕하세."

장보고의 말에 정연은 반대를 했다. 그렇지만 장보고는 당나라 벼슬을 버리고 20년 만에 신라로 돌아와 흥덕왕을 찾아갔다.

"대왕마마, 신라 소년들이 해적들에게 잡혀 노예로 팔리고 있습니다."

왕은 장보고의 말에 깜짝 놀랐다. 여태까지 신라 조정에서는 아무것도 모르고 있었기 때문이다.

흥덕왕 3년 여름, 왕은 장보고에게 1만 군사를 주어 해적들을 소탕하게 했다. 그러자 장보고는 완도에 군사 기지를 설치하였다. 이곳은 당나라와 일본을 잇는 중요한 길목이었다. 그때에는 완도를 청해진이라 불렀기 때문에 장보고의 기지를 '청해진'이라고 했다.

828년 4월 청해진 대사로 임명된 장보고는 신라의 해상 교통을 살피면서 군사를 훈련시키는 한편 바다를 누비며 해적을 몰아냈다.

"배는 다른 군선보다 크게 만들어야 한다. 특히 배 양쪽에는 공격할 수 있는 뚜껑을 만들어 열고 닫을 수 있게 하라."

날이 갈수록 크고 튼튼한 군선이 계속 만들어졌다. 더구나 그는 훈련시킨 수군을 배에 태워 작전 연습을 쉼 없이 실시한 다음 바다로 출전했다. 때마침 바다 저편에서 해적선이 나타났다.

"해적선이다. 해적선!"

"적선의 수가 얼마나 되는지 빨리 보고하라."

"해적선의 수가 매우 많습니다."

"그러면, 열 척만 나를 따르고 나머지는 이곳에서 대기하라."

장보고의 배가 해적선 쪽으로 향하자 그들은 굶주린 짐승처럼 덤벼들었다. 그러자 장보고는 뱃머리를 순간적으로 돌려 달아나는 작전을 펼쳤다. 그리고 얼마 후 모든 군선들에게 작전명령을 내렸다.

"배를 양쪽으로 나누었다가 해적선이 한가운데로 몰리면 총공격하라!"

장보고가 해적선을 한가운데로 유인하자 양쪽에 대기하고 있던 군선들이 일제히 공격했다. 군선들의 총공격에 해적선들은 도망치려고 했지만 결국 바다 속으로 빠져 모두 죽고 말았다.

완벽한 첫 승리로 신라 수군의 사기는 하늘을 찔렀다. 그 뒤부터 장보고가 거느린 군선은 청해진을 중심으로 해상 왕국을 만들어 당의 해적이든 왜의 해적이든 모조리 몰아냈다. 이에 해적들은 장보고란 이름만들어도 멀리 도망쳤으며, 신라 어선들은 마음 놓고 바다에 나갈 수 있게 되었다. 이처럼 장보고는 신라와 당나라와 일본의 삼국 무역을 안전하게 도왔을 뿐만 아니라 무역권도 손에 쥐어 바다의 영웅으로 떠올랐다.

그러나 846년 안타깝게도 신라 왕족의 권력다툼에 휘말려 장보고는 왕족 일파가 보낸 염장에게 암살당하고 말았다. 장보고가 죽자 청해진 역시 소멸되었고, 또다시 해적과 왜구들이 약탈을 감행했다.

임금님 귀는 당나귀 귀

신라 경문왕의 이름은 웅렴이다. 그는 18세 때부터 화랑으로 활동했다. 웅렴이 왕위에 오르기 전 헌안왕이 불러 잔치를 베풀면서 물었다.

"너는 화랑으로 전국을 순회하면서 이상한 것을 보지 못하였느냐?"

"봤습니다. 선행을 행한 세 사람을 보았는데 한 사람은 위에 있지만 겸손하게 남의 밑에 있고, 한 사람은 권력도 있고 부자지만 검소하고, 한 사람은 귀하고 세력이 있지만 겉으로 나타내지 않았습니다."

이 말이 끝나자 헌안왕은 그에게 청했다.

"나에겐 두 딸이 있는데 마음에 드는 사람을 골라 아내로 삼으라."

집으로 돌아온 웅렴이 부모님에게 이 사실을 말하자 인물이 없는 맏딸보다 미모가 있는 둘째 딸을 고르라고 했다. 이때 흥륜사 노 스님이 소문을 듣고 웅렴을 찾아왔다.

"임금께서 공자님께 공주를 아내로 택하라고 청했습니까?"

"그렇소."

"그렇다면 공자님께서는 두 분 공주님 중 누구를 택하시렵니까?"

"부모님께서는 둘째 공주를 택하길 원하고 있습니다."

"공자께서는 제 말을 잘 들으시오. 큰 공주를 택하시게 되면 세 가지 좋은 일이 있습니다."

웅렴은 부모님보다 노 스님의 말에 따라 큰 공주를 택했다. 혼인 후 3개월이 지나자 왕은 병이 깊어져 신하들에게 유언했다.

"나에겐 아들이 없고 딸만 있소. 그래서 내가 죽으면 왕위를 맏사위에게 물려주겠소."

헌안왕이 유언을 남긴 지 이틀 만에 죽자 왕의 유언에 따라 웅렴이 경문왕으로 올랐다. 그러자 흥륜사 스님이 또다시 찾아와 이렇게 말했다.

"마마, 세 가지 일이 모두 이루어졌습니다. 큰 공주님을 아내로 맞았기 때문에 왕위에 올랐고, 미모의 둘째 공주님도 가질 수 있고, 큰 공주님을 아내로 맞아 선왕과 왕비가 매우 기뻐했답니다."

경문왕은 스님의 지혜에 감탄하여 후하게 상을 내렸다. 그 후 밤마다 왕의 침실에 뱀들이 떼를 지어 나타나자 부하들이 뱀을 쫓아내려고 했다. 그러나 왕은 이들을 막으면서 말했다.

"쫓지 말라. 짐은 뱀들이 없으면 편히 잠을 이룰 수 없다."

그는 항상 산 뱀을 가슴에 얹고 자는 습관이 있었다. 더구나 웅렴은 왕위를 물려받은 직후부터 귀가 점점 커져 결국 당나귀 귀로 변했다. 이 사실은 왕비도 몰랐고 오직 머리 쓰는 관모를 만드는 사람만 알고 있었다. 그렇지만 그는 임금의 어명으로 누구에게도 알리지 않았다. 하지만 그는 이 사실을 숨기느라 병까지 들었다.

그는 병을 고치기 위해 할 수 없이 도림사 대나무 숲으로 들어가 큰 소리로 외쳤다.

"임금님 귀는 당나귀 귀! 임금님 귀는 당나귀 귀!"

그러자 그의 속이 후련해지면서 자연적으로 치료가 되었다.

어느 날, 왕은 우연히 도림사 대나무 숲 옆을 지나가게 되었다. 그때 바람이 불면서 대나무 숲에서 '임금님 귀는 당나귀 귀'라는 소리가 들려왔다. 깜짝 놀란 왕은 대나무 숲을 모조리 베어 버리라고 했다. 그리고 그 자리에 산수유를 심었는데 바람이 불 때마다 '임금님 귀는 길다'는 소리가 들렸다.

처용 부적의 비밀

헌강왕이 동해를 시찰할 때 갑자기 구름과 안개가 뒤덮여 사방이 캄캄해졌다. 그러자 헌강왕은 기상변화에 대해 일관日官(삼국시대 천문관측과 점성(占星)을 담당하던 관원. 고구려에서는 일자(日者)라고 했다)에게 물었다.

"이것은 동해 용왕의 조화로 대왕께서 선행을 베풀어야만 풀어집니다."

이에 왕이 용왕을 위해 그곳에 사찰을 짓도록 명하는 순간 구름과 안개가 걷혔다. 그때 용왕이 일곱 명의 아들과 함께 나타나 춤을 추자 헌강왕이 물었다.

"용왕님, 어느 나라의 춤입니까?"

"선정을 베푸는 대왕님의 덕을 칭송하기 위해 추는 춤입니다."

왕이 궁궐에 돌아가려는 순간 용왕의 아들 중 한 명이 말했다.

"제 이름은 처용입니다. 부왕의 명으로 신라의 신하가 되겠습니다."

왕과 함께 궁전으로 돌아온 처용은 왕의 배려로 아내를 맞이했고, 급간이란 벼슬까지 하사받았다. 이런 기쁜 마음에서 처용은 춤을 추었는데 이것이 바로 '처용무'이다.

처용

어느 날이었다. 처용은 늦은 밤까지 춤을 춘 뒤 집으로 돌아왔는데 아내가 다른 남자와 함께 있었다. 그러자 처용은 두 사람을 위해 춤을 추며 노래를 불렀다.

'서라벌 달 밝은 밤에

밤새 노닐다가

돌아와 보니

다리가 넷이구나

둘은 내 것인데

둘은 누구 것인고?

본디 내 것이었지만

빼앗긴 것을 어찌하리.'

이 노래를 들은 남자가 갑자기 벌떡 일어나 처용 앞에 무릎을 꿇고 말했다.

"저는 사람으로 변신한 역신입니다. 공의 아내와 함께 있었는데도 공은 화내지 않고 춤을 추며 노래를 불렀습니다. 공의 너그러움에 감탄했습니다. 다음부터 우리 역신들은 공의 초상화만 봐도 그 집에는 절대로 들어가지 않겠습니다."

이때부터 사람들은 자기들의 집 대문에 처용의 모습을 그려 붙였는데, 이것이 풍습으로 전해졌다.

불국사 중건과 석굴암을 완성한 김대성

어느 날, 중시 김문량의 집을 향해 하늘에서 큰소리가 들렸다.

"모량리의 김대성[30]이를 잘 부탁한다!"

이 말에 그는 모량리로 사람을 보냈는데, 대성이가 조금 전에 죽었다고 했다. 대성은 모량리 경조라는 가난한 여인의 외아들이었다. 대성이란 이름은 머리가 크고 이마가 성처럼 평평하다고 하여 지어진 것이다.

어느 날 스님이 찾아와 시주를 청하자 그의 어머니는 시주를 할 것이 없다고 했다. 그러자 대성이가 얼굴을 내밀면서 말했다.

"저희 집에 있는 것이라곤 지금까지 받은 품삯과 밭 서너 이랑뿐입니다. 그거라도 드리겠습니다."

흥륜사 육륜회에 약속한 것을 시주로 바치는 순간 대성이가 죽은 것이다. 김문량은 괴이하다고 생각했는데 그날 밤 그의 부인이 임신하여 사내아이가 태어났다. 그래서 아들 이름을 대성이라고 지었다.

석굴암 본존불상

즉 15세에 죽은 모량리의 대성이가 김문량의 아들로 다시 태어난 것이다. 청년이 된 대성은 토함산으로 사냥을 나갔다가 곰 한 마리를 잡았지

---

30) 김대성(金大城, 700~774)

통일 신라 경덕왕 때의 재상. 경덕왕 10년(751)에 벼슬에서 물러난 뒤 부모의 만수무강과 국가의 안녕을 기원하여 불국사와 석굴암의 건립을 발원(發願)하고 설계, 건축, 조각하는 등 전반에 걸쳐 관여하였다. 그러나 완공을 보지 못하고 죽어 뒤에 조정에서 완성하니 시작한 지 40여 년만의 일이었다.

만, 날이 저물어 그곳에서 잠을 잤다.

대성의 꿈속에 죽은 곰이 나타나 죄 없는 자신을 죽였다며 원수를 갚겠다고 하였다. 그러자 대성은 곰에게 용서를 빌었다. 이에 곰은 자신이 죽은 자리에 사찰을 지어 주면 용서하겠다고 했다.

잠에서 깨어난 후 대성은 사냥을 금지하고 곰을 잡았던 자리에 장수사를 지었다. 성인이 된 대성은 재상까지 올랐고, 50세에 벼슬자리에서 물러나 낡고 헐어버린 불국사의 중건과 석굴암 건설에 힘썼다.

석굴암은 사람이 직접 바위를 깎아 동굴을 만든 다음, 그 속에 부처님을 조각한 불상을 모신 곳이다. 불상과 벽에 새긴 여러 모양의 조각은 세계 최고의 아름다움을 자랑한다.

더욱 놀라운 것은 수학적으로 철저히 계산한 뒤에 석굴과 불상을 지었기 때문에 구조가 튼튼하고 균형과 대칭이 정확히 들어맞을 뿐만 아니라, 1200여 년이 넘은 동안 석굴 안에 습기가 차지 않고 이끼가 끼지 않아 통일 신라 사람들의 뛰어난 과학적 역량을 잘 나타낸다.

그림자 없는 석가탑

불국사 대웅전 앞뜰에는 석가탑과 다보탑이 마주보고 서 있다. 석가탑에는 애틋한 사랑의 전설이 서려 있다.

백제 사비성에 살고 있는 뛰어난 석공 아사달과 아사달은 아사녀와 혼인했지만 석탑을 세우기 위해 신라로 불려 왔다.

"아사녀, 석탑을 완성하는 즉시 돌아오겠소."

"서방님께서 무사히 돌아오시기를 부처님께 빌겠습니다."

서라벌에 도착한 아사달은 부처님께 간절히 빌었다.

"부처님, 이 세상에서 가장 훌륭한 탑을 세우도록 해주십시오."

고향을 떠난 지 3년이 되었다. 하지만 아사달이 돌아오지 않자 아사녀가 직접 서라벌로 찾아왔다.

이 무렵 석가탑은 거의 완성 단계에 있었다. 서라벌에 도착한 아사녀가 스님에게 남편을 만나게 해 달라고 부탁했다. 그렇지만 스님은 탑이 완성될 때까지 만날 수 없다고 했다.

그러자 아사녀는 무작정 영지로 불리는 연못가에서 남편을 기다리기로 했다. 그것은 탑이 완성되면 그 모습이 연못에 비친다는 말을 들었기 때문이다. 아사녀는 날마다 연못으로 가서 탑이 물에 비치기만을 고대했다.

그러다 아사녀는 연못에 비친 탑의 그림자를 보고 그만 남편을 만나는 환상에 빠져 연못에 몸을 던지고 말았다.

그러나 이 사실을 모르는 아사달은 탑이 완공되자 아내를 만나기 위해 떠날 채비를 했다. 이때 아사달에게 아사녀가 연못에 빠져 죽었다는 소식이 전해졌다.

아사달은 곧장 연못으로 달려가 아내의 이름을 부르며 울부짖으며 그

자리에서 떠날 줄 몰랐다. 그러다가 아사달은 커다란 바위에 아사녀의 모습을 새기기 시작했다.

괴로움과 혼란 속에서 아사달이 새긴 아사녀의 모습은 점차 자비로운 미소를 담고 있는 부처상이 되어갔다. 아사녀와 부처의 모습이 한데 어우러진 불상이 완성되는 날 아사달도 영지에 몸을 던지고 말았다. 그 후 탑의 그림자가 비치지 않았다 하여 석가탑은 '무영탑(그림자 없는 탑)'이라고 불렸다.

1966년 석가탑을 수리할 때 탑 안에서 부처님의 사리를 모신 함과 함께 여러 가지 물건들이 나왔다. 그 가운데 종이에 나무 활자를 찍어 만든 책이 한 권 발견되었는데 『다라니경』이라고 하는 불교 경전이었다. 경전은 지혜와 덕이 뛰어난 사람의 말이나 행동을 적은 책으로, 다라니경은 오늘날 전 세계에서 가장 오래 된 목판 인쇄물이다.

불국사 다보탑과 석가탑

'황소의 난'을 평정한 최치원

최치원[31]은 신라의 대표적인 학자로 857년에 경주에서 태어났다. 그가 태어날 무렵은 통일 신라가 기울어지는 시기로 반란과 민심이 흉흉했다.

그는 네 살 때부터 아버지에게 글을 배웠는데, 그의 부친은 아들의 글재주에 감탄했다. 868년 최치원은 12세가 되어 유학을 온 지 6년이 되자 그의 스승은 과거를 권했다. 최치원은 18세 때 당나라 과거인 빈공과에서 급제를 했다.

당시 과거 시험관이었던 예부시랑 배찬은 최치원이 당나라 소년이 아닌 신라의 유학생이란 것을 알고 놀랐다. 그는 당나라 강남도 선주 표수현의 현위벼슬에 제수되었다. 이때 백성들은 나이가 어린 신라 청년이 부임하자 놀랐다. 그는 표수현에서 근무하면서 『중산궤복집』 5권을 집필했다.

능력이 출중한 그는 당나라의 시기와 모함에 환멸을 느껴 벼슬을 버리고 학문에 매진했다. 이 무렵 당나라는 홍수로 황하가 범람해 민심이 흉흉해지면서 도둑떼까지 들끓었다.

황소가 산동에서 반란을 일으켜 광주를 거쳐 장안까지 진격해왔다. 당나라 황제 희종이 고변에게 반란군을 토벌하라고 명하자 그는 최치원을 종사관으로 불렀다. 고변은 당나라에 귀화한 고구려 출신 장수 고순문의 손자이다. 하지만 고변이 패하면서 희종은 남쪽으로 피신했다. 이

---

31) 최치원(崔致遠, 857~?)

통일 신라 말기의 학자이자 문장가이다.

자는 고운(孤雲), 해운(海雲). 869년 12세 나이에 당나라에 유학하여 과거에 급제하고 선주표수현위가 되고, 스무낭시어사 내공봉에 올라 자금어대를 하사받았다. 황소의 난이 일어나자 격문(檄文)을 써서 이름을 높였다.

헌강왕 11년(885)에 귀국했으나 국정의 문란함을 통탄하여 외직을 요청하여 지방의 태수로 지냈다. 저서로 《계원필경》, 《사륙집(四六集)》 등이 있다.

에 고변은 최치원에게 이런 말을 했다.

"최 공, 당나라는 황소에게 망하게 생겼소. 방법이 없겠소?"

그러자 최치원은 포고문과 선전문을 동시에 썼고 토황소 격문까지 썼다.

'천하 모든 백성들은 그대가 죽어야 마땅하다고 생각한다! 더불어 땅 밑에 있는 귀신들까지 그대를 이미 죽이기로 결정했다.'

이 격문을 본 황소는 깜짝 놀라 후퇴했고, 고변은 이때를 놓치지 않고 도망가지 못한 반란군의 잔당들을 소탕했다. 장안으로 환궁한 희종은 격문 한 장으로 황소의 난을 평정했다며 최치원을 칭찬했다.

반란이 평정되자 최치원은 『계원필경』을 집필했으며, 882년 희종은 그에게 벼슬을 내리면서 어대까지 하사했다. 그러나 또다시 당나라 학자들의 모함을 받아 외딴 섬으로 귀양을 가게 됐다.

29세 때 최치원은 귀양살이에서 풀려나면서 17년 만에 당나라를 떠나 신라로 귀국했다. 헌강왕은 귀국한 최치원에게 시독 겸 한림학사란 벼슬을 내렸다.

헌강왕이 죽고 정강왕이 뒤를 이었지만 아쉽게도 2년 만에 죽었다. 이에 신라 조정은 어지러웠고 행실이 부적절한 여왕 때문에 간신들이 활개를 쳤다.

이에 최치원은 스스로 지방 관직을 택해 890년부터는 대산군, 천령군, 부성군 태수를 거치면서 학문 연구에 힘썼다.

그러다가 894년 당나라 사신으로 임명되었지만 나라가 어지러워 떠날 수가 없었다.

진성 여왕 8년, 최치원은 『시무책』 10여 조를 지어 여왕에게 바쳤다. 이에 여왕은 그에게 직접 정책을 펴라며 아찬 벼슬을 하사했다. 그러나 『시무책』은 관청에 전달조차 되지 않았다.

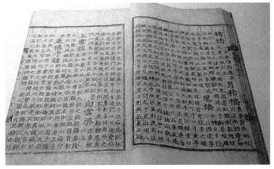

최치원 설화집[왼쪽]·최치원[오른쪽]

당시 신라에는 어떤 집안에서 태어났느냐에 따라 등급을 나누어 사람을 차별하는 골품제도[32]가 있었다.

최치원은 진골 아래 등급인 6두품이었다. 6두품 귀족들은 능력이 있어도 높은 벼슬에 오를 수 없고 17관등으로 나누어진 벼슬 중에서 여섯 번째인 아찬까지만 오를 수 있었다. 이에 최치원은 골품제도에 반대하여 과거 시험을 통해서 인재를 뽑자고 주장하였지만 왕과 진골 귀족들은 최치원의 주장을 받아들이지 않았다.

조정이 무능하고 부패해 백성들은 궁예나 견훤을 찾아갔다. 그리고 여왕이 왕위를 헌강왕의 서자 요에게 물려주자 그는 신라 52대 효공왕으로 즉위했다.

신라의 멸망을 알아차린 최치원은 스스로 벼슬을 내놓고 방랑생활을 시작했다. 처음 금오산을 시발로 쌍계사, 청량사, 해운대 등을 거쳐 해인사로 들어가 죽었다. 그렇지만 그가 언제 어떻게 죽었는지에 대해 아는 사람이 아무도 없다.

---

32) 골품제도(骨品制度)
　　골품이란 말은 '뼈에도 차이가 있다'는 말로, 신라의 모든 사람들의 신분을 혈통에 따라 등급을 나누어 정한 것이다. 왕족은 성골(聖骨)과 진골(眞骨)로, 귀족은 육두품·오두품·사두품으로, 평민은 삼두품·이두품·일두품으로 나누었다.

삼국의 기틀

고구려·신라·백제는 고대 국가를 건설하면서 나라의 제도를 새롭게 고치고 다듬어 나갔다. 나라의 기틀이 세워지면서 왕은 귀족들을 자기 아래에 두고 벼슬을 내렸다. 왕은 등급을 매겨 벼슬을 주었는데 이렇게 등급을 나눈 것을 관등이라 한다.

고구려에는 14개의 관등, 백제는 16개의 관등이 있었고, 신라는 서울과 지방을 나누어 구별하였는데 서울에는 16개, 지방에는 1개의 관등을 내려 주었다.

나아가 나랏일을 나누어 맡을 관청과 관직도 정비하였다. 백제는 6개의 좌평제와 22개의 관청이 있었다. 신라에도 오늘날 국방부와 같은 일을 맡은 병부를 비롯하여 여러 관청들이 생겨나기 시작했다.

관직과 관등은 모두 신분제에 따라 정했기 때문에 신분에 따라 승진할 수 있는 관직이 정해져 있었다.

세 나라는 각기 지방에 관리를 파견하였는데, 그 관리는 백성들을 직접 다스리면서 지방에서 일어나는 일을 왕에게 보고하였다.

고구려는 전국을 5부로 나누어 욕살이라는 지방관을 보내고, 각 지방에는 처려 근지와 도사를 두어 다스리게 했다.

백제는 전국을 5방으로 나누어 각 방에 방령을 보내고, 그 밑의 여러 성에는 도사를 보내 다스리게 했다. 또 한때는 지방의 중요한 스물두 곳에 담로라는 것을 설치하고 왕족을 보내어 다스리게 했다.

신라는 전국을 주로 나누고 그 아래에 군, 그 아래에 촌이나 성을 두었다. 고구려의 '부', 백제의 '방', 신라의 '주'는 오늘날 경기도, 충청도와 같은 '도'의 성격을 띠었다.

이렇게 지방에 파견된 귀족들은 세금을 거두고 군대를 모으는 일을 하는 한편, 그 지방의 행정을 맡아 보는 세력가로 변신하였다.

또 지방의 주요 지역에는 군대를 파견했다. 지방은 주로 전쟁으로 정복한 곳이었기 때문에 언제라도 반란이 일어날 수 있었다. 그래서 지방관들은 백성들을 다스릴 뿐만 아니라 군대를 지휘하는 장군의 임무도 함께 가지고 있었다. 고구려의 지방관인 욕살은 군대를 거느리고 당나라와 직접 싸웠으며, 신라에서도 주의 장군인 군주가 직접 군대를 지휘하였다.

금동 반가사유상[왼쪽]과 일본의 목조 미륵보살(木彫彌勒菩薩) 반가사유상[오른쪽]

삼국 시대의 불교

고구려·신라·백제 삼국은 고대 국가를 형성하면서 새로운 국가 이념으로 불교를 선택하였으며 유교 또한 나라를 다스리는 데 필요하다 하여 적극 장려하였다.

특히 신라의 법흥왕은 왕권을 강화하기 위해 불교를 널리 전파하고자 하였으나 신하들이 지금까지 섬겨 오던 조상신과 산천신만 믿으려고 하고 새로이 들어온 불교는 반대하여 항상 근심에 싸여 있었다.

이때 이차돈은 왕과 함께 그 상황을 타개할 방안을 강구했다. 이차돈은 자신의 목숨을 바쳐 불교를 융성시키고자 했으나 왕은 무고한 사람을 죽이는 것은 도리가 아니라고 했다.

"비록 신이 죽더라도 불교를 펴게 된다면 유감이 없겠습니다."

이차돈은 계속해서 불교 전파를 위해 순교하기를 간청하였다. 그리하여 이차돈은 왕과 비밀리에 약속한 뒤 왕명을 가장하여 귀족들이 신의 장소로 여기는 청경림에 나무를 베어 버리고 절을 크게 짓는 공사를 벌였다. 그러자 신하들은 왕에게 공사를 중지시키고 이차돈을 죽여야 한다고 간언하였다.

이처럼 여러 신하들의 주청이 잇따르자 왕은 이차돈을 크게 꾸짖으며 목을 베라고 명령했다.

이차돈은 죽기 전 내가 죽으면 기적이 일어날 것이라며 마음속으로 이렇게 기도했다.

"대왕께서 불교를 일으키도록 제 목숨을 바치오니, 하늘은 굽어 살피소서."

마침내 그의 목을 베니 머리가 하늘을 날아 금강산(경주 북쪽)에 떨어지고 잘린 목에서는 새하얀 피가 하늘로 솟구쳐 올랐으며, 순간 주위가 어두워지고 하늘에서는 빗방울이 꽃잎처럼 떨어졌다. 그러자 귀족들이 모두 두려워 겁에 질린 채 벌벌 떨었으며, 왕은 이차돈의 죽음을 슬퍼하였다.

이 일 이후부터는 어느 누구도 불교를 받아들이려는 왕의 명령에 반대하지 못하였다. 그리고 신라에도 불교가 널리 퍼지게 되었다. 이차돈이 공사를 벌였던 곳에는 흥륜사라는 절을 지어 이차돈의 넋을 기렸다.

고구려, 백제, 신라에 불교가 전래된 것은 모두 고대 국가를 세울 무렵이었다. 고구려는 소수림왕 때인 372년, 중국 전진의 승려 순도가 와서 불상과 불경을 전해 주었다. 백제는 고구려보다 12년 늦은 384년에 동진의 승려 마라난타를 통해 불교를 받아들이게 되었다. 그리고 신라는 삼국 중 가장 늦은 법흥왕 때 이차돈의 순교를 계기로 불교가 공인되었다.

경주남산마애불

그러나 불교가 처음 전해질 때부터 백성들 사이에 널리 퍼진 것은 아니었다. 왜냐하면 불교는 처음 고대 국가를 세울 때 국가나 왕실에서 필요하다고 생각하여 받아들인 것이기 때문이다.

고대 국가들은 신화만 가지고 더 이상 사람들이 따르도록 하기가 힘들어지자 모든 신하와 백성이 믿고 따를 수 있는 새로운 지배 이념이 필요해졌다. 그때 필요한 것이 종교였다.

그 무렵 동아시아에서 가장 수준 높은 종교가 바로 불교였다. 그래서 왕실에서는 불교를 적극적으로 받아들이려고 하였다. 그러나 신하와 백성들은 여전히 조상신과 산천신을 믿었다. 특히 신하들은 불교가 왕에게 유리하게 이용되면 자신들의 힘이 약해질 수 있다고 생각하여 절을 짓고 불상을 모시는 것에 반대하였다.

이처럼 불교를 적극적으로 받아들이려고 하는 왕실과 반대하는 신하들 사이에서 일어난 일이 바로 이차돈의 순교이다. 특히 새하얀 피가 하늘로 솟구친 기적은 불교를 장려하는 데 큰 영향을 끼쳤다.

불교에 대한 삼국의 특징은 왕실에서부터 먼저 불교를 받아들여 많은 탑과 절을 세우고, 절과 승려에게 많은 토지와 노비를 내렸을 뿐만 아니라 불교가 널리 퍼지도록 앞장서서 노력하였다는 것이다.

그러므로 불교는 자연스럽게 왕실의 권위를 높이는 데 도움을 주었다. 그리고 승려들은 높은 지위를 인정받으며 나라의 안녕과 전쟁의 승리를 빌어 주었으며 백성들을 가르치고 이끄는 등 왕실에 충성을 다했다.

삼국 시대의 유교

고구려·백제·신라에서 불교 못지않게 유교도 중요하게 생각하였다. 유교는 나라와 왕에게 충성할 것을 강요하였다. 이것은 '임신 서기석'에 새겨진 두 소년의 맹세에서도 잘 나타나 있다. 화랑도의 세속 오계 또한 진평왕 때 원광이 지어 왕에게 충성을 다할 것을 강조하고 있다.

고구려는 372년 소수림왕 2년에 '태학'[33] 이라는 학교를 수도에 세워 중앙 귀족의 자제들에게 유교를 가르쳤다. 또 지방에는 '경당'[34]이라는 학교를 세워 일반 백성의 자식들에게 책읽기와 활쏘기를 가르쳤다. 그리고 중국에서 유교의 경전을 들여와 열심히 읽게 하였다.

백제에서도 일찍부터 유교 경전과 역사책을 읽었다. 박사라는 관직을 두어 사람들을 가르치게 하였고, 성왕 때에는 중국에 사신을 보내 유교 경전을 가르칠 사람을 보내 달라고 요청하기도 했다.

특히 백제는 일본에 유학을 전하는 데 큰 역할을 하였다. 그 중에서도 왕인이 일본에 『천자문』과 『논어』를 전했다.

신라는 유교도 늦게 전해졌다. 그렇지만 세속 오계나 임신 서기석에서 볼 수 있듯이 유교가 사람들 사이에 빠르게 퍼져 나가서 유교에 대한 지식은 상당히 깊었다. 그리고 청소년들이 『시경』, 『서경』, 『예기』, 『춘추』와 같은 책을 익히고 나라에 충성할 것을 강조하여 훌륭한 화랑을 많이 배출했으며 이것은 삼국을 통일하는 데 큰 버팀목이 되었다.

신문왕 때에는 '국학'이라는 학교를 세워 유학과 한문학을 가르쳤다.

---

33) 태학(太學)
　　고구려 초기 사상은 선교(仙敎)였으나 뒤에 불교와 도교가 들어와 결합하였다. 그러나 소수림왕 대에 이르러서는 태학을 세워 유교를 교육하였다.
34) 경당(扃堂)
　　고구려 때 각 지방에 세운 사학 기관. 평민층의 미혼 남자를 모아 경학(經學)과 문학, 무예를 가르쳤다.

국학에는 귀족들만 들어갈 수 있었으며, 9년 동안 공부해야 했다.

원성왕 때에는 독서삼품과라는 과거 시험을 통해 관리를 뽑기도 하였다. 그 시대에는 학문의 깊이와는 상관없이 골품에 따라 관리가 되었기 때문에, 이처럼 시험을 쳐서 성적에 따라 관리를 뽑는 것은 매우 획기적이었다. 그러나 얼마 뒤 독서삼품과는 진골 귀족들의 반대로 폐지되었다.

유학이 발달함에 따라 뛰어난 학자들이 많이 나왔는데 강수, 설총, 김대문 같은 이가 그들이다. 원효대사의 아들인 설총은 유교 경전에 능하였고, 한자를 풀어 우리말로 적는 '이두'를 개발하였다.

임신서기석(壬申誓記石)
1934년에 경상북도 경주시 현곡면 금장리 석장사(石丈寺) 터 부근에서 발견된 돌. 신라의 두 화랑이 학문에 전념할 것과 국가에 충성할 것을 맹세한 내용으로 총 74자의 한자가 새겨져 있다. 552년 또는 612년으로 추정되는 임신년에 만들어진 것이다. 보물 제1411호.

삼국 통일 후로는 왕권이 강화되고 행정 조직이 늘어났으며, 여러 제도가 갖추어지면서 많은 관리들이 필요하게 되었다.

　삼국을 통일한 신라는 기존의 골품제도만으로는 새로 유입된 고구려, 백제의 영토와 유민을 지배하는 데 한계가 있었다. 정치적으로 이러한 역할을 수행해 줄 수 있는 새로운 중간 지배 계층이 필요하게 되자 682년 신문왕 2년에 당의 국자감을 본떠 국학을 설립했다. 국학에 재학할 수 있는 나이는 15세부터 30세까지로 재학 기간은 9년이 원칙이었다 .

　이 밖에도 관리를 임명하고 각 지역으로 보내는 일을 하는 '위화부', 세금과 같이 돈에 관한 업무를 보는 '창부', 행사나 외교 업무를 맡아 보는 '예부' 등 여러 관청을 새로 설치하여 나라의 일을 나누어 맡았다. 오늘날 국무총리 역할을 하는 집사부의 최고 우두머리인 중시가 이러한 부서들을 이끌었다.

삼국 시대의 무덤

고구려 사람들은 돌을 높이 쌓아 돌무덤을 만들었다. 장군총은 모두 7층 높이로 만들었는데 한 변의 길이가 31.58m이고 높이는 12.4m에 이른다.

백제는 고구려에서 내려온 사람들이 세운 나라였기 때문에 초기에는 고구려처럼 돌무지 무덤을 만들었다. 그 대표적인 것이 서울에 있는 석촌동 고분군이다. 수도를 공주로 옮긴 뒤에는 무령왕릉처럼 벽돌 무덤을 만들었고, 다시 부여로 옮긴 뒤에는 능산리 고분군처럼 굴식 돌방 무덤으로 그 양식이 바뀌었다.

신라 사람들은 나무로 큰 곽을 만들고 흙과 돌로 커다랗게 봉분을 세운 돌무지 덧널 무덤을 만들었는데, 무덤 속에는 금으로 만든 왕관을 비

미추왕릉

롯하여 수백 점의 귀금속과 화려한 유물들을 함께 묻었다.

돌무지 덧널 후대에 제각각 이름지어졌다. 천마도가 그려진 말안장이 나와서 천마총, 금으로 된 방울이 나와서 금령총, 발굴할 때 스웨덴 황태자가 방문했다고 하여 서봉총, 부부가 함께 묻혔다고 하여 부부총이라는 이름들이 붙여졌다.

그러나 불교가 전해진 뒤에는 다시 한 번 무덤의 형태가 바뀌었다. 시신을 땅에 묻지 않고 불에 태운 뒤, 남은 뼛가루만 조그만 항아리에 넣어 땅에 묻었다. 그 뒤 고려 시대에는 화장을 하는 일이 많아졌다.

통일 신라의 문화와 향가

통일 신라 시대에는 고구려, 백제, 신라의 미술이 하나로 통합되면서 화려하고 세련된 면을 보였다. 불교가 일반 백성에게 보급되면서 불교와 관련된 예술품이 많이 만들어졌다. 불국사와 석굴암이 대표적이다. 치밀한 구조로 만들어진 석굴암은 당시 건축, 과학 기술의 높은 수준을 보여 준다.

김대성이 전생의 부모를 위해 창건한 것이 석굴암이라면, 불국사는 김대성이 이승의 부모를 위해 창건한 절이다. 불국사는 조선 시대 임진왜란 때 목조건물이 타 버렸다. 그 후 다시 재건되었으며, 석조물과 기단은 통일 신라 시대의 것이다.

불국사 앞에 있는 청운교, 백운교 등의 돌층계와 범영루는 입체적인 아름다움을 보여주며, 석가탑과 다보탑의 세련된 아름다움은 오늘날까

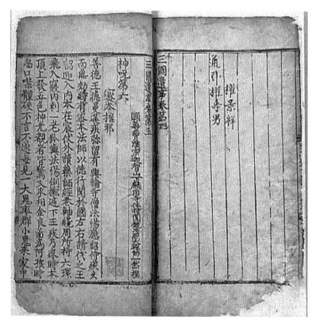

향가

지도 높이 평가되고 있다.

향가는 삼국 시대부터 고려 초까지 널리 유행하던 우리나라 고유의 시가로, 한자의 음과 뜻을 빌려 적는 향찰 문자로 기록하였다. 통일기에 이르러 향가는 불교의 영향을 받으면서 크게 발달하였는데, 향가의 작가로는 월명사, 충담사가 유명하다.

진성 여왕 때 대구 화상과 각간 위홍이 왕의 명령을 받아 향가를 수집하여 『삼대목』이라는 향가집을 편찬했다. 그러나 오늘날 전해지는 향가는 『삼국유사』에 수록된 14수와 고려 초에 균여가 지은 11수를 합한 25수가 전부이다.

발해

발해 229년, 698~926

고왕 698~719

② **무왕** 719~737 ── ③ **문왕** 737~793 ── 굉림 ───────── ⑤ **5 성왕** 793~794

⑥ **강왕** 794~809 ── ⑦ **정왕** 809~812

④ **패왕 원의** 793

⑧ **희왕** 812~817

⑨ **간왕** 817~818

야발 ── ? ───────── ? ───────── ?

⑩ **선왕** 818~830 ── 신덕 ── ⑪ **왕(이진)** 830~857

⑫ **왕(건황)** 857~871 ── ⑬ **현석** 871~894

⑭ **위해** 894~906 ───────── ⑮ **왕(건황)** 857~871

발해의 건국

발해를 세운 대조영

668년 간신들의 이간질과 형제의 싸움으로 고구려가 망하자 나라를 부흥시키기 위해 10년 동안 수많은 고구려 유민들은 당나라에 반기를 들었다.

당나라는 고구려 백성과 거란족을 비롯해 말갈족 등 10여만 명을 영주로 이주시켰다. 그러자 거란족은 반란을 일으켜 영주를 점령하고 말았다.

신라가 통일을 이룩한 뒤, 고구려의 옛 땅인 만주 지역에서는 새로이 고구려의 뒤를 이은 발해가 일어섰다. 그리하여 남쪽에는 신라가, 북쪽에는 발해가 자리잡았다.

고구려 유민의 지도자 대조영[35]은 698년 중국 길림성 돈화 부근 동모산에서 나라를 세운 후 나라 이름을 '진', 연호를 '천통'으로 정했다. 대조영은 유민들에게 외쳤다.

"우리는 고구려의 후손이다! 나라가 망하고 이 넓은 땅이 눈앞에서

---

35) 대조영(大祚榮. ?~719)

발해의 시조로, 왕호는 고왕(高王)이다. 고구려의 유민으로, 아버지는 걸걸중상이다.

구당서(舊唐書) 발해전에는 대조영을 고구려인의 별종이라고 했고, 신당서(新唐書)에는 원래 속말말갈의 족속인데 후에 고구려에 부속되었다고 했으며, 유득공(柳得恭)의 발해고(渤海考)를 비롯한 우리 선인들은 모두 고구려인으로 보고 있다.

698년에 진(震)을 세워 왕이 되고, 713년에 고구려의 옛 영토를 회복하여 국호를 발해로 고쳤다. 재위 기간은 698~719년이다.

사라져가는 것이 안타깝구나. 이제 고구려를 찾고 그 정신을 이어받기 위해 이 땅에서 다시 일어섰다!"

진의 세력이 커지자 705년 당나라는 시어사 장행급을 사신으로 보내 화해를 청했다. 그러자 대조영은 답례로 아들 대문예를 당나라로 보냈다. 이로써 진은 평화가 지속되었다.

대조영은 713년 당나라로부터 발해군왕으로 봉해지면서 나라 이름을 '나라의 위세가 사방에 떨친다'는 뜻으로 '진'이라고 하였다가 '옛 고구려와 같이 멀리 서쪽 연안까지 국력이 미칠 것을 희망한다.'는 뜻으로 '발해'로 바꾸었다. 그 후 발해는 고구려의 옛 땅을 거의 되찾으면서 해동성국을 이룩했다. 이로써 대조영은 21년 동안 나라의 기반을 튼튼히 닦았다.

대조영은 당나라 문화를 받아들여 그들만의 독특한 문화로 발전시켰는데, 불교적인 색채가 주류를 이루었다.

수도 상경 주변에는 40여 리나 되는 토성이 있었는데, 이 성은 내성과 외성으로 되어 있고 중앙에는 주작대로를 중심으로 시가지가 구성되어 있었다. 더구나 미술과 공예품은 고구려처럼 대륙적이고 야성미가 풍겼으며, 분묘는 고구려식의 횡혈식이었다.

교육 기관으로는 주자감을 설치했고, 학생 대부분이 당나라에 유학을 갔다. 종교는 상류층은 불교와 유교를, 평민층은 대부분 미신을 믿었다. 주 산업은 농업과 철광업이었으며 베와 명주도 생산했다.

그러나 발해가 망하자 고구려 계통인 대부분의 백성들은 고려로 들어가 부흥에 힘썼고, 유민 열만화는 압록강 주변에 정안국이라는 나라를 세우기도 했다. 또한 발해의 말은 명마로 손꼽혀 중국의 유명한 장수들에게 인기가 높았다.

발해의 무역은 사신을 통해 이뤄졌으며 일본과도 활발하게 이루어졌다. 발해는 특산품으로 표범가죽, 호랑이 가죽, 인삼, 꿀 등을 수출했고, 수입품은 일본으로부터 섬유제품과 금, 은, 수은, 진주, 동백기름 등을 들여왔다.

고구려를 이은 발해

발해는 영토를 넓히기 위해 적극적으로 노력하였다. 그리하여 고구려의 옛 땅을 대부분 되찾아 아무르강, 쑹화강 유역까지 아울렀다. 여기에 한반도 남쪽으로는 통일 신라와 접하고, 동쪽으로는 멀리 연해주에 이르는 동해안 일대, 서남쪽으로는 랴오허강 하류 지역까지 세력을 떨쳤다.

대조영이 죽고 아들 대무예가 2대 무왕으로 즉위했고, 3대 문왕 때에는 영토가 더 넓어졌으며 721년에는 동북경에 큰 성을 쌓았다. 10대 선황때 발해는 최고의 전성기를 누렸는데, 3성(정당성, 중대성, 선조성) 6부(충·인·

신라와 발해의 영토

148

지·예·신·의)의 중앙조직과 5개의 경, 15개의 부, 62개의 주의 지방제도를 갖췄다. 이 가운데 경과 부는 매우 크게 발전하였다.

특별관청으로는 중정대와 무적원이 있었고 사반사와 주자감이 왕을 보좌했으며, 관리는 8등급으로 나누었다. 군사 제도로는 10위를 설치했고, 항상 10만 명의 군사가 대기하고 있었다.

한편 수도에는 주자감이라는 대학을 설치하고 귀족의 자식들을 보내 유학을 배우도록 하였다. 이를 통해, 발해에서는 한문학의 수준도 무척 높았음을 알 수 있다.

우리가 지금까지 써온 '통일 신라 시대'는 우리나라 역사에서 발해를 빼고 말하는 것이 되기 때문에 우리가 이 시대를 계속 '통일 신라 시대'라고 부른다면 발해는 우리 역사에서 영원히 사라지고 말 것이다.

발해는 분명히 고구려를 이어받은 우리 역사의 일부이기 때문에 통일 신라와 마찬가지로 발해도 중요하게 생각해야 한다. 그러므로 남쪽에 있던 신라와 북쪽에 있던 발해를 동시에 일컬어 이 시대를 '남북국 시대'라고 부르는 것이 옳을 것이다. 통일 신라와 발해가 있었던 그 시대 사람들도 신라를 남쪽에 있는 나라, 발해를 북쪽에 있는 나라라고 생각하였다.

발해의 문화

발해는 불교 문화가 크게 발전하여 발해의 옛 도시 곳곳에 절터, 불상, 돌사자 등의 흔적이 남아 있다. 이러한 유물과 유적은 고구려의 양식을 그대로 지니고 있어, 발해가 얼마나 고구려의 정신을 강하게 이어받았는지 알 수 있다.

또한 많은 승려들과 학생들을 당나라에 보내 한문학과 유교 문화를 적극적으로 받아들였다. 중앙 관청의 이름을 충부, 인부, 의부, 예부, 지부, 신부라고 지었는데 이것은 유교에서 중요하게 생각하는 덕목인 충·인·의·예·지·신을 바탕으로 한 것이다.

발해는 여러 가지 예술품을 만드는 기술도 뛰어났다. 그 가운데 대표적인 것이 도자기이다. 발해의 도자기는 그 무렵 국제적으로 유명하였다. 9세기 초에 발해의 도자기를 본 당나라 사람들은 놀라움을 감추지 못하였다고 한다.

발해의 화폐

발해의 멸망

발해는 10세기부터 지배층의 방탕과 사치와 권력 암투로 나라가 기울기 시작하였다. 그때 거란군의 추장이던 야율아보기는 916년 거란을 통일하고 스스로 황제가 되어 중국을 침략하려고 하였다. 그러기 위해서는 바로 앞에 있는 발해를 먼저 멸망시켜야 했다.

915년 야율아보기는 몸소 군대를 이끌고 거란의 수도로 통하는 국경의 요충지인 발해의 부여성을 공격하였다. 이때 부여성을 지키는 병사의 수가 적고 무기와 식량도 부족하여 거란군에게 함락되었다.

거란군은 계속 동쪽으로 나아가 부여성을 점령한 지 6일 만에 상경 용천부의 홀한성을 포위하였다. 그러자 성 안 백성들은 거세게 저항하였다. 그러나 지배층은 곧 거란에 항복하고 왕은 성 밖의 거란 진지로 가서 항복하였다.

그러나 성 안의 백성들은 왕에게 항복을 취소하고 다시 싸우자고 하였다. 갑작스런 사태에 놀란 거란군은 많은 군사를 이끌고 성을 공격하였다. 거란군의 기세에 놀란 왕은 다시 항복하였고 성은 완전히 거란군의 손에 들어갔다.

이리하여 건국 227년(926) 만에 발해는 멸망했다. 그 후 고려가 신라 땅과 발해 땅 일부를 차지하면서 고려로 다시 합쳐졌다.

발해의 투구

후고구려
후백제

후고구려, 후백제의 탄생

후고구려 탄생

궁예[36]의 출생에 대한 정확한 기록은 없으나, 전해져 오는 이야기는 다음과 같다. 신라의 힘이 점점 약해져 가던 어느 해 5월 신라 궁궐에 왕자가 태어났다. 10여 세 때부터 승려 생활을 한 그는 항상 남자로 태어나 큰 꿈을 이루겠다고 다짐했다. 그러던 어느 날, 까마귀 한 마리가 궁예에게 부적을 떨어뜨렸다.

부적에는 '임금 왕'자가 굵게 쓰여 있었고, 이에 궁예는 언젠가는 왕이 될 것으로 굳게 믿고 있었다. 그러던 중 그는 절에서 도망쳐 도적의 두목 기훤의 부하로 들어갔다. 하지만 그는 성격이 포악하고 거칠었다. 이에 궁예는 그를 떠나 북원의 도적 두목인 양길의 부하가 되었다. 양길은 기훤과는 달리 백성들에게 신뢰와 인기를 누리고 있었다.

궁예는 양길에서 신임을 받아 군사까지 맡게 되었다. 궁예는 용맹했으며 빼앗은 물건을 사람들에게 공평하게 나누어 주었다. 이로써 궁예를 따르는 부하들이 점점 늘어났다.

---

36) 궁예(弓裔. 901년~918년 재위)
　　후고구려의 시조로 성은 김씨, 본관은 경주, 법명은 선종(善宗)이다. 아버지는 47대 헌안왕 (憲安王) 의정이고 어머니는 헌안왕의 궁녀이지만 이름은 전하지 않는다. 혹은 48대 경문왕 응렴의 아들이라는 말도 있다. 왕실에서 버림받고 유모의 손에서 자라다가 세달사(世達寺) 에 들어가 승려가 되어 선종이라 불렀다.
　　송도에 도읍을 정하고, 901년에 스스로 왕이 되어 국호를 후고구려라고 하였다. 뒤에 왕건에 의해 폐위되었다.

또한 싸울 때마다 승리해 강원도의 여러 고을까지 차지하면서 부하들로부터 장군으로 추대되었다. 이때 왕건은 자청하여 궁예의 부하로 들어갔다. 천군만마 격인 왕건을 얻은 궁예는 신라 북쪽 변방을 함락했다. 이에 힘을 얻은 궁예는 901년 도읍을 송악으로 정하고 후고구려를 세워 스스로 왕이 되었다.

한때 자신의 부하였던 궁예가 성공하자 북원의 양길은 선제공격을 해 왔다. 그렇지만 궁예는 단칼에 그를 죽인 다음 그가 차지하고 있던 지역까지 흡수해 영역을 넓혔다.

신라 효공왕 8년, 궁예의 세력이 점점 커져 나라 이름을 '위대한 동쪽 나라'라는 뜻의 '마진'으로 하였다가 다시 911년 다시 '태봉'으로 바꾸었다. 궁예가 세운 나라는 10년 만에 크게 성장하여 후백제와 신라를 위협할 정도였다. 그런 후 정식으로 광평성을 두어 나랏일을 토론케 했다.

각 지방에 관청을 두어 기초를 튼튼히 다진 다음 궁궐을 호화롭게 꾸몄다.

뒤이어 그는 평양까지 점령하면서 신라 북부의 영토를 거의 차지했다. 이렇게 되자 궁예의 세력은 신라보다 앞섰고 이에 그는 초심을 잃고 우쭐대기 시작했다.

궁예의 본성은 잔악무도했는데 신라에서 도망쳐 온 장수나 학자들이 자신의 뜻과 맞지 않을 경우 단칼에 처단했다.

초심을 잃은 그는 스스로를 미륵불로 자칭한 다음 맏아들을 청광보살, 막내아들을 신광보살로 부르게 했다. 그는 머리에 금관을 쓰고 방포를 걸쳤다. 이런 궁예의 모습에 실망한 백성들은 점점 그를 떠나가기 시작했다.

어느 날 궁예는 자신이 쓴 불경 20권을 자랑하기 위해 승려 석총에게 보여 주었다. 석총은 그것을 읽고 어이가 없다는 표정을 지으면서 말했다.

궁예미륵(안성 국사암)

"이것은 불경이 아니라 사악한 책에 불과하다."

이 말을 들은 궁예는 석총을 죽였다. 이후부터 그는 포악해지기 시작했고 의심증까지 생겼다. 이에 왕비는 궁예에게 충언을 했는데, 도리어 화를 내며 소리쳤다.

"이년, 감히 미륵불에게 뭐라고 했느냐? 계집이 함부로 미륵불을 가르치려 하다니!"

왕비는 어이가 없다는 듯 궁예를 쳐다보았다.

"오~, 이제 보니 다른 놈과 사통을 하고 있구나?"

"대왕! 웬 해괴망측한 소리를……."

왕비의 말이 채 끝나기도 전에 궁예는 고래고래 소리를 질렀다.

"이 미륵불의 눈은 속이지 못해! 미륵불은 독심술을 하기 때문이야!

난 네년의 눈만 봐도 속마음을 훤히 알 수가 있다. 으하하!"

"대왕! 어찌해서 그런 억지스런 말씀을 하시오!"

"허~ 이년 봐라! 그래도 미륵불에게 말대꾸를 해!"

분을 이기지 못한 궁예는 옆에 있던 쇠막대기를 번쩍 들어 왕비를 내리쳤다. 이에 왕비가 외마디소리를 지르며 달아났다. 하지만 잽싸게 왕비를 낚아챈 그는 왕비를 인두로 지져대기 시작했다.

이를 본 두 아들이 궁예를 말렸지만 그 자리에서 때려죽이고 말았다. 이로써 궁예는 완전히 미쳤고, 죄 없는 신하들까지 누명을 씌워 죽였다. 그래서 궁예를 따르던 장수들은 그를 몰아내고 왕건을 왕으로 세우기로 결정했다.

마침내 신하들이 뜻을 모아 반역을 도모하여 군대를 이끌고 대궐을 포위하고 궁예를 내쫓았다. 그런 다음 백성들이 가장 믿고 따르던 왕건을 왕으로 세웠다.

왕건은 그들의 청을 여러 번 거절하다가 어쩔 수 없어 받아들였다. 곧바로 왕건은 장수들과 1만 명의 군사를 동원해 궁예가 머물고 있는 궁전을 포위했다.

쫓겨난 궁예는 궁전을 빠져나가 삿갓을 쓰고 중 노릇을 하며 숨어 다녔다. 갈 곳이 없던 그는 끝내 시골

후삼국 지도

평양(서경) 발해

송악(개성) 철원

태봉

북원

옹주 상주

완산주(전주)

후백제 금성

무진주(광주) 신라

금성(나주)

황 해

동

우산

농부에게 신분이 드러나 몰매를 맞아죽었다.

그가 죽자 태봉은 28년 만에 멸망하고 말았다.

왕건은 고려를 세우고 왕위에 올라 세력을 확장시킨 다음 후백제까지 멸망시킨다. 또한 신라 경순왕 9년 왕건은 신라 영토 대부분을 고려에 귀속시켰다. 이로써 경순왕은 나라를 더 이상 지탱할 수 없다고 판단해 대신들에게 항복하는 것이 좋겠다고 말했다.

이때 태자가 반대하고 나섰지만 경순왕은 시랑 김봉휴로 하여금 항복문서를 쓰게 한 후 935년 고려에 항복했다. 그러자 태자는 통곡하여 부왕에게 하직인사를 한 다음 금강산으로 들어갔다. 당시 태자가 베옷을 입었다고 하여 사람들은 마의태자[37]라고 불렀다.

---

37) 마의태자(麻衣太子)
　　신라 경순왕의 태자로 경순왕과 죽방왕후 박씨의 장자 김(金鎰)을 말한다.
　　935년 경순왕 9년에 신라가 고려에 항복하자 이에 반대하여 금강산으로 들어가 마의(麻衣)를 입고 풀뿌리와 나무껍질을 먹으면서 여생을 보냈다고 한다. 다른 의미로는 신라 부흥운동을 했던 경순왕의 태자 형제를 포괄하고 있다.

아들의 죽음을 목격한 아버지의 심정

신라 가은 땅(문경 지방)에 아자개라는 사람이 있었다. 아자개에게는 견훤이라는 아들이 있었는데, 어느 날 견훤을 데리고 밭일을 나가 밭둑에 놔두고 밭일을 하였다.

얼마 후 아기가 있는 데서 이상한 소리가 들렸다. 호랑이 소리였다. 아자개 부부는 깜짝 놀라 아기가 있는 곳으로 갔다. 커다란 호랑이가 아기를 덮치고 있었는데 부부는 너무 놀라 소리를 지를 수도 없었다.

그런데 놀라운 것은 호랑이가 아기를 해치는 것이 아니라 아기에게 젖을 먹이고 있었던 것이다. 호랑이의 젖을 먹은 아기는 새근새근 잠이 들었다. 아기가 잠들자 호랑이는 숲 속으로 사라졌다.

이것을 본 부부는 아기가 장차 큰 일을 할 인물이라 생각하고 아기를 더욱 정성껏 키웠다.

용감하고 힘이 센 그는 신라의 군에 들어갔다. 이때 나라 안 곳곳에서 가난하고 굶주린 백성들이 난을 일으켰다. 견훤은 군대에서 나와 백성들의 봉기에 참여하였다. 앞장서서 용감하게 싸운 견훤은 백성들의 우두머리가 되었다.

견훤은 농민군을 이끌고 여러 고을을 빼앗아 세력을 넓혀 갔다.

"신라와 당나라에 망한 의자왕의 원수를 갚자!"

견훤은 옛 백제 사람들에게 이렇게 말하며 신라에 반대하는 감정을 부추겼다. 그리하여 옛 백제 땅을 거의 차지할 수 있었다.

나라를 세운 견훤은 전주에 수도를 정하고, 백제를 이어받았다는 뜻으로 나라 이름을 후백제라고 하였다.

견훤은 일찍부터 중국의 좋은 제도를 받아들이고 노력하였다. 또 골품제도 때문에 차별을 받던 지역 사람들에게 백제의 부흥을 강조하여 민심을 모았다. 그 무렵 군사력이 가장 강한 나라는 후백제였다. 견훤은 고려와 신라를 무력으로 쳐서 빨리 통일하려고 하였다.

궁예가 쫓겨나고 왕건이 왕위에 오르자 견훤은 축하사절을 보내 고려의 형편을 살펴보게 하였다. 왕건을 만나고 돌아온 사신은 이렇게 말하였다.

"왕건은 예사로운 인물이 아닙니다. 지금은 고려의 힘이 약하지만 틀림없이 우리 후백제에게 위협이 될 것입니다. 먼저 힘을 기른 다음 고려를 치는 것이 좋을 듯합니다."

이때 견훤의 동생이 나서서 말하였다.

"그때까지 어떻게 기다린단 말입니까? 신라를 먼저 친 다음 고려를 공격하면 아무 문제가 없을 것입니다."

이 말을 들은 견훤은 곧바로 군대를 이끌고 경주를 공격하였다.

927년 세력이 확장된 후백제 견훤은 신라 고울부까지 침략했다. 그러

김제 금산사

자 신라 경애왕은 그의 침략에 한탄하면서 고려에 원병을 청했다.

그러자 고려 태조 왕건은 1만 명의 군사를 이끌고 신라로 왔다. 그러나 고려군이 도착하기 전 견훤은 군사를 풀어 약탈하고 왕과 왕비를 사로잡았다.

견훤은 경애왕에게 스스로 목숨을 끊게 하고 아우뻘인 김부를 허수아비 왕으로 앉혔다.

한편 공산에서 신라를 돕기 위해 원병을 이끌고 오던 왕건과 견훤이 맞붙었다. 하지만 고려군이 패하면서 김낙과 신숭겸 장군이 전사하고 왕건은 겨우 목숨만 건져 달아났다.

이로써 견훤의 군사가 나날이 강해졌지만 신라 경순왕 5년에 견훤의 충신 공직이 고려로 귀순하는 사건이 발생했다. 그가 귀순하면서 고려는 점차적으로 세력이 커지면서 웅진 이북 30여개 성을 함락시켰다.

견훤은 여러 명의 아내와 10여 명의 아들을 두었는데, 그 중 넷째 아들 금강이 키가 크고 지혜로웠다. 이에 견훤은 그에게 왕위를 물려주겠다고 마음먹었다.

그렇지만 맏아들 신검[38]과 그의 동생 양검, 용검 등은 고민에 싸였다. 그러던 중 양검은 강주 도독으로, 용검은 무주 도독으로 부임했고 신검만 남았다.

이때 이찬 능환이 강주와 무주로 사람을 보내 음모를 꾸몄고, 935년 3월 신검은 견훤을 금산사에 가둔 다음 금강을 죽였다. 신검은 아버지

---

38) 신검(神劍. 후백제의 제2대 왕(재위 935~936).
　　견훤(甄萱)의 장남으로, 부왕이 넷째 금강(金剛)에게 왕위를 물려주려고 하자, 이에 불만을 품고 935년(고려 태조 18) 3월 두 아우 양검(良劍)과 용검(龍劍)의 권유를 받아들여 능환(能奐) 등과 모의, 부왕을 금산사(金山寺)에 유폐하고 금강을 죽인 다음 왕위에 올라 대왕(大王)이라 칭하였다. 견훤이 탈출하여 왕건에게 귀순하고 함께 공격해오자 선산(善山)에서 맞아 싸웠으나 패배하였다.

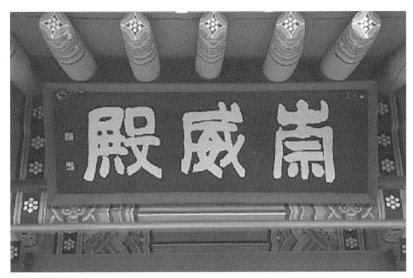

견훤을 폐하고 스스로 왕이 되었고 하루아침에 왕위를 빼앗긴 견훤은 인생의 허무함에 눈물을 흘렸다.

견훤은 3개월 뒤 금산사에서 탈출하여 금성으로 달아났다가 고려 왕건을 찾아갔다. 이듬해 왕건은 견훤의 사위 영규와 내통해서 견훤과 함께 10만 대군을 이끌고 후백제 정벌에 나섰다.

후백제는 고려와 싸웠지만 크게 패했고 신검과 그 형제들은 모두 죽임을 당했다. 아들의 죽음을 목격한 아버지 견훤은 황산의 어느 절에서 등창으로 죽었다. 이로써 후백제는 건국 45년 만에 멸망하고 말았다.

내조의 여왕 유화부인

왕건이 태어나기 일 년 전 어느 날, 아버지 왕융은 일꾼들과 집터를 닦고 있었다. 그때 스님이 지나가다가 걸음을 멈추고 혼자 중얼거렸다.

'쯧쯧, 기장 심을 자리에 삼을 심다니, 아깝구나!'

이 소리를 들은 왕융은 스님에게 무슨 말인지 물었다. 그러자 스님은 망설이다가 한참 후에 입을 열었다.

"집터를 넓게 닦아 서른여섯 채의 큰 집을 지으시오."

"스님, 저에겐 큰 집이 필요 없습니다."

"필요할 것이오. 그래야만 많은 사람들이 몰려들고 더불어 큰 인물이 날 것 아니오."

스님은 말을 끝내자 곧 사라졌고 사람들이 왕융에게 도선대사가 무슨 말을 했냐고 물었다.

"뭐? 그 분이 도선대사라고?"

도선대사는 당나라로 건너가 풍수지리를 배운 사람이었다. 며칠 지난 후 도선대사가 또 찾아와 이렇게 말했다.

"아들을 낳으면 반드시 건이라는 이름을 지으시오."

도선대사의 말에 따라 왕융은 대궐처럼 큰 집을 지었고, 이듬해인 877년 정월 14일 개성 예성강 근처에서 왕건을 낳았다. 왕건은 문무에 능했는데, 열 살 때 날아가는 새를 활로 쏘아 맞힐 정도로 실력이 있었다.

이 무렵 신라는 헌강왕이 죽고 아우가 50대 정강왕으로 즉위했지만 일 년 만에 병으로 죽었다. 그의 뒤를 이어 누나가 51대 진성 여왕으로 등극했다.

하지만 진성 여왕은 사치와 놀이로 세월을 보내면서 백성들을 내팽개쳤다. 그러자 가난한 백성들은 호족들의 부하가 되거나 도적이 되었다.

특히 도적들과 노예들은 반란을 일으키기 일쑤였다. 상주에서 노예가 일으킨 '애노의 난'과 북원 지방에서 일어난 '양길의 반란'이 큰 사건이었다.

이때 궁예가 절에서 도망쳐 양길의 부하가 되었는데, 왕건이 스무 살 때 그의 세력이 커지면서 송악 부근까지 장악했다. 그러자 왕건은 아버지 왕융과 함께 궁예의 부하로 들어갔다.

궁예는 왕융을 금성태수로 임명하고 왕건은 부하장수로 삼았다. 897년 진성 여왕이 물러나고 효공왕이 왕위에 올랐을 때 왕융이 궁예에게 도읍을 정하고 성을 쌓자고 제의했다.

898년 궁예는 송악에 도읍하고 왕건을 정기대감으로 임명했다. 그러자 왕건이 궁예에게 미래를 위해 수군 양성을 제의했고 궁예는 흔쾌히 허락했다. 이에 왕건은 군선 수십 척을 예성강에 띄워 공암현을 공격하자 현령은 대항하다가 도망쳤다. 이로써 왕건은 한강 하류의 땅을 점령한 후 송악으로 돌아왔다.

899년 왕건은 군사 천여 명과 함께 임진강을 건너 양주와 건주를 공격해 승리했다. 이 무렵 궁예는 양길을 공격해 30여 개의 성을 빼앗았다. 드디어 궁예는 904년 도읍을 철원으로 옮긴 다음 왕위에 오르면서 국호를 마진으로 정했다.

견훤은 상주 지방의 호족 아자개의 아들이다. 892년 진성 여왕 6년에 그는 5천 군사와 함께 무진주와 대야성 등 10여 개 성을 빼앗았다.

900년 완산주에 도읍을 정하고 나라 이름을 후백제라고 했다. 이로써 한반도는 통일 신라 이후 신라, 마진(후고구려), 후백제 등으로 분할되면서 후삼국시대를 맞았다.

어느 날, 왕건이 송악에서 일을 마치고 철원으로 향했는데 이미 아버지 왕융이 죽은 뒤였다. 왕건 일행이 정주 고을에 도착했을 때 마을길 양쪽 버드나무가 축 늘어져 있었다. 그는 목이 말라 샘을 찾아갔는데,

마침 샘가에는 아리따운 처녀가 물을 긷고 있었다.

"여보시오. 목 좀 추기게 물 한 바가지만 주시겠소?"

처녀는 바가지에 물을 담은 후 샘 근처의 버드나무 잎을 훑어 물 위에 띄워 주었다. 왕건은 입바람으로 잎을 불어내면서 마신 후 그 이유를 물었다.

"바가지에 버들잎을 띄운 이유가 무엇이오?"

"물에 체하면 약도 없지요."

왕건은 그녀의 지혜에 감탄했다. 그 때, 그녀가 말을 걸었다.

"장군, 저기 보이는 집으로 오시면 저희 아버님을 뵐 수 있습니다."

왕건은 이것을 자신에게 청혼하면 허락하겠다는 뜻으로 받아들였다. 왕건은 그녀와 결혼했다. 그녀는 유화부인으로 내조를 발휘해 왕건을 임금으로 만든 인물이었다.

왕건이 42세가 되었을 때, 궁예는 실정으로 백성들의 원성을 사고 있었다. 이때 홍유, 배현경, 복지겸, 신승겸 네 장수가 왕건을 찾아왔다. 유화부인이 술상을 가지고 방으로 들어오자 신승겸이 부인에게 말했다.

"혹시 햇사과가 있으면 안주로 주시겠습니까?"

유화부인은 말없이 문 밖으로 나가면서 왜 햇사과를 달랬는지를 깨달았다.

'남편과 중요한 비밀 이야기를 하는구나.'

먼저 신승겸이 입을 열면서 참석자들이 차례로 말했다.

"궁예는 미쳤습니다. 지금 백성들의 마음은 왕 장군에게 쏠리고 있소."

"장군, 백성들을 위해 저희의 뜻을 받아 주십시오."

"지금 한 시각도 지체할 수 없습니다."

그러자 왕건은 드디어 침묵을 깨뜨렸다.

"임금이 포악해졌다고 어찌 몰아낼 수 있겠소? 내 양심상 용납되지 않는 일이오."

그 순간 유화부인이 살며시 방문을 열고 들어오면서 말했다.

"장군, 예로부터 임금이 포악해지면 백성과 군신들이 멀어진다는 말이 있습니다. 만약 하늘이 준 기회를 버리면 목숨을 부지하기가 어렵지요. 햇사과를 곧 올릴 테니 잠시만 기다려 주세요."

유화부인의 말에 왕건은 무릎을 쳤고 그때 유화부인이 다시 방으로 들어왔다. 손에는 사과가 아닌 왕건의 투구와 갑옷이었다.

"장군, 시각을 타투는 것 같습니다. 어서 일어나시지요."

무장을 끝낸 왕건은 네 장수와 함께 1만 명의 군사를 이끌고 궁궐을 포위했다. 궁전엔 미친 궁예 외엔 아무도 없었다. 왕건은 궁예를 몰아내고 왕위에 올라 나라 이름을 '고려'라 하고 연호를 '천수'로 정했다. 그리고 철원에서 송악으로 도읍지를 옮겼다.

태조 918~943

2 혜종 943~945

3 정종(定宗) 945~949

4 광종 949~975 — **5** 경종 975~981 — **7** 목종 997~1009

욱 — **6** 성종 981~997

욱 — **8** 현종 1009~1031 — **9** 덕종 1031~1034

10 정종(靖宗) 1034~1046

11 문종 1046~1083

12 순종 1083

13 선종 1083~1094 — **14** 헌종 1094~1095

15 숙종 1095~1105 — **16** 예종 1105~1122 — **17** 인종 1122~1146 — **18** 의종 1146~1170

19 명종 1170~1197

20 신종 1197~1204

22 강종 1211~1213 — **23** 고종 1213~1259 — **24** 원종 1259~1274 — **25** 충렬왕 1274~1308

21 희종 1204~1211

26 충선왕 1298 1308~1313 — **27** 충숙왕 1313~1330 1332~1339 — **28** 충혜왕 1330~1332 — **29** 충목왕 1344~1348

30 충정왕 1348~1351

31 공민왕 1351~1374 — **32** 우왕 1374~1388

33 창왕 1388~1389

34 공양왕 1389~1392

고려의 건국 ▮

왕건과 외척들의 기싸움

후삼국을 통일한 왕건[39]은 대신 박술회에게 나라의 장래에 대해 물었다.

"전쟁으로 백성들은 몹시 지쳐 있습니다. 우선 백성들의 고통을 덜어 주어야 합니다."

"그렇다면 어떤 방법이 좋겠소?"

"세금을 감하는 것입니다."

"그러면 경이 세금을 감하는 방법을 강구하시오."

박술회는 태조의 명에 따라 조정의 살림을 조사했고 현재 재정으로 3년 동안 세금을 조금만 거둬들여도 된다는 것을 알았다. 세금을 덜어 준다고 공포했지만 백성들은 처음엔 믿지 않다가 그것이 실행되자 왕을 칭송했다.

---

39) 왕건(王建, 918~943 재위)

궁예를 몰아낸 뒤 고려를 세우고 후삼국을 통일한 임금. 성은 왕, 이름은 건, 자는 약천(若天)이다. 송악개성에서 출생하였으며, 아버지는 금성태수 왕융(王隆)이고 어머니는 한씨(韓氏)이다.

궁예의 신하가 된 왕건은 전쟁터에 나가 공을 세우고 궁예로부터 신임을 얻으며 자신의 세력을 키워 나갔다. 이후 궁예가 난폭한 행동을 일삼자 918년에 홍유, 신숭겸, 복지겸, 배현경 등의 장수들과 함께 궁예를 몰아내고 고려를 세웠다. 그 후 신라와는 우호적인 관계를 유지했는데, 927년에 후백제의 견훤이 신라를 공격해 경애왕을 죽이자 대구의 팔공산에서 후백제와 전투를 벌였다. 이때 후백제군에게 포위당하는 위급한 상황에 빠졌고, 부하 신숭겸의 희생 덕분에 간신히 위기를 벗어났다. 통일 후 혼인 정책과 불교 장려 정책 등으로 나라를 안정시켰다.

또 하나 왕건이 각 지방 호족들을 다스리는 것이었다. 당시 호족들은 고려를 세운 공신들이었다. 더구나 저마다 많은 사병私兵을 거느리고 있어 임금이 마음대로 할 수가 없었다. 그래서 또다시 박술회를 불렀다.

"호족 세력들을 복종시킬 비책이 없겠소?"

"좋은 방법이 있습니다."

그 비책으로 왕건은 호족들의 딸들을 후궁으로 맞았는데, 모두 6명의 왕비와 23명의 후궁을 거느렸다. 그래서 태어난 왕자가 25명, 공주가 9명이었다. 하지만 왕비와 후궁들이 많아 외척들의 권력싸움에 골치가 아팠다.

921년 둘째 왕비 오씨에게서 태어난 무를 태자로 정했지만 왕건 자신이 죽으면 무슨 일이 일어날지 불안했다. 이에 왕건은 943년 4월, 자신의 뒤를 이을 임금들이 반드시 지켜야 할 '훈요십조'를 선언했다.

왕건

개국 공신인 사촌동생 왕식렴을 폐허가 된 평양으로 보내 옛 고구려의 도읍지로 복원하라고 명령했다. 왕식렴은 919년 10월 평양성을 완전 복원했다. 그 후 943년 5월 태조 왕건은 67의 나이로 죽었다.

왕건의 뒤를 이어 태자 무가 32세의 나이로 고려 2대 혜종으로 즉위했다. 혜종은 자신이 왕위에 올랐지만 29명의 왕비와 후궁에서 태어난 25명의 왕자들 때문에 항상 불안했다.

그때 호족 출신 대신 왕규가 손자 광주원군을 왕위에 앉히려고 음모를 꾸몄다. 왕규는 혜종에게 신명왕후 유씨의 아들 요와 소를 죽이라고 충동질했다. 그렇지만 혜종은 두 아우를 끝내 죽이지 않았다. 이에 왕규는 혜종을 제거하려고 계략을 꾸몄는데 박술회가 혜종에게 발고했다. 그러자 혜종은 천문 담당자 최지몽을 불러 물었다.

"궁중이 어수선한데, 천기가 어떻소?"

"유성이 자주 자미궁을 침범하고 있습니다. 이것은 반역이 일어날 조짐입니다."

혜종은 박술회를 시켜 군사를 풀어 대궐을 방어하라고 했다. 그렇지만 왕규는 혜종을 제거하기 위해 수십 명의 군사를 광주원부인이 거처하는 곳에 숨겼다.

밤이 깊어지고 왕규는 군사들과 함께 임금의 침전으로 다가가 덮쳤다. 그때 침전을 수비하던 백여 명이 수비했다.

혜종 2년, 또다시 왕규가 심복에게 사주해 임금을 해치고자 했다. 하지만 임금은 잠자리를 선덕전에서 중광전으로 옮겨 화를 면하게 되었다. 혜종은 왕규의 음모인 줄 알았지만 그의 세력이 강해 덮어두었다.

945년 9월 혜종이 병을 얻어 34세로 죽자 박술회는 곧바로 혜종의 아우 요 왕자를 임금으로 세웠다. 이 임금이 낙랑공주의 오빠인 3대 정종이다.

정종은 박술회와 왕규를 동시에 귀양 보낸 후 서경에 있던 왕식렴 장군을 불렀다. 왕식렴은 군사들과 함께 개성으로 달려와 대궐을 지켰다. 이때 왕규는 귀양 명령을 무시하고 기회만 노리고 있었다.

그렇지만 정직한 박술회는 임금의 명으로 갑곶이로 내려갔다. 이에 왕규가 자객을 보내 왕명을 빙자해 박술회를 죽였다. 이 사실을 모르는 왕식렴은 정종에게 간언했다.

"폐하, 왕규는 두 번씩이나 역모를 꾀했습니다. 속히 처단하지 않으면 후일에 또 역모를 꾸밀지도 모릅니다. 아울러 박술회는 충신이오니 속히 귀양에서 풀어 주십시오."

정종은 왕식렴의 말에 박술회를 풀어 주려고 했는데, 그가 왕규에게 죽임을 당했다는 보고를 받았다. 이에 정종은 크게 노하여 왕규의 목을 베었다.

말 한마디로 10만 대군 물리친 서희

정종이 죽자 949년 3월 그의 아우가 고려 4대 광종으로 등극했다. 그는 왕위 다툼의 원인이 호족들과 친인척 때문이라는 것을 알았다. 그래서 956년 노비안검법을 공포하게 되었다. 이 법은 호족들이 데리고 있는 노예를 해방시켜 그들의 세력을 약화시키는 것이 목적이었다.

당시 고려와 접한 나라는 중국 후주로 광종이 왕위에 오르자 사신으로 쌍기를 보내 축하했다. 사신 쌍기는 병이 들어 후주로 돌아가지 못했다. 그러자 광종은 후주 세종에게 쌍기를 고려 신하로 삼을 수 있도록 청했다. 세종의 허락을 받은 쌍기는 고려 말과 풍습을 익혔다.

어느 날 광종은 쌍기에게 이렇게 물었다.

"후주 제도 중 고려가 본받을 만한 제도가 없소?"

이에 쌍기는 과거 제도를 말했다. 과거제도는 유교를 통한 통치를 더욱 앞당기는 효과를 가져왔다. 그의 말에 따라 광종 9년 9월 15일에 최초로 과거 시험을 실시했다. 이에 고려는 지방에 세력을 두고 있던 호족들이 귀족으로 변하여 중앙에서 왕과 함께 백성들을 다스리게 되었다.

975년 5월 51세로 광종이 죽자 뒤를 이어 아들이 고려 5대 경종으로 등극했다. 경종은 벼슬에 따라 토지를 나눠 주되 죽으면 반납하는 전시과를 실시했다.

981년 7월 경종이 27세로 죽었지만 아들이 어려 22살인 왕건의 손자가 고려 6대 성종으로 등극했다.

성종은 지방 12곳에 각각 '목'을 설치하여 관리를 파견하였다. 그 후 현종 때 전국을 다섯 개의 '도'와 두 개의 '계'로 나누었다. 그리하여 고려의 지방 제도는 5도 양계 체제가 되었다.

당시 성종에게는 충신 최승로가 있었는데 그는 어려서부터 천재였다.

최승로는 태조 이후 다섯 임금을 섬겼다. 982년 그는 성종에게 임금이 나라를 다스리는 데에 지켜야 할 스물여덟 가지 시무책을 올렸다.

고려는 건국 초부터 거란(요)를 철저히 배격하고 북진 정책을 내세우며 송과 친교를 맺었다. 송과 대치하던 거란은 이러한 고려를 경계하며 10세기 말부터 여러 차례 침입하였다.

제1차 침입에서 고려는 서희가 외교 담판을 벌려 송과 관계를 단절하겠다는 약속을 내세워 강동 6주를 차지하였다(993). 그러나 고려가 송과 교류를 계속하자 거란은 다시 침입해 왔다. 제3차 침입 때에 강감찬 장군이 이끄는 고려군은 귀주에서 거란군을 크게 물리쳤다(1019). 그 후 고려는 북방 민족의 침입에 대비하여 천리장성을 쌓았다.

이야기를 다시 거슬러 올라가서 993년 10월, 북쪽 여진족으로부터 거란이 고려를 치려한다는 급보를 받았다. 그러나 성종과 조정대신들은 거짓인 줄 알고 방비책을 마련하지 않았다.

며칠 뒤 거란의 대군이 압록강을 건넜다는 보고를 받았다.

그때서야 성종은 시중 박양우를 상군사, 서희를 중군사, 최량을 하군사로 임명해 적군을 막게 했다. 성종도 서경까지 나가 적의 동태를 살핀 후 다시 안북부까지 나갔다. 거란의 장수 소손녕은 봉산군을 순식간에 무너뜨렸고, 선봉장을 맡은 윤서안이 사로잡혔다.

그러자 성종은 화친을 청하기 위해 이몽전을 거란 진영으로 보냈다. 소손녕은 사신 이몽전에게 거드름을 피웠다. 그때 이몽전은 소손녕에게 물었다.

"고려를 침범한 이유가 무엇이오?"

"침범이라니요? 요나라는 원래 고구려 땅에서 일어났기 때문에 당연히 우리의 것이 아니겠소? 그래서 고려가 차지하고 있는 자비령 북쪽을 찾으려고 왔소."

이몽전은 조롱만 당하고 조정으로 돌아왔다. 하지만 아무도 마땅한 대책을 내놓지 못했다. 이때 서희가 나섰다.

"대왕마마, 전쟁의 승패는 군사의 수가 아니라, 적의 약점을 어떻게 이용하느냐에 달려 있습니다. 그들이 고구려의 옛 땅을 되찾는다는 것은 겁을 주기 위한 수작입니다. 신이 미약하지만 적과 싸운 후 적장과 국경문제를 의논하겠습니다."

서희

한편 소손녕은 고려로부터 화해의 요청이 오기만을 기다렸다. 하지만 한 달이 되어도 소식이 없자 총공격을 지시했다. 그렇지만 거란군은 험한 산비탈인 안용진에서 더 이상 진군하지 못했다.

안용진에는 고려의 중낭장 대도수와 낭장 유방이 지키고 있었다. 거란군은 열흘 동안 공격했지만 꿈쩍도 않고 사상자만 늘었다. 그는 안용진에서 고려군에게 패한 것을 변명하기 위해 고려에 사신을 보냈다.

"고려의 사신을 우리 진영으로 보내시오. 그러면 결정하겠소."

그의 계책은 고려가 항복할 의사가 있으면 돌아가겠다는 의미였다. 이때 서희가 임금에게 아뢰었다.

"대왕마마, 이제 거란군의 군량미가 바닥난 것 같습니다. 소신이 직접 적진을 찾아가 달래보겠습니다."

서희는 홀로 거란 진영의 소손녕을 만났는데, 그는 서희를 누르기 위해 거드름을 피웠다.

"나는 대국에서 온 장군이니 그대는 뜰 아래서 절을 하시오."

"그렇지만 장군! 나라 대신이 서로 만나는 자린데 어찌 뜰 아래서 절을 하라는 것이오. 마치 장군은 거란의 임금처럼 행동하는 것 같구려."

"정 그렇다면 서로 맞절을 합시다."

인사가 끝나자 소손녕은 지난번 말을 되풀이했다. 이에 서희는 고개를 가로저으며 말했다.

"무슨 말씀인지 잘 모르겠소이다. 고려가 고구려의 후손이기 때문에 압록강 안팎의 땅도 당연히 우리 것이오. 오히려 당신 나라의 수도인 랴오양(요양)도 원래 우리 땅이었소. 그리고 여진족이 들어와 살면서 우리와 거란 사이를 방해하고 있는 것이오. 만약 귀국이 여진족을 쫓아내고 우리의 옛 땅을 찾아 준다면 수교하겠소."

소손녕은 서희의 조리 있는 설명에 할 말을 잃고 말았다. 그리고 서희의 인물됨에 감동하여 잔치를 베풀어 서희를 대접하였다.

이에 소손녕은 요나라 왕에게 물었고 일주일 후 요나라 임금으로부터 군사를 퇴각하라는 회신이 왔다. 소손녕은 서희에게 낙타 1백 마리, 말 1백 필, 양 1천 마리, 비단 5백 필을 주며 배웅했다. 다시 말해 서희의 말 한마디로 거란의 10만 대군을 물리쳤던 것이다.

성종 13년 서희는 임금의 명으로 군사를 일으켜 압록강 남쪽의 여진족을 무찔렀다. 그리고 그는 장흥진, 곽주, 귀화진, 구주 등에 성을 쌓게 한 후 요나라와 화친을 맺었다.

고려의 안정기

광종 이후 왕권이 안정되고 고려 사회는 점점 나라의 기틀이 잡혀갔다. 고려의 여섯 번째 왕인 성종은 최승로의 건의를 받아들여 중앙 관청을 새로 갖추고 당나라와 송나라의 정치 제도를 참고로 하여, 우리나라에 맞는 독창적인 기구를 더해 관제를 새로 짰다.

국가의 정치를 관리하는 중서 문하성과 상서성을 두었고 상서성 아래에는 여러 가지 일을 맡아 보는 이부, 호부, 예부, 병부, 형부, 공부라는 '6부'를 두었다.

그리고 왕이 사는 궁궐을 지키고 군사 기밀을 다루는 중추원, 관리들의 잘못을 살피고 벌 주는 어사대, 나라의 살림살이를 맡아 하는 삼사 등의 관청을 두었다.

그 밖에 책을 보관하는 보문각, 별자리를 관측하는 사천대, 역사를 편찬하는 춘추관, 왕명 교지를 작성하는 예문관, 중요한 의식을 결정하고 법식을 정하는 식목도감 등도 두었다.

논산 관촉사은진미륵

성종은 지방 12곳에 각각 '목'을 설치하여 관리를 파견하였다. 그 후 현종 때 전국을 다섯 개의 '도'와 두 개의 '계'로 나누었다. 그리하여 고려의 지방 제도는 5도 양계 체제가 되었다.

그리고 도 아래에 주, 군, 현이 있었고, 가장 아래에 촌이 있었다. 그리고 양계의 아래에는 진이 있었다. 중앙 정부에서 관리를 보낸 곳은 주, 군, 현과 진이었다. 그러나 모든 군현에 관리를 보낸 것은 아니었다. 500여 개의 군현 가운데 관리를 보낸 곳은 3분의 1도 안 되었다. 관리를 보낸 곳을 주현, 관리를 보내지 않은 곳을 속현이라 불렀다. 중앙 정부에서 관리를 보내기도 하였지만 실제 지방 업무는 향리들이 맡아 보았다.

고려청자

향리들은 원래 호족들이었다. 고려를 세울 때 세력이 큰 호족들은 중앙으로 나아가서 벼슬을 얻고 귀족이 되었다. 그러나 세력이 약한 지방 호족도 수백 년 동안 대대로 그 지방에서 살아왔기 때문에 중앙 정부에서도 이를 무시할 수 없었다. 그래서 중앙 정부는 형식적으로 관리를 지방에 내려 보내는 대신 실제로 백성을 다스리는 일은 그 지역의 호족에게 맡겼다.

그러나 중앙 정부는 호족 출신인 향리들이 힘이 강해지는 것을 두려워해서 향리들의 자식을 서울에 데려다 공부시킨다는 명목으로 인질로 잡아 놓았다.

협상으로 고려를 구한 충신 하공진

고려 5대 경종은 왕욱王旭의 두 딸을 왕비로 삼았다. 언니는 헌애왕후, 동생은 헌정왕후로 봉해졌다. 하지만 경종. 즉위 6년 만에 죽자 두 왕후는 졸지에 과부가 되었다.

그렇지만 헌애왕후는 자신의 아들이 목종으로 등극하자 나랏일에 간섭했다. 더구나 목종은 헌애왕후를 천추태후로 추대한 다음 천추전에서 살게 했다.

천추태후는 김치양을 궁궐로 불러들여 가까이 지냈다. 과거 김치양은 성종 때 헌애왕후와 내통하다가 발각되어 귀양 간 인물이다. 이에 충신 한언공은 천추전의 좋지 못한 소문을 듣고 목종에게 아뢰었다.

"폐하! 요즘 천추전에 김치양이 밤낮을 가리지 않고 출입한다는 소문이 있습니다. 이것은 부정한 행위로 김치양을 내치셔야 합니다."

그의 간언에도 목종은 어쩔 도리가 없었다. 더구나 목종은 태후의 명으로 김치양에게 조정의 재정을 담당하는 벼슬까지 내렸다. 그 후부터 김치양은 조정의 권세가로 군림했다.

목종의 나이 18세인 1004년, 천추태후가 김치양의 아들을 낳자 그는 임금 자리까지 탐냈다. 또한 동생 헌정왕후 역시 언니 못지않게 문란한 생활을 일삼았다.

그녀는 경종이 죽자 왕륜사 남쪽 부근에 집 한 채를 마련해 살았다. 그러면서 옆집에 살고 있는 아저씨뻘인 태조 왕건의 아들 왕욱王郁과 가깝게 지냈다. 헌정왕후는 992년 7월 아들을 낳은 후 죽었다. 이에 성종은 왕욱이 왕후와 간통했다는 죄를 물어 사수현으로 귀양 보냈다.

그리고 성종은 고아가 된 헌정왕후의 아들을 대궐로 데려와 키웠다. 아이가 두 살이 되던 해였다. 성종이 아이를 무릎에 올려놓자 아이는 품

하공진 유적비

안으로 파고들면서 말했다.

"아버지, 아버지."

성종은 측은하게 생각해 아이의 아버지가 있는 사수현으로 보냈다. 그 아이의 이름은 순이며 후에 대량원군이 되었다. 성종이 죽고 목종이 왕위에 올랐을 때 대량원군은 양주 삼각산 사찰의 중으로 살고 있었다. 대량원군은 18세가 되면서 스스로 세상물정을 알았다.

이무렵 김치양은 목종을 죽이고 자신의 아들을 왕위에 앉히려고 천추태후와 역모를 꾸몄다. 하지만 거사에 성공하더라도 대량원군이 걸림돌이었다. 왜냐하면 그는 태조 왕건의 유일한 후손으로 왕위에 오를 수 있는 인물이었기 때문이다.

이에 김치양은 그를 제거하기 위해 자객을 보냈지만 대량원군은 미리 눈치를 채고 북한산으로 피했다. 이때 대량원군은 안타까운 마음에서 시 한 수를 읊었다.

'한 줄기 흐르는 물은 백운봉에서 내려오네
이 물은 멀리 저 멀리 바다로 통하니
천천히 졸졸 흘러 바위 밑에만 있다고 업신여기지 마라
얼마 후엔 용궁에까지 흘러가리니.'

암살에 실패한 김치양은 무력으로 반란을 일으켰다. 목종은 만약 반

란에 성공하면 고려 왕씨가 멸망하게 된다는
것을 알았다. 왕은 고민하다가 서경을 지키는
장수 강조에게 반란군을 진압하라고 명했다.

강조는 순검부사 이현운과 함께 5천 명의
군사를 앞세워 김치양을 비롯해 반란군을 진
압했다. 강조는 여세를 몰아 1009년 2월 목종
을 제거하고 대량원군을 고려 8대 현종으로
등극시켰다.

그 무렵 요(거란)나라 성종은 1010년(현종 1
년) 10월, 40만의 대군을 이끌고 쳐들어왔다.

요나라 군사는 먼저 고려 장수 왕규가 지키
는 흥화진을 공격했지만 쉽게 함락되지 않자
통주로 방향을 틀었다. 통주는 강조가 30만
대군과 함께 지키고 있었다. 그는 적군이 쳐
들어오자 삼각형 진법을 치고 기다렸다.

하공진

결국 요나라 군사는 강조와의 첫 싸움에서 참패를 당했다. 이에 요나
라 선봉장 야율분노는 군사를 재정비하여 두 번째 공격을 시도했다. 하
지만 이번에도 요나라는 패하고 말았다.

이에 야율분노는 두 번의 실패에서 삼각형 진법을 파괴할 해법을 찾았
다. 적장 야율분노는 세 번째 공격에서 고려군의 중앙을 공격하지 않고
측면에서 공격했다. 이와 동시에 오른쪽으로 함성을 지르며 공격을 시도
했다. 고려군은 참패하고 강조는 사로잡혀 요나라 성종 앞으로 끌려갔다.

"너의 삼각형 진법은 훌륭했다. 그러나 한 가지 전술을 고집한 것은 너
의 실수였다. 만약 내 부하가 된다면 목숨을 살려 주겠다."

그 말에 강조가 버럭 화를 내자 성종은 부드럽게 말을 이었다.

"나를 따르지 않으면 네 목을 내놓아야 할 것이다."

"마음대로 해라! 고려의 충신은 두 임금을 섬기지 않는다."

"그래? 여봐라~ 저놈을 죽지 않을 만큼 쳐라!"

강조가 매를 견디지 못하고 기절하자 성종은 그의 부장 이현운에게 자신의 뜻대로 하겠냐고 물었다. 이현운이 기다렸다는 듯이 대답하자 정신을 차린 강조가 벌떡 일어나 그의 옆구리를 걷어찼다.

"네 이놈! 고려 장군으로서 무슨 짓이냐?"

이에 화가 난 성종은 강조의 목을 벤 다음 흥화진을 포위한 성종은 항복하라는 권고문을 화살 끝에 매달아 성 안으로 쏘았다. 권고문을 받은 양규가 웃음을 터뜨리며 편지를 찢어 버렸다.

그러자 성종은 흥화진을 함락시키기 위해 닷새 동안 공격했지만 꿈쩍도 하지 않았다. 이에 요나라 군사들은 점점 사기가 떨어졌고 성종은 서경부터 공격하기로 작전을 바꿨지만 쉽지가 않았다. 할 수 없다고 생각한 성종은 마지막으로 개경을 공격하기 위해 군사를 돌렸다. 만약 서경에서 군사를 돌리지 않았다면 함락되었을 것이다.

이때 서경은 이미 군량미가 바닥났고 적군을 막을 수 있는 군사도 없었다. 고려 현종은 개경으로 쳐들어오는 요나라 때문에 절망에 빠졌다. 도저히 그들을 방어할 능력이 없었다. 할 수 없이 현종은 경기도 양주로 피신을 갔다.

개경은 요나라 공격으로 잿더미로 변했고, 현종은 눈물을 흘렸다. 그러자 충신 하공진[40]이 이렇게 아뢰었다.

---

40) 하공진(河拱辰. ?~1011)
   고려 현종 때의 문신으로 본관은 진주이고 진주 하씨(河氏)의 시조이다.
   거란이 고려를 침입하자 적진으로 들어가 자신이 볼모로 잡히는 조건으로 거란군을 철군시키는 데 성공하였으나, 탈출에 실패하여 피살되었다.

"폐하! 소신이 요나라 임금을 만나겠습니다."

며칠 뒤 하공진이 요나라 성종을 만났다. 성종은 하공진에게 눈을 부라리며 소리쳤다.

"항복 문서를 가지고 왔느냐? 그건 그렇고. 우리가 물러가면 현종이 요나라로 인사를 온다고 하더냐?"

하공진은 성종의 협박에도 불구하고 흔들림 없이 또박또박 대답했다.

"그것이 소원이라면 제가 볼모로 가겠소."

요나라 성종은 하공진의 설득으로 군사를 퇴각시켰고, 고려는 위기에서 살아났다.

강감찬 장군의 귀주대첩

요나라의 1, 2차 침략은 도리어 고려 백성들을 단결시키는 계기가 되면서 점차적으로 부강의 길로 접어들었다.

요나라 성종은 고려에서 아무런 소식이 없자 현종이 몸소 요나라로 올 것과 예전에 돌려주었던 압록강 남쪽의 땅을 다시 돌려 달라는 엉뚱한 요구를 하였다. 고려로 쳐들어올 구실을 만들려는 속셈이었다.

이에 현종이 고민하고 있을 때 강감찬[41] 장군이 말했다.

"만약 요나라가 침략하면 당당하게 맞서야 합니다. 지금 우리 군사들의 사기가 넘치고 군량미가 넉넉합니다."

현종은 강감찬 장군의 말을 믿고 성종을 무시했다. 이에 화가 난 성종은 사자를 보내 흥화진, 통주진, 용주진, 철주진, 곽주진, 귀주진 등을 달라고 했다. 과거 이곳은 서희가 개척해 놓은 곳으로 여진족들이 모두 떠나고 지금은 고려의 영토였다.

요나라가 세 번째 침공을 준비하고 있을 때 고려는 문신과 무신들의 권력 싸움이 일어났다. 전쟁 때면 무신들의 세력이 커지고 태평세월이면 문신들의 세력이 커졌다.

이때는 문신들이 권세를 누리고 있어 무신들의 불만이 많았다. 그러던 중 조정에서 무신들에게 내린 영업전을 문신들이 가로채자 무신 김훈과 최질 등 열아홉 명의 장수들이 폭발했던 것이다.

상황의 위급함을 직시한 현종은 무신들의 요구 조건을 들어주겠다고

---

41) 강감찬(姜邯贊, 948~1031)
　　고려 초기의 명장으로 귀주대첩을 승리로 이끌었다. 시호는 인헌(仁憲), 본관은 금주(衿州)이며, 아명은 은천(殷川)이다. 현종 9년(1018)에 거란의 장수 소배압(蕭排押)이 쳐들어왔을 때에, 서북면 행영 도통사로서 상원수가 되어 흥화진에서 적군을 대파하였다. 또한 이듬해에는 회군하는 적을 귀주에서 크게 격파하여 추충협모안국공신의 호를 받았다.

약속했다. 막상 약속을 해놓은 현종은 고민하
다가 김맹과 이자람을 불렀다. 이자람은 현종
의 이야기를 한참 듣다가 입을 열었다.

"폐하, 궁중 잔치에 그들을 불러 제거하시
면 됩니다."

그제야 현종은 얼굴이 밝아졌다. 며칠 후
현종은 무신들을 서경 장락궁으로 초대했다.
그러나 무신들은 현종의 계략임을 전혀 모르
고 있었다. 무신들이 술에 취하자 이자람은
매복시켜 둔 군사들에게 무신들의 목을 베게
했다.

강감찬

1018년 현종 9년 12월, 요나라 성종은 소배압을 선봉장으로 삼아 10
만 대군을 앞세워 침략해 왔다.

요나라 대군이 압록강을 건너 남쪽으로 내려오자 강감찬 장군은 부
장 강민첨과 함께 20만 대군과 함께 안주에 진을 쳤다. 그리고 돌격대 1
만2천 명을 선발해 강민첨에게 내주면서 흥화진 동쪽 대천강가에 매복
시켰다.

요나라 대군이 대천강을 반쯤 건넜을 때 고려 군사들의 공격으로 전
멸하고 말았다.

그렇지만 적장 소배압은 개경을 함락시키고 현종을 잡기 위해 남쪽으
로 내려왔다. 이때 개경에는 1만 명의 군사들이 있었고, 개경으로 들어
오는 길목인 신은현에도 군사들이 지키고 있었다.

소배압은 초승달이 뜨자 신은현을 함락시키기 위해 총공격을 시도했지만 도리어 고려군에게 수많은 군사들을 잃고 말았다. 이때 전령이 달려와 소배압에게 급하게 보고했다.

"장군! 고려군이 뒤쪽에서 공격하고 있습니다."

"뭣이라고!"

소배압은 급하게 군사들을 골짜기로 피신시켰는데 10만 명 중 6만뿐이었다. 그는 돌격대를 조직한 다음 삼 일째 되는 날 명령을 내렸다.

"고려군으로 변장해 성으로 잠입해라. 그리고 성문을 연 다음 재빨리 횃불을 올려라!"

마침내 횃불이 오르고 소배압은 군사들에게 진군 명령을 내렸다. 그러나 성문은 굳게 닫혀 있었고 성 앞에는 돌격대의 시체들만 뒹굴고 있었다. 소배압이 함정이라고 생각하는 순간 불화살이 사방에서 날아와 요나라 군사들은 우왕좌왕했다. 더구나 비바람까지 몰아쳐 도망칠 궁리부터 했다.

이에 강감찬 장군은 총공격 명령을 내렸고 그 결과 소배압과 함께 살아서 돌아간 요나라 군사는 기병 2천 명뿐이었다. 이것이 유명한 '강감찬 장군의 귀주대첩'이다.

이제 거란은 더 이상 고려를 침략할 엄두를 내지 못하였다. 그리하여 고려에는 다시 평화가 찾아왔다. 여진족은 고려를 부모의 나라로 받아들였고, 송나라도 필요할 때 힘을 빌리려고 고려와 친하게 지냈다. 그래서 요나라를 물리친 고려의 지위는 더욱 높아졌다.

전쟁에 패한 요나라는 세력이 약해지더니 1029년 내란으로 멸망하고 말았다. 요나라를 물리친 고려는 예성강 하류 벽란도를 무역항으로 만들어 무역을 시작했다.

고려 최초 사립교육기관 구재학당

최충[42]은 신라가 망하면서 고려로 귀순한 최
언위의 손자이다. 그는 스물두 살에 문과 장원
으로 뽑힌 천재였다. 최충은 30여 년 동안 중
단되었던 팔관회를 열도록 왕에게 건의했다. 이
날은 등불을 밝히고 춤과 노래로 즐겼다.

최충

문종 때가 되면서 과거를 치르지 않으면 벼
슬길에 나아갈 수가 없었다. 당시 나라 소속의
국자감 외엔 사립교육기관이 없었는데, 최충이
벼슬에서 물러나면서 사립교육기관인 구재학당
을 세워 젊은이들을 가르쳤다.

문종 초기 문하시중까지 오른 최충은 고려 서북지방의 흉년으로 백성
들이 굶주림에 허덕이자 임금에게 이렇게 간언했다.

"폐하! 서북지방 여러 고을에 흉년이 들어 백성들이 굶주리고 있습니
다. 수리사업을 전개해 부역을 금하고 백성들이 농사에 전념케 하십시
오. 그리고 개경에 붙잡혀 있는 여진 추장들을 모두 석방하시옵소서."

최충은 70세가 되자 벼슬에서 물러나겠다고 청했지만 도리어 문종은
그를 위로하면서 승낙하지 않았다.

"나이 탓은 그만하시오. 몸이 불편하다면 내가 경에게 지팡이를 주
겠소."

몇 년이 흐른 뒤 문종은 최충에게 벼슬에서 물러나게 한 다음 좌리공

---

42) 최충(崔沖, 984~1068)
　　고려의 학자이자 문신으로 자는 호연(浩然), 호는 성재(惺齋)·월포(月圃)·방회재(放晦齋)이다.
　　목종 8년(1005) 과거에 장원급제하고, 1011년 우습유(右拾遺)가 되었다. 글씨와 문장이 뛰어
　　나 해동공자로 추앙받았다. 문집《최문헌공유고(崔文憲公遺稿)》가 전한다.

신이라는 호를 내렸다.

최충에게는 두 아들이 있었는데 큰아들 최유선은 지중추원사란 벼슬 자리에 있었다. 그 역시 아버지 최충 못지않게 임금의 잘못을 직설적으로 간언했다. 문종이 덕수현에 흥왕사 창건을 허락하자 최유선은 옳지 않음을 간언했다.

"폐하, 당나라 태종은 백성들의 출가를 허락하지 않아 후대 사람들이 아름다운 역사라고 했습니다. 태조대왕께서도 '훈요십조'에 '도선국사가 산천을 두루 살펴 절을 세웠지만 후세 임금들은 함부로 절을 지어 집터 의 좋은 기운을 손상하지 말라.'고 하셨습니다. 이제 조상들의 은덕에 나 라가 날로 부강해져 태평세월을 맞이했습니다. 폐하께서는 마땅히 나라 살림을 절약하고, 백성들을 사랑한 업적을 후대에 전해야 합니다. 그런 데 어찌 폐하께서는 절 때문에 나라의 재정을 소모하고 백성들에게 부 역을 감당케 하여 원망을 사려고 하십니까?"

그러자 문종은 절을 짓는 일을 중단했으며 최유선에게 이부상서의 벼 슬을 제수했다.

둘째 아들 최유길 역시 벼슬이 성서령에 이르렀으며 조정과 백성들에 게 신임을 얻은 충신이다. 문종은 80살이 넘은 최충을 불러 공적을 기념 하는 연회를 베풀었다. 최충은 나이가 많아 두 아들의 부축을 받으며 연 회장에 들어섰다. 이때 한림학사 김행경은 흰 수염을 길게 늘어뜨린 그 의 모습이 마치 신선 같다며 시 한 수를 읊었다.

'상서령이 중서령을 모시고 가니

을 장원이 갑 장원을 부축하는구나'

최충은 살아생전 집필한 책이 많았는데 안타깝게도 시구 몇 구절과 약간의 금석문만 남아 있다. 1068년 최충이 83세로 죽자 문종은 문헌공 이란 시호를 내리고 정종사당에 함께 제사지냈다.

최초로 돈을 도입한 대각국사 의천

고려의 국교는 불교이기 때문에 과거 제도에 승과를 두었으며, 덕망이 높은 스님을 왕사로 모셨다.

문종은 고려 불교의 총본산인 흥왕사를 12여 년에 걸쳐 완성했다. 절의 전각이 30여 채로 2천8백 칸이며, 큰 종 2개에 작은 종이 16개나 되는 웅장한 사찰이었다. 그러나 이 사찰은 몽골군의 침입으로 불타 없어졌다.

불심이 강한 문종은 왕비에게 어느 왕자를 출가시킬지에 대해 물었다. 그러자 왕비는 넷째 아들 의천[43]을 추천했다. 11세 때 의천은 영통사로 들어가 경덕국사에게 불경을 공부했다. 10년이 지나 승려가 된 의천은 송나라로 유학해 불교를 더 배우고 싶었지만 왕비의 반대로 뜻을 이루지 못했다.

1083년 65세로 문종이 죽자 맏아들이 고려 12대 순종으로 즉위했다. 그러나 순종은 3달 만에 죽고 둘째 아들이 고려 13대 선종이 왕위에 올랐다. 이때 의천은 송나라로 유학할 뜻을 비치자 순종과 마찬가지로 선종 역시 반대했다. 그렇지만 의천은 자신의 뜻을 굽히지 않고 1085년 4월 수계 한 사람만 데리고 몰래 배를 타고 송나라 수도인 동경으로 들어갔다.

당시 송나라 황제 철종은 고려 왕자가 불경을 공부하러 왔다는 소식에 그를 수소문한 끝에 궁궐로 불렀다.

---

43) 의천(義天. 1055~1101)
　　고려 때 승려로, 성은 왕씨이고 이름은 후(煦), 자는 의천(義天), 시호는 대각 국사(大覺國師)
　　이다. 송악 출신으로 고려 문종의 넷째 아들로 태어나 11세에 머리를 깎았다. 30세에 송나라
　　로 건너가 유학하고 귀국하여 우리나라에 처음으로 천태종(天台宗)을 개창하였다. 흥왕사에
　　교장도감을 세우고《속장경》4,000여 권을 간행하였다.

"왕자가 승려가 되었다니 기쁜 일이오. 더구나 불경 공부를 위해서 말이오."

철종은 신하들에게 명을 내려 의천을 극진히 대접하라고 했다. 그 후 의천은 계성사를 거쳐 송나라 황제가 추천한 각엄사 유성법사를 만났다. 그는 유성법사를 스승으로 모시고 천태종을 공부했다.

어느 날, 의천은 유성법사와 함께 번화한 거리에 있는 찻집으로 들어가 차를 마셨다. 그때 물건을 사고파는 데 돈이 사용된다는 것을 알게 되었다.

의천은 본국으로 돌아가면 물건을 사고파는데 필요한 돈을 만들자고 건의하리라 생각했다. 그는 송나라에 머물면서 상국사, 흥국사 등에서 인도 불경을 공부했고, 가끔 견문을 넓히기 위해 각 지방을 여행했다.

그러다가 대종상부사로 가서 당나라의 명승이었던 경원의 제자 밑에서 공부했다. 또한 자변대사로부터 천태종을, 정원법사로에게는 천태사상을 배웠다.

의천은 1086년(선종 3년) 어머니 인예태후의 간청으로 불경 3천여 권을 싣고 고려로 돌아왔다. 그는 흥왕사에 교장도감을 두고 4,740여 권의 불경을 간행했다.

그리고 승주 선암사, 가야산 해인사 등을 둘러본 후 흥왕사 주지가 되어 천태종을 가르쳤다.

이 무렵 고려 불교는 여러 종파로 갈라지고 세력 다툼이 심했다. 1093년 5월 선종이 46세에 죽자 맏아들이 고려 14대 현종으로 왕위를 물려받았다. 왕위에 오른 현종은 삼촌 계림공 때문에 목숨이 불안했다. 그래서 현종은 1년 5개월 만인 1095년에 삼촌에게 왕위를 물려주었다.

계림공은 고려 15대 숙종으로 즉위했지만 조카에게 왕위를 찬탈했다는 백성들의 원성으로 불안했다. 그러자 의천을 불렀다. 당시 의천은 숙종의 동생이자 왕사 자격으로 임금인 형에게 불경을 가르치고 있었다.

"백성들이 조카를 밀어내고 왕위를 빼앗았다고 원망하는구나!"

"폐하, 세상사에서 마음가짐이 중요합니다. 백성들의 말보다 나랏일에 집중하십시오."

"그렇다면 묘안이라도 있는 것인가?"

"네, 백성들에게 세금을 적게 거두면 됩니다. 그리고 백성들이 물건을 사고팔 때 편리하게 사용하는 돈을 만들면 됩니다."

그러자 숙종은 1097년 주전도감을 설치하고 엽전을 만들었다. 백성들은 처음으로 돈을 사용해 물건을 거래했고, 상업까지 발달하게 되었다. 의천은 1101년(숙종 6년)에 죽었는데, 왕은 그에게 대각국사라는 칭호를 내렸다.

대각국사 의천

윤관이 쌓은 9성의 위력

문종은 침범한 여진족을 몰아내기 위해 문정, 최석, 염한, 이의 등에게 군사 3만을 내주며 정주로 출정시켰다.

고려군 세 부대는 깊은 잠에 취해 있는 여진족들의 진영을 함성을 지르며 공격했다. 이에 여진족들은 혼비백산하여 산 속으로 달아났고 고려군은 때를 놓치지 않고 추격해 여진족 소굴을 점령했다.

고려군은 그곳에 수십 명의 고려 여인들과 금은보화를 비롯해 일용품까지 수북이 쌓여 있는 것을 보고 놀랐다.

문종은 개선한 군사들을 위로하고 상을 내렸으며, 이후부터 여진족들로 인한 피해가 없었다. 그 무렵 만주 하얼빈 근처에 추장 영가가 이끄는 완안족이 강성해져 함흥 부근의 갈뢰전까지 세력이 미쳤다.

이에 고려는 영가에게 사신을 보내 친교를 맺게 하고, 갈뢰전에 살고 있는 여진족들을 부추겨 영가에게 대항토록 했다. 영가가 죽자 맏아들 오아속이 아버지의 유지를 받들어 갈뢰전 여진족을 무찔러 통합하면서 정평 지방까지 침략했다.

그러자 숙종은 평장사 임간을 정평으로 보내 오아속을 공격하게 했지만 패했다. 오아속은 연전연승을 거두면서 남쪽으로 내려와 선덕관성까지 점령했다. 다급한 숙종은 윤관[44]을 동북면 행영병마도통으로 임명해 출진시켰지만, 그 역시 패하면서 화의를 했다.

이에 숙종은 조정 중신들을 불러 대책을 물었다. 이때 윤관이 앞으로

---

44) 윤관(尹瓘. ?~1111)
　　고려 예종 때의 학자이자 장군으로 자는 동현(同玄), 본관은 파평(坡平)이다. 고려 태조 때 삼한공신(三韓功臣) 신달(莘達)의 후손으로, 아버지는 검교소부소감 집형(執刑)이다. 문종 때 과거에 급제하여 관직에 나아갔다. 어사대부·한림학사·이부상서 등을 지내고 예종 2년(1107)에 여진을 정벌하고 9성(九城)을 개척하였다.

나서면서 이렇게 말했다.

"신이 적군과 부딪쳐봤는데, 몹시 강했습니다. 더구나 적은 기병이고 우리는 보병이기 때문에 불리합니다."

윤관은 별무반이라는 특수부대를 만들어 말을 잘 다룰 수 있는 자를 뽑아 기병부대인 신기군을, 20세 이상의 장정들을 뽑아 보병인 신보군을, 여러 사찰에 있는 젊은 중들을 뽑아 항마군을 창설했다.

이처럼 강한 군대를 양성하다가 1105년 숙종이 52세에 죽자 맏아들이 고려 16대 예종으로 왕위에 올랐다. 예종은 아버지 숙종의 유서를 대신들에게 보이며 이렇게 말했다.

"선왕께서 생전에 여진을 정벌하지 못한 것을 한스럽게 생각해 이런 유서를 남겼습니다. 경들은 선왕의 뜻을 받들어 여진을 무찌르도록 하시오."

그러나 조정 대신들로부터 아무런 대답이 없자 예종은 윤관에게 물었다.

"장군, 그동안 군사들을 훈련시켰는데 실력이 어떠하오?"

"백전백승할 실력을 갖추었습니다."

1107년 예종 2년 윤10월 고려는 윤관을 원수로, 오연총을 부원수로 삼아 17만 대군을 내주면서 정평 정벌에 나서도록 했다. 석상에서의 첫 싸움에서 척준경이 좌군 부장으로 나서서 크게 승리했다. 그런 후 윤관은 영주, 웅주, 복주, 길주 등 네 곳에 성을 쌓고 고려의 영토를 확장시켰다.

이런 여세를 몰아 고려군은 가한촌을 향해 병목처럼 생긴 작고 험준한 고개로 쳐들어갔다. 그러나 여진족은 이곳에 군사들을 매복시켜 윤관과 오연총이 이끄는 고려군을 포위했다.

오연총은 적군의 화살을 맞았고, 윤관은 군사들을 많이 잃었다. 이때 척준경은 결사대 10여 명과 함께 윤관과 오연총을 구하기 위해 출전채비를 차렸다. 그러자 아우 척준신이 이를 말렸다.

그렇지만 척준경은 동생에게 부모님을 잘 부탁한다는 말을 남기고 적진으로 뛰어들었다. 적군은 척준경의 등장에 깜짝 놀랐지만 곧바로 그의 결사대와 맞섰다. 싸움이 한창 전개되었을 때 최홍종과 이관진의 구원병이 산골짜기에서 적의 뒤쪽을 공격했다.

그러자 적은 포위망을 좁히지 못하고 고려군의 공격을 막기 위해 군대 대형을 넓힐 수밖에 없었다.

이틈에 척준경은 윤관과 오연총을 무사히 구출했다. 포위망에서 탈출한 윤관은 척준경의 용감성에 감탄한 뒤 양아들로 삼았다. 얼마 후 여진 군사가 여주성을 포위해 공격했지만 척준경의 방어로 적을 무찔렀다. 이때 고려군은 적군 진지 135개를 점령했고, 포로 천여 명을 사로잡았다. 또한 고려군에게 잘린 적군의 목은 5천여 두나 되었다.

이로써 윤관은 함주, 영주, 웅주, 길주, 복주, 공험진, 숭녕진, 통태진, 진양진 등에 9성을 쌓아 여진족의 공격을 막았다. 이런 공과로 윤관과 오연총은 공신 칭호를 받았다.

하지만 여진족은 기회가 있을 때마다 고려 국경을 침범했다. 이에 최홍사를 비롯한 조정 대신들은 9성을 여진에게 되돌려주자고 했다. 그러나 예부낭종 박승중, 호부낭중 한상은 끝까지 반대했다. 그렇지만 예종은 이들의 말을 듣지 않고 간신과 대신들의 의견에 따라 여진의 사신 마불과 사현 등을 불러 9성을 고스란히 내주고 말았다.

꿈 풀이로 왕비를 맞은 임금

1122년 예종이 죽자 13세의 어린 태자가 뒤를 이을 준비를 하고 있었다. 이때 숙부 대봉공과 대림공이 임금 자리를 노리고 있었다. 그러나 그들의 음모를 눈치 챈 외할아버지 이자겸[45]은 군사를 동원한 다음 태자를 고려 17대 인종으로 등극시켰다.

그렇지만 이자겸은 인종을 앞세워 권력을 휘두르며 사리사욕을 채웠다. 더구나 그는 자신의 권력을 연장시키기 위해 셋째 딸과 넷째 딸을 인종에게 시집보냈다. 이중 넷째 딸은 왕비가 되었다.

그녀들은 인종에게는 어머니의 동생이며 이모였다. 특히 이자겸은 자신의 정적인 대방공과 이중약 등을 참하고 문공미, 적극영, 이영 등도 귀양 보냈다.

이 사건 이후부터 대신들은 이자겸 앞에서는 고양이 앞의 쥐 꼴이었다. 그렇지만 인종은 점점 나이가 들면서 외할아버지 이자겸을 눈에 가시처럼 여겼다. 이자겸이 권세를 움켜쥔 것도 사돈 척준경의 후광이 컸다.

그러자 인종은 내시녹사 안보린과 내시지후 김찬에게 이자겸을 제거하라고 명을 내렸다. 그들은 그를 척살하기 위해 집으로 쳐들어갔지만 도리어 그의 군사들에게 사로잡히고 말았다.

이때부터 이자겸은 임금을 제거하고 자신이 그 자리에 오르겠다는 음모를 꾸몄다. 그러자 충신 내의군기소감 최사전은 이자겸의 세력을 잠재우기 위해서는 척준경과 사이를 떼어 놓아야겠다고 생각했다.

---

45) 이자겸(李資謙. ?~1126)
　　고려 예종, 인종 때의 외척 세력가이다. 본관은 경(慶源)으로 할아버지는 중서령 자연(子淵)
　　이고, 아버지는 경원백(慶源伯)이다. 어머니는 평장사 김정준(金廷俊)의 딸이고, 처는 문화시
　　중 최사추(崔思諏)의 딸이다. 둘째 딸이 예종의 비가 되자 익성 공신(翼聖功臣)이 되고, 인종
　　이 즉위하자 셋째와 넷째 딸을 비로 삼게 하여 외척으로 권세와 부귀를 누리며 전횡을 일삼
　　다가 척준경(拓俊京)에게 쫓겨나 귀양 가서 죽었다.

그는 어느 날, 비밀리에 인종을 만나 이자겸을 없앨 계략을 말했다. 임금은 흔쾌히 승낙하고 그에게 명령을 내렸다.

최사전은 하인 문제로 이자겸과 척준경 사이가 좋지 않다는 사실을 알고 먼저 척준경을 찾아갔다. 최사전은 그를 만나 잡담을 나누다가 은근슬쩍 주제를 바꿨다.

"소문을 듣자하니, 이자겸 대감께서 척 장군을 의심한다고 합니다."

그 순간 성격이 급한 척준경은 얼굴이 벌겋게 달아오르며 말했다.

"뭐요? 누가 그런 엉뚱한 소리를 한단 말이오?"

"보아하니, 이 대감께서 척 장군의 세력이 커져 불편해진 모양이오."

"그자가? 그자가 어떻게 그럴 수가 있어!"

"고정하시고, 이번에 대감께서 폐하께 충성하면 해결되지 않겠소?"

최사전의 보고를 받은 인종은 척준경에게 은으로 만든 안장을 얹은 백마 한 필과 은병 수십 개를 내렸다.

황송한 마음에 척준경은 이자겸을 체포해 인종 앞으로 끌고 갔다. 그러자 인종은 이자겸을 전라도 영광으로 귀양 보내고 그의 아들도 귀양 보냈다.

이후 척준경은 조정의 실력자로 군림하기 시작했다. 또한 인종은 이자겸의 딸인 두 왕비를 쫓아내고 임원애의 딸을 새 왕비로 맞았다. 새 왕비를 간택하기 며칠 전 인종은 최사전에게 이렇게 말했다.

"지난날 꿈에 선녀가 나에게 왔소. 그 선녀는 짐에게 깨 닷 되와 아욱 세 단을 줍디다. 도대체 이게 무슨 꿈인 게요?"

"정확한 것을 천관에게 알아보겠습니다."

최사전은 천관에게 꿈 해몽을 듣고 임금에게 아뢰었다.

"폐하! 임씨 성을 가진 분을 왕비로 간택하면 아들 다섯을 얻고, 삼형제가 임금이 된다고 합니다."

인종은 꿈 해몽에 맞춰 임원애의 딸을 왕비로 간택했다. 과연 꿈처럼 인종 5년 4월에 맏아들이 태어났고, 그 후 네 아들을 차례대로 얻어 다섯 왕자가 되었다. 이들은 훗날 의종, 명종, 신종으로 등극했다.

그 무렵 이자겸이 난을 일으켜 궁궐이 불타고 민심이 매우 어수선하자 승려 묘청[46]이 도읍지를 서경으로 옮길 것을 주장했다.

묘청은 백수한, 정지상 등과 함께 서경으로 수도를 옮겨 새 정치를 펴고자 하였다. 또한 다른 나라와 동맹하여 금나라를 공격하자고 주장하였다.

묘청의 말에 귀가 솔깃해진 인종은 서경에 궁궐을 짓게 하고 자주 행차하였다.

그들은 서경으로 도읍지를 옮기자는 것과 척준경의 횡포 또한 낱낱이 보고해 귀양 보낼 것을 주장했다. 당시 척준경은 이자겸을 없앤 공으로 중서문하평장사에 올라 공신 대우를 받고 있었다.

그렇지만 무인이기에 글을 좋아하는 임금과는 거리가 멀어졌다. 그들은 그를 제거할 계략을 인종에게 말했다.

"폐하! 갑자기 영을 내려 척준경이 군사를 동원할 시간을 빼앗으면 성공할 수 있습니다."

며칠 후 인종은 갑자기 명을 내려 척준경을 귀양 보내고 말았다. 조정에서 무인 척준경이 제거되면서 문신 김부식과 정지상의 세력이 커졌다.

---

46) 묘청(妙淸. ?~1135)
　　서경 출신으로 속성과 본관은 알 수 없고, 뒤에 이름을 정심(淨心)이라고 고쳤다.
　　인종 6년(1128) 검교소감으로 서경에 파견된 백수한(白壽翰)을 통해 중앙정계에 진출했다.
　　창제건원과 금국정벌론을 내세워 자주적 기백을 떨쳤고, 서경천도운동을 주도하면서 부패한 고려 문벌귀족사회의 개혁을 주장하다가 반대에 부딪치자 난을 일으켰다.

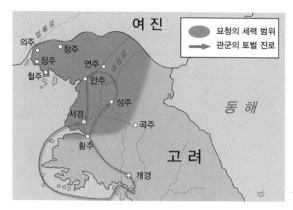

묘청의 난

1129년 인종 7년 서경에 짓고 있는 궁궐 대화궁이 완성되었다. 그러자 서경으로 도읍지를 옮기자는 묘청, 정지상 일파와 이를 반대하는 개경파 대신인 김부식, 임원애, 이지서 등이 맞섰다. 이에 김부식과 정지상의 사이가 나빠졌다.

그로 인해 왕비 아버지 임원애는 묘청을 제거해야 한다는 상소문까지 올렸다. 이 소문을 들은 묘청은 1135년 1월 개경에서 조광, 유참 등과 함께 평양을 '대위국'으로 칭하고 나라를 세워 연호를 천개, 군대 호칭을 견청충의군으로 명명해 반란을 일으켰다. 그들은 순식간에 서북 지역을 차지했다.

다급해진 인종은 묘청의 반란을 진압하기 위해 김부식을 평원수로 삼았다. 김부식은 출정에 앞서 말했다.

"폐하! 개경에 묘청의 무리들이 남아 있는데, 먼저 그들의 목부터 베어야 합니다."

이에 인종은 김정순에게 명하여 정지상 일당을 참하도록 했다. 이때 정지상, 백수한, 김안 등이 죽었다.

김부식은 서경을 포위하여 꼼짝 못하게 한 다음, 전쟁을 서두르지 않고 느긋하게 기다렸다. 그러자 서경성 안의 식량이 바닥나 묘청은 무너지고 말았다. 그는 묘청의 반란군을 진압하고 무사히 개경으로 돌아왔다.

묘청의 반란을 진압한 김부식의 세도가 더욱 높아졌고, 아버지의 힘을 믿고 아들 김돈중도 거만해졌다. 김돈중은 1140년 12월 31일 궁전 나례(민가와 궁정에서 잡귀를 쫓기 위하여 베풀던 의식)에서 인종의 신임을 받고 있는 정중부가 눈에 거슬려 촛불을 켜는 척하면서 삼긴 수염을 태웠다. 화가 난 정중부였지만 무인의 비애라고 생각해 참았다.

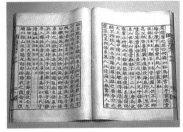

개경과 서경을 중심으로 싸움이 일어난 이유는 고려를 세울 때부터 개경은 많은 귀족들이 왕실을 중심으로 모여 있던 곳이었는데, 이미 많은 귀족들이 개경 주변의 땅을 모두 차지하였기 때문에 새롭게 나온 귀족들은 차지할 땅이 없었기 때문이다. 그래서 나중에 나타난 세력들은 서경으로 수도를 옮겨 자기의 기반을 다지려고 하였던 것이다.

시간이 갈수록 귀족 정치의 문제점은 자꾸 늘어났다. 그래서 '이자겸의 난'과 '묘청의 난'이 일어난 것이다. 귀족들이 자기들의 이익만 챙기려는 정치와 외교가 계속 되었는데 이러한 가운데 마침내 '무신의 난'이 일어나면서 귀족 사회는 점차 무너지기 시작했다.

김부식[위]
김부식의 삼국사기[가운데]
정중부[아래]

201

무능한 임금과 무신 반란의 시작

1146년 2월 인종이 죽자 20세의 태자가 뒤를 이어 고려 18대 의종으로 왕위에 올랐다. 총명하기로 이름난 의종은 태자로 봉해졌을 때부터 풍류를 좋아했다. 그런 의종이었기에 임금이 된 후부터 매일 큰 잔치로 허송세월을 보냈다.

그러자 나라를 걱정한 충신 정습명이 수차례 간언했지만 의종은 귀를 막고 있었다. 이를 안타깝게 생각한 정습명은 자살했는데, 그는 의종이 태자였을 때 왕사(스승)였다.

이런 의종은 환관, 정함, 내시사령 영의, 형부낭중 김돈중, 정성 등의 간신배들로 둘러싸여 있었다. 특히 환관 정함은 의종의 비위를 기가 막히게 맞췄다. 이때 천성이 간사한 김돈중은 충신 정서를 모함했다.

"정서일파가 대령후 왕경과 친하게 지내면서 왕위를 노리고 있습니다."

이에 발끈한 의종은 조사도 없이 정서에게 벌을 내리려고 하자 어머니 공예태후가 놀라 임금을 나무랐다.

"황상은 어찌 간사한 무리의 말만 듣소. 정서에게 벌을 내리는 것은 신중에 신중을 기해야 하오."

어머니의 꾸중을 들었지만 의종은 정서를 고향 동래로 낙향시켰다. 정서는 낙향해 호를 '과정'으로 짓고 임금의 부름을 기다렸다. 그러나 끝내 자신을 부르지 않자 안타까운 마음에서 '정과정곡'이란 노래를 지어 불렀다.

그 노랫소리가 너무 슬퍼 듣는 사람의 심금을 울렸다고 전해진다.

'내 임이 그리워서 울더니
산 접동새 또한 나와 같으오이다.

시비를 묻지 마라

새벽달 샛별이 아시리로다

넋이라도 임과 함께 가고 져라

아! 늘 말하시던 이 누구시던가

죄도 허물도 없소이다.

여럿의 참언일랑 듣지 마소서

슬프구나! 임이 벌써 나를 잊으셨사옵니까

아서라 임아, 내 간곡한 정회情懷를 들으사

날 총애하여 주옵소서.'

1170년 8월 '무신의 난'이 일어났다. 의종은 개경에서 멀리 떨어진 보현원으로 향했다. 중간쯤 갔을 때 의종은 하늘이 청명하고 기분까지 상쾌해 신하들과 술 한 잔을 나누기 위해 행차를 멈췄다.

"여기서 목을 축이자. 무신들은 오백수박회로 무술을 자랑하여라."

무신들이 제각기 자신의 권법을 자랑한 후였다. 대장군 이소응이 젊은 무사와 재주를 겨루게 되었다. 이소응은 힘이 장사였지만 예순이 가까운 노인이라 젊은 무사에게 지고 말았다.

이때 환관 한뢰가 경기장으로 뛰어와 이소응의 뺨을 후려쳤고, 여러 문신들까지 그를 비웃었다. 이때 화가 치민 정중부[47]가 벌떡 일어나 한뢰의 멱살을 움켜잡고 소리쳤다.

"이놈! 이소응은 비록 늙었지만 삼품대장군이다. 감히 누구에게 손찌검을 하느냐?"

---

47) 정중부(鄭仲夫, 1106~1179)
　　고려 시대의 무신으로, 무신을 학대하는 데 불만을 품고 정변을 일으켰다. 임금을 폐하고 정권을 잡은 후 무단 정치를 행하다가 경대승에게 피살되었다.

모든 군사들이 정중부를 쳐다보는 순간 무신 이고가 한뢰를 없애겠다고 눈짓했다. 이를 눈치 챈 의종은 경기장으로 내려와 정중부의 손을 잡고 이렇게 말했다.

"장군, 진정하시오. 오늘은 모두가 즐겁게 노는 날이 아니오?"

의종의 말에 정중부는 분함을 참고 그를 놓아 주었다.

그 후 의종은 궁궐로 돌아가지 않고 보현원으로 떠났다. 앞에는 선발대가 섰고 가운데는 임금을 호위하는 정중부 등의 무신들이 말을 타고 따랐다.

말 위에서 한참을 생각한 정중부는 이고와 이의방에게 뒷길을 이용해 보현원에 먼저 도착해 문신들을 전부 척살하라고 명령했다.

정중부의 명령을 받은 그들은 앞질러 보현원에 도착했다. 날은 어두워졌다. 보현원 문 앞에는 이고와 이의방이 군사들과 함께 숨어 있었다. 의종 일행이 문을 들어섰고 그 뒤를 따르던 문신들이 들어서는 순간 이고가 임종식과 이복기를 척살했다.

이를 목격한 김돈중은 도망쳤고 한뢰는 의종에게 무신들이 난을 일으켰다고 보고한 다음 용상 밑으로 숨었다. 이어 정중부와 이고가 들어오자 의종은 점잖게 타일렀다.

"장군, 왜 이러시오? 그리고 까닭을 이야기해 보시오."

그렇지만 정중부는 아랑곳 하지 않고 이고가 용상 밑에 숨어 있는 한뢰를 끌어냈다.

그러자 한뢰는 의종의 용포자락을 잡고 애원했다.

"폐하! 제발 살려 주옵소서!"

이고가 그런 한뢰를 잡아채자 용포자락이 찢어졌고 그가 넘어지는 순간 목을 내리쳤다. 의종은 그저 어안이 벙벙하여 아무 말도 못했다. 잠시 후 의종은 김석재를 시켜 모두 밖으로 나가라고 명했지만 무신들은 꼼짝도 하지 않고 서 있었다. 재차 의종의 명이 떨어지자 무신들은 의종과 함께 있던 문신들을 끌어내 모두 죽였다. 이때 정중부가 부하 장수들에게 물었다.

"김돈중을 포획했느냐?"

"그놈은 벌써 달아난 것 같습니다."

"당장 개경으로 달려가 잡아라! 그 놈이 태자를 내세워 우리를 역적이라고 둘러대면 어떻게 되겠느냐?"

급히 군사들은 개경으로 달려갔다가 한밤중이 되어서야 돌아와 정중부에게 보고했다.

"장군! 김돈중은 아직 개경에 도착하지 않았습니다."

"그러면 됐다! 어서 출발하자!"

정중부는 이고, 이의방, 이소응 등과 함께 대궐로 돌아와 문신들을 닥치는 대로 죽였다. 특히 의종에게 아첨하던 간신배들을 죽였다.

그때 궁중에서 숙직하던 문신 문극겸이 가로막았다. 그는 의종에게 직언을 간하다가 미움을 받은 충신이다. 이의방이 문극겸을 베려는 순간 정중부가 말렸다.

"문극겸은 충신이다. 우린 충신을 죽여선 안 된다."

평소 문신들로부터 천대받던 그였지만 충신 문극겸을 알아보고 목숨을 구해 주었다.

이튿날 정중부는 의종과 태자를 내쫓고 의종의 동생 익양공을 고려 19대 명종으로 등극시켰다. 이와 함께 그는 군사를 풀어 감악산에 숨어 있던 김돈중을 찾아내 목을 베고, 의종은 경주로 귀양 보냈다.

정중부의 패배와 경대승의 승리

무신의 난 이후 정중부, 이의방, 이고는 조정의 공신이 되었는데, 이고는 다른 욕심을 품기 시작했다. 그는 정중부를 버거운 상대로 생각했고, 이의방은 가볍게 생각했다.

그래서 이고는 이의방을 누르기 위해 개경 불량배들을 모으는 한편 법운사의 승려 수혜와 결탁했다. 수혜는 여진족 토벌을 위해 윤관이 창설한 항마군 대장 출신이었다. 이고가 수혜를 은밀히 만나 이렇게 말했다.

"태자 혼례식 때 이의방을 제거할 테니 항마군을 대기시키게."

"차질 없이 하겠소."

그러나 이들의 음모를 교위 김대용의 아들이 알고 아버지에게 알렸다. 김대용은 친구이자 내시 채원에게 전달했다. 채원은 잠시 머뭇거리다가 이의방을 찾아가 알려 주었다.

"저런 괘씸한 놈! 네 마음대로 되는지 두고 보자!"

1171년 이의방은 이고와 수혜를 죽였다. 즉 이고의 과욕이 죽음을 불러왔던 것이다.

2년 후인 1173년 8월 장수 김보당은 경주로 귀양 간 의종을 다시 복권시킨다는 명분으로 반란을 일으켰다. 이 반란은 부하의 밀고로 실패하고 말았다. 이에 반란의 원인을 제거한다는 명분으로 이의방은 심복 이의민을 경주로 보내 의종을 척살하게 했다.

이보다 1년 전인 1172년 귀법사 승려 백여 명이 반란을 일으켰고, 1174년 서경유수 조위총이 자비령 이북의 세력과 함께 반란을 일으켰다.

1176년 공주 명학소에서 망이와 망소이가 민란을 일으켜 공주를 차지했다. 이처럼 전국 각지에서 반란이 일어나자 조정에서는 장황재를 대장군으로 임명해 모두 평정했다.

이 무렵 권력의 실세이던 이의방은 자신의 딸을 명종 태자에게 시집보내 세력을 넓힐 계획을 세웠다. 그러나 태자는 이미 태자비를 맞이한 기혼자였다. 그렇지만 그는 억지로 태자비를 퇴출시키고 자신의 딸을 태자비로 삼게 했다.

그때 정중부의 아들 정균은 이의방의 세력이 점점 커지자 경계하기 시작했다. 마침 서경에서 조위총이 반란을 일으켜 윤인첨이 토벌하기로 했다. 그가 출발에 앞서 군사를 사열하고 있을 때 이의방이 감독으로 나왔다. 그러자 정중부의 아들 정균이 이의방의 뒤를 따라가 살해했다.

이의방을 제거한 정균은 태자비가 된 이의방의 딸을 대궐에서 쫓아냈다. 이로써 일흔 살의 정중부가 고려 최고 실력자가 되었다. 정균은 아버지의 세력을 믿고 조강지처를 내쫓은 후 젊은 여자와 혼인했다. 더구나 궁녀들까지 마음대로 가지고 놀았다. 명종은 그의 세력 앞에 허수아비였지만 경대승[48]만은 이 죄를 좌시하지 않고 있었다.

26세의 경대승은 청주가 고향으로 15세 때 장수의 반열에 올랐다. 그의 수하에는 천하장사 허승이 따랐는데, 경대승은 그를 불러 정균의 횡포에 울분을 토했다.

"장군께서 정균을 친다면 전 여러 대장들과 함께 따르겠습니다."

"반드시 난봉꾼 정균을 내 손으로 죽일 것이야."

"장군, 9월 보름 궁중에서 장경회가 이틀 동안 열립니다. 그때 군졸들은 피곤에 지쳐 곯아떨어져 있을 것입니다. 이날 거사하시면 됩니다."

1179년(명종 9년) 경대승은 대궐 밖에서 장경회가 끝나기를 기다렸고, 허승은 정균의 처소로 숨어들었다. 정균이 놀라 몸을 일으키는 찰나 그

---

48) 경대승(慶大升, 1154~1183)

고려 명종 때의 장군이다. 본관은 청주, 아버지는 중서시랑평장사를 지낸 진(珍)이다. 무신의 횡포에 분개하여 금군(禁軍)을 이끌고 정중부, 송유인 등을 살해하였다. 그 뒤 신변을 보호하기 위하여 도방(都房)을 두었다.

의 목은 순식간에 떨어졌다.

허승의 신호로 경대승은 자신을 따르는 군사들과 함께 공격했는데, 공교롭게도 정중부 사위 송유인이 보이지 않았다. 그래서 경대승은 군사들과 함께 그의 집으로 달려가 집에 불을 질렀다. 순간 놀라서 뛰어나오는 송유인의 목을 베었다.

그 다음 경대승은 정중부의 집으로 달려갔지만 이미 도망치고 없었다. 군사들은 농가에 숨어 있는 그를 찾아내 죽였다. 상황이 끝나자 경대승은 대궐로 들어가 명종에게 자초지종을 설명했다.

"폐하! 정중부 무리들을 모두 처단했습니다."

그의 보고를 받은 명종은 그저 고개만 끄덕이다가 입을 열었다.

"경이 알아서 나랏일을 처리하시오."

경대승은 명종의 윤허로 나라를 잘 다스려보겠다고 생각했다. 하지만 허승은 태자 방 근처에서 술을 마시고 궁녀들과 어울리기 일쑤였다. 이에 경대승은 허승에게 죄를 물어 죽였다.

고려의 권력을 손아귀에 쥔 경대승은 자신의 세력을 키우기 위해 사람을 풀어 대궐 안팎을 감시했다. 그러던 중 뜻밖에 자신의 목숨을 노리는 자가 부지기수라는 보고를 받는다. 이에 경대승은 무예가 뛰어난 군사들을 뽑아 자신을 지키는 도방[49]을 구축했다.

경대승은 30세가 되면서 병으로 자리에 누웠다가 1183년 7월에 단명했다.

---

49) 고려 무인 정권기(武人政權期)에 무력 지배기구로 새로이 조직된 사병 집단. 무인정권이 권력을 유지할 수 있었던 절대적인 배경은 사적인 무력집단이었는데, 당시 사적인 무력집단으로는 도방 이외에도 삼별초(三別抄)와 마별초(馬別抄)를 들 수 있다. 이와 같은 조직적인 사병 집단이 생기기 이전에도 유력한 무장들은 제각기 사병을 소유하고 있었다.

허수아비 임금과 무신들의 권력 다툼

경대승이 30세의 나이로 단명하면서 남은 권력자는 이의민[50]뿐이었다. 그는 이의방의 명령으로 경주로 내려가 의종을 살해하고 개경으로 돌아오기 위해 기회를 노리고 있었다. 이때 경대승의 반란으로 정중부가 죽자 몸을 숨겼다.

그러나 그는 경주에서 명종에게 연락해서 자신을 불러달라는 청을 넣었다. 명종은 후환이 두려워 이의민을 불렀고 그는 조정에서 권력을 쥐었다. 이의민은 경주에서 태어났고 힘이 장사였다. 싸움을 잘해 경주 일대에서 이름을 날린 건달 두목이었다.

이의민의 아들 이지영과 이지랑은 그의 권력을 믿고 설쳐대는 안하무인이었다. 어느 날 이지영은 최충헌[51]의 아우 최충수에게 집에서 기르는 비둘기를 달라고 윽박질렀다.

최충수가 거절하자 하인을 시켜 그를 잡아서 볼기를 때렸다. 최충수는 억울하고 분해 형 최충헌에게 분통을 터뜨렸다.

"형님, 억울해서 못 살겠습니다. 그들을 그대로 내버려 둬서는 안 됩니다."

"지금은 뾰족한 수가 없다. 억울해도 참고 기다려 보자."

---

50) 이의민(李義旼. ?~1196)
  고려 명종 때의 무신이다. 천민 출신으로 본관은 정선. 1170년 정중부의 난에 가담하여 공을 세웠으며, 경대승이 죽은 후 권력을 잡아 13년 동안 독재하다 최충헌에게 살해당했다.
51) 최충헌(崔忠獻. 1149~1219)
  고려 시대 무신으로, 개성 우봉(牛峯)에서 상장군 원호(元浩)의 아들로 태어났다. 본관은 우봉이고 초명은 난(鸞), 시호는 경성(景成)이다. 음보로 양온령이 되고, 1174년(명조 4년) 조위총(趙位寵)의 난을 진압하는 데 공을 세워 별초도령에 올랐다가 나중에 섭장군(攝將軍)이 되었다.
  1196년에 동생 최충수와 함께 권신 이의민을 죽이고 정권을 장악하였으며 폐정 개혁(弊政改革)을 위한 봉사 십조(封事十條)를 왕에게 올려 자신의 집권을 합리화했다. 이듬해 왕의 측근을 몰아내고 최씨 무단정권을 확립하였다.

1196년, 명종 26년 4월, 명종은 보제사로 나들이를 갔지만 이의민은 몸이 불편하다는 핑계로 미타산 별장에 있었다. 이의민의 일거수일투족을 살피던 최충헌 형제는 조카 박진재와 부하 노석승과 함께 미타산 별장을 습격했다.

박진재의 칼에 이의민이 쓰러지자 최충헌은 이의민의 머리를 베어서 칼끝에 꿰어 개경 저잣거리를 돌며 외쳤다.

"역적 이의민의 목을 베었다!"

한편 아버지가 최충헌의 손에 죽자 이지순, 이지영, 이지광 삼형제는 복수를 결심하고 군사를 동원해서 최충헌의 집으로 쳐들어갔다. 하지만 미리 준비하고 있던 최충헌의 군사들에게 기습공격을 당해 패했다.

조정에서는 최충헌 형제에게 공신의 칭호를 내리고 그들의 시대가 막을 열었다.

1197년 9월 최충헌은 명종을 내쫓고 허수아비로 그의 아우를 고려 20대 신종으로 등극시켰다.

한편 형을 도와 권력을 쥔 동생 최충수는 세력을 키우기 위해 자신의 딸을 태자비로 만들겠다고 결심했다. 하지만 신종의 맏아들인 태자에게는 태자비가 있었다. 그렇지만 최충수는 태자를 찾아가 태자비를 쫓아내라고 위협했다.

그러자 목숨에 위험을 느낀 태자는 태자비를 궁에서 내보냈다. 그렇지만 형 최충헌은 이것이 백성들에게 알려져 비난받는 것을 두려워했다.

최충헌은 최충수를 몇 번이나 불러 타일렀지만 말을 듣지 않았다. 그래서 최충헌이 어머니에게 부탁하자 최충수를 불러 꾸짖었다.

"충수야, 사람은 분수에 맞게 살아야 탈이 없다. 왜 태자비에게 그런 짓을 했느냐?"

이 말에 화가 난 최충수는 어머니를 밀쳤는데 넘어지면서 피를 토하고 말았다. 그러자 최충헌은 화가 나서 아우의 집으로 곧장 쳐들어갔다. 이 때 최충수는 형이 군사를 거느리고 쳐들어온다는 소리에 깜짝 놀라 사람을 보내 용서를 빌었다. 그러나 최충헌은 동생 충수를 참하고 말았다.

권력을 독차지한 최충헌은 무신의 행패가 너무 심해져 걱정했다. 그래서 이규보, 최자에게 벼슬을 주어 나랏일을 돕게 하였다. 이 무렵 최충헌도 신변에 위험을 느껴 그 역시 경대승이 설치했던 도방제도를 부활시켜 '도방정치'를 시작했다. 그는 도방에 들어 앉아 대신들을 불러 정사를 처리했다.

최충헌이 권력을 차지하면서 평화가 찾아오는 듯 했다. 1204년 1월 신종이 죽고 태자가 고려 21대 희종으로 왕위에 올랐다. 희종은 최충헌을 좋게 보지 않았지만 진강후 벼슬을 내리고 남산에 큰 집을 지어 주었다.

어느 날 희종은 최충헌이 입궐하는 순간 숨겨 둔 군사들을 시켜 죽이려고 했다. 하지만 최충헌은 김약진과 정숙첨의 도움으로 간신히 목숨을 구했다. 그는 도방으로 돌아와 군사를 동원해 희종을 강화도로 내쫓고 60세인 명종의 태자를 고려 22대 강종으로 등극시켰다. 강종은 이의방의 딸인 옛 태자비를 궁궐로 들이려 했지만 최충헌의 반대로 뜻을 이루지 못했다.

몽골군에 대항한 삼별초의 운명

1219년 고려 23대 고종 때 최충헌이 죽고 그의 아들 최우가 권력을 승계했다. 칭기즈 칸의 몽골제국은 고려로 수십 차례 사신을 보내 괴롭혔지만, 그때마다 간신히 피했다.

1231년, 고종 18 8월, 몽골은 고려에 왔던 몽골 사신 찰고여가 귀국하다가 압록강 근처에서 도적떼들에게 죽임을 당한 것을 트집잡아 침략했다. 이때 칭기즈 칸의 아들 오고타이 황제는 살리타를 대장으로 삼았다.

그는 압록강을 건너 의주를 함락시키고 단숨에 철주까지 점령했다. 그 여세를 몰아 귀주성을 포위했지만 김경손 장군이 굳게 지켰다. 살리타는 귀주성을 두고 충주와 청주로 내려갔다. 고종은 희안공 왕정을 사신으로 보내 화친을 청했다.

살리타는 최우가 보낸 선물을 받고 군사를 돌리겠다고 약속했다. 하지만 조건으로 몽골인 관리 72명을 두었는데 이들을 달로화적 혹은 다루가치라고 했다.

달로화적들은 고려정치를 간섭하기 시작했고 최우는 몽골군의 침입이 계속될 것으로 판단해 도읍지를 강화도로 옮겼다. 이듬해 12월 몽골군들이 또다시 침략해 개경을 함락시키고 남부지방 일부를 폐허로 만들었다.

하지만 그들은 강화도까지 쳐들어가지 못하고 안성과 용인 사이의 처인성에서 진격을 멈췄다. 그것은 처인성을 지키고 있던 김윤후 장군이 쏜 화살이 살리타가 전사했기 때문이다.

1235년 몽골군은 또다시 쳐들어왔는데, 이때 경주 황룡사 9층탑이 불탔고, 대구 부인사의 대장경까지 화재로 소실되었다. 이어 고려는 1236년 대장도감을 설치하고 대장경을 판각하는 작업을 벌여 1251년 1,497

종, 6558권의 경전을 완성하였다.

완성된 대장경판은 강화도성 성문 밖 대장경판당에 보관했다가 1318년 대몽항쟁의 정신적 지주로 삼기 위해 창건된 선원사로 옮겨졌다. 1398년 5월 마지막으로 해인사로 옮겨져 현재까지 보관되고 있다.

1249년 11월 최우가 죽자 그의 아들 최항이 권력을 이어받았다. 그때 몽골군이 쳐들어와 고려 왕자 창을 볼모로 잡아갔고, 고려 백성 20여만 명이 죽었다. 1257년 윤4월 최항이 죽고 그의 아들 최의가 대를 이었다. 이때부터 1258년부터 60년 간 고려의 권력을 손아귀에 쥔 최씨 정권이 무너지고 고종에게 권력이 되돌아왔다.

최씨 집안의 세력을 꺾은 사람은 김준이었다. 그는 최의의 눈에 들어 호위 책임자로 있다가 야별초 대장으로 승진했다. 그는 최의로부터 의심을 받자 최씨 일파를 모두 척살했다.

몽골의 침략에 진절머리가 난 고려는 그들과 의형제를 맺고 도움을

삼별초의 난

강화도에서 개경으로 옮겼다. 하지만 삼별초는 이를 거부하고 강화도에 남아 있다가 1270년 6월, 삼별초의 장수 배중손, 노영희, 김통정 등이 의기투합하여 반란을 일으켰다. 이들은 왕족 왕온을 임금으로 내세워 남쪽의 섬 진도로 내려가 나라를 세웠다.

그런 다음 옹장성을 쌓고 거제, 제주, 남해, 창선 등 30여 개 섬을 점령했다.

하지만 고려 조정에서 보낸 김방경과 몽골 장수 아해의 토벌군에게 밀려 삼별초는 제주도로 옮겼지만, 그들은 제주도까지 쫓아와 삼별초를 전멸시켰다.

피살되는 공민왕

1351년 공민왕이 31대로 고려왕으로 등극했다. 공민왕은 어릴 때 원나라에서 자랐기 때문에 몽골의 풍속은 물론 그들을 잘 알았다. 공민왕과 결혼한 원나라 노국공주는 고려에 많은 도움을 주었다. 공민왕은 볼모에서 풀려나 고려로 돌아온 순간 몽골식 변발을 거두고 고려 방식으로 고쳤다.

또한 고려 조정에는 원나라의 세력을 믿는 권신들이 많았는데 공민왕은 원나라 기황후의 친척과 그의 일파를 모두 죽였다. 또한 쌍성총관부를 고려 영토로 만들기도 했다.

공민왕이 늦도록 후사를 얻지 못하자 대신들의 권유로 이제현의 딸을 혜비로 맞았다. 공민왕 10년 홍건적[52]이 개성으로 쳐들어오자 왕과 노국공주는 남쪽으로 피신했다.

이듬해 정세운과 이방실 장군이 송도를 재탈환했지만 권신들의 싸움은 여전했다. 더욱이 공민왕 12년 평장사 김용과 정세운이 왕이 흥왕사에 있음을 알고 습격했지만 최영과 오인택에게 진압되었다.

노국공주는 마침내 아기를 잉태했으나 1365년, 공민왕 14년 2월, 아기를 낳다가 죽고 말았다. 공민왕이 슬픔에 젖어 애통한 나날을 보내고 있을 때 최영이 찾아왔다.

"폐하! 옥체를 보전하시옵소서, 병환이 올까 걱정이 됩니다."

불교 신자인 공민왕은 7일마다 큰 재를 올리게 해 노국공주의 명복을

---

52) 홍건적
    원에 저항한 한족의 농민 반란 세력으로, 원의 군대에 쫓긴 무리들이 고려를 두 차례 침입하였다.

공민왕과 노국공주

빌었다. 더구나 공민왕은 3년 동안 고기를 먹지 않았으며 큰 일이 있을 때마다 정릉을 찾아 갔다. 그러면서 공민왕은 왕륜사 동쪽에 공주의 영전을 짓도록 명했다. 하지만 이것은 나라의 재정을 파탄 내는 원인이 되었다.

이 무렵 대신들 뿐만 아니라 학자들까지 파벌싸움만 하고 있었다. 이때 혜성처럼 나타난 사람이 신돈[53]이다. 그는 삼중대광영도첨의라는 벼슬에 진평후라는 봉작까지 받았다.

신돈은 원로대신과 공신들을 한꺼번에 몰아내고 새로운 정치를 펼쳤다. 더구나 전민변정도감을 만들어 공신들의 토지를 몰수해서 농민에게 되돌려 주었다. 그러자 당연히 백성들은 신돈을 좋아할 수밖에 없었다. 이 무렵 그를 시기하는 정추와 이존오가 상소를 올렸다.

'문수회가 열렸을 때 신돈은 폐하와 동격인 자리에 앉았습니다. 이것은 군신의 예를 범한 것이고, 영도첨의판감찰 벼슬이 내려질 때도 머리를 숙이지 않았습니다. 또한 말을 타고 대궐문을 드나들었고, 폐하의 용상에 걸터앉는 무례까지 범했습니다. 그의 무례한 행동으로 천재지변이 일어나고 있습니다. 그에게 사찰을 지어 내보내시는 것이 옳은 처사라고

53) 신돈(辛旽 ?~1371)
　　고려 말기의 승려로 자는 요공(耀空), 호는 청한 거사(淸閑居士)이다. 공민왕에게 등용되어 국정을 장악하고, 전제 개혁(田制改革), 노비 해방 등의 개혁정책을 폈으나, 상층 계급의 반발로 실패하였으며, 후에 왕의 시해를 음모하다 발각되어 처형되었다.

생각합니다.'

그러나 공민왕은 그들의 충언을 듣지 않고 도리어 벼슬을 박탈했다. 그러자 대학자 이제현이 공민왕에게 신돈을 멀리하라고 충언했다.

"폐하! 신돈의 관상이 흉악상이라 뒷날 반드시 폐하를 해칠 것입니다."

공민왕의 두둔 아래 신돈이 정권을 잡자 벼슬을 얻기 위해 사람들이 몰렸다. 그러자 신돈은 우쭐하면서 중얼거렸다.

'자리가 사람을 만드는구나. 과거에 외면하던 자들까지 비굴하게 찾아오다니······.'

신돈은 궁궐 뒤쪽 조용한 곳에서 살고 있었는데, 옆집에는 이운목이 살고 있었다. 이운목은 일찍이 관직에 나갔다가 쉬고 있었다.

어느 날 저녁, 이운목이 신돈을 자기 집으로 초대했다.

"대감께서 누추한 곳까지 와 주시어 감사합니다."

"별 말씀을······, 세상 돌아가는 이야기나 합시다."

"제가 먼저 찾아뵈려고 했는데, 마침 오늘이 제 생일이라 대감께 간단한 음식이라도 대접하려고 합니다."

잠시 후 상다리가 휘어질 정도로 음식이 나왔다. 그러자 신돈은 자신에게 청이 있을 것으로 생각했다. 술잔이 몇 차례 돌아가자 뒷방에서 미모의 처녀가 등장했다. 처녀는 신돈에게 인사를 마치고 춤을 추었다.

신돈은 그녀의 춤에 빠져 시간가는 줄을 모르고 놀았다. 밤이 깊어지면서 이운목이 자리를 비켜 주었다. 신돈은 그녀와 가까운 사이가 되었는데, 그녀는 이혼녀였다. 그 후 이운목의 벼슬이 웅양군 대호군까지 승진했다.

신돈의 특권은 궁궐을 드나들 때 정문이 불편하다며 궁궐 뒤에 작은 문을 만들어 출입할 정도로 대단했다. 궁궐 뒤쪽 봉선사를 넘어가면 담옆에 빈터가 있었는데, 그곳에 집을 짓고 살았다. 깨끗이 정리 정돈된 방

가운데 부처를 모셔 놓았다.

왕이 찾아오는 날이면 부처 앞에 꿇어앉아 향을 피우고 불경을 외웠다. 신돈은 왕에게 먼저 불교 이야기를 한 후 정치를 말했다. 그러면 공민왕은 신돈의 말대로 따랐다.

신돈의 집에는 공민왕 외에 오직 기현의 아내만 드나들었다. 그것은 모든 청탁의 통로를 기현과 그의 아내로 고정시켰기 때문이다. 이에 따라 기현의 집에는 항상 버슬자리를 청탁하기 위한 사람들이 북적거렸다.

그러나 공민왕은 이 사실을 전혀 모르고 있었고 신돈의 집을 드나들면서 반야라는 여자를 애첩으로 두고 있었다. 시간이 지나면서 공민왕은 나라의 정권을 신돈이 마음대로 휘두른다는 것을 알고 그를 멀리했다. 신돈이 이것을 눈치 채고는 왕을 죽이려는 음모를 꾸몄다.

신돈은 공민왕 20년 7월, 왕이 헌릉과 경릉으로 행차할 때를 거사일로 잡았지만 왕을 호위하는 군사들 때문에 암살을 감행하지 못했다. 이때 신돈의 음모를 눈치 챈 이인임은 재상 김속명에게 은밀히 말했다.

그러자 재상 김속명은 이 사실을 공민왕에게 전하고 왕은 신돈과 한 패거리인 기현을 잡아 국문했다. 마침내 기현은 신돈의 역모 사실을 모두 자백했다.

공민왕은 신돈과 그 패거리들을 모두 잡아 죽였지만 그의 권력 남용으로 고려는 멸망의 구렁텅이에 빠지고 말았다. 역모를 밀고한 수시중 이인임은 공민왕의 신임을 크게 받았다.

어느 날 공민왕은 그를 불러 말했다.

"시중, 과인은 이제 죽어도 한이 없소."

"폐하! 왜 불길한 말씀을 하십니까?"

"짐에게 후사가 없던 차에 신돈의 집에 드나들다가 모니노라는 아이를 낳았소. 만약 짐이 죽으면 그대가 그 아이를 잘 보살펴주오."

이인임은 모니노를 궁궐로 데려와 명덕 태후궁에서 길렀는데 후에 강녕부원대군으로 봉해졌다.

역적 신돈을 죽였지만 공민왕의 마음은 매우 허전했다. 그는 허전함을 달래기 위해 자제위(미남 시중)를 두었는데 그들은 왕의 침전에서 왕과 함께 먹고 자고 했다. 공민왕은 자제위들을 데리고 노국공주가 묻혀 있는 정릉을 찾아갔다. 공민왕은 최만생에게 술과 음식을 가져오게 해 산소 이곳저곳에 부으며 혼자 중얼거렸다.

"내가, 내가 왔소. 함께 나눠 먹읍시다."

그러는 사이 해가 서쪽으로 기울자 자제위들은 공민왕에게 대궐로 돌아가야 한다며 재촉했다. 그렇지만 왕은 자리에서 일어나지 않고 술을 모두 마시고 대궐로 돌아왔다. 술에 취한 공민왕이 침전에 드는 순간 최만생이 따라와 나직이 말했다.

"폐하! 긴히 아뢸 말씀이 있습니다. 익비께서 수태를 하셨다고 합니다."

"익비가! 지금 몇 달 되었다고 하더냐?"

"5개월쯤 되었다고 들었습니다."

공민왕은 손가락으로 날짜를 짚어보다가 최만생에게 다시 물었다.

"그렇다면 수태를 시킨 상대가 누구라고 하더냐?"

"홍륜이라고 합니다."

"이 사실을 그대 말고 알고 있는 사람이 또 있더냐?"

"폐하, 다행스럽게도 소인밖에는 모릅니다."

"내일 당장 홍륜이란 놈을 죽여야겠구나. 그리고 자네도 함께 죽어야 아무도 모르겠지?"

최만생은 공민왕의 말에 눈앞이 캄캄했다. 최만생은 공민왕을 침전에 모신 후 급히 홍륜에게 찾아가 자세하게 말했다. 이들은 꼼짝없이 죽은 목숨이었기 때문에 살아날 방법으로 공민왕을 암살하기로 했다.

두 사람은 몰래 침전으로 들어가 깊이 잠들어 있는 공민왕을 살해했다. 잠시 후 최만생은 침전에서 급히 뛰어나오면서 외쳤다.

"자객이다! 자객!"

이 소리에 자제위 대장 김흥경이 달려 나왔다.

"자객이라니? 어디로 갔단 말이냐?"

그러자 공민왕을 암살한 최만생과 홍륜은 거짓말을 했다.

"저쪽입니다."

얼마 후 수시중 이인임과 경부흥 등이 왕의 침전으로 먼저 들어갔고 이 소식을 들은 명덕태후가 달려와 참혹하게 죽어 있는 공민왕을 보면서 통곡했다. 그러자 이인임이 명덕태후를 달래며 이렇게 말했다.

"태후마마! 진정하십시오. 곧 대책을 마련하겠습니다."

"어서, 이 시중께서 잘 수습하시오."

이인임은 재빨리 움직였고 궁궐에서 숙직하던 벼슬아치들은 공포에 질려 몸을 떨었다. 어전회의를 열어 자객을 잡기 위한 대책을 세웠다.

그때 이인임이 말했다.

공민왕때 수복한 영토

공민왕 때 수복한 영토
원 세력 축출 방향

백두산

원

초산　강계　장진　갑주　길주

천리장성

의주

화주(쌍성총관부)

서경

동 해

철령

황해

자비령　개경

고려

"왕을 시해한 자는 우리 주변에 있습니다."

"그렇다면 누가 이런 끔찍한 일을 저질렀단 말이오?"

"궁궐에 신조라는 자가 있습니다. 그는 여러 가지 꾀를 잘 낸다고 합니다. 우선 그 자부터 잡아와 조사해 보겠습니다."

이인임은 신조를 체포해 옥에 가둔 후 왕의 측근에서 일하는 사람들을 모두 조사했다. 문득 최만생의 옷에 핏자국이 묻어 있는 것을 발견한 이인임은 그를 불러 세웠다.

"만생아, 잠깐 이리 오너라."

그러자 최만생은 얼굴이 하얗게 질렸고, 이인임이 그가 범인이라는 것을 눈치챘다. 옷에 묻은 핏자국 때문에 최만생은 자백할 수밖에 없었다. 마침내 공민왕을 시해한 범인들을 모두 체포했다.

이제부터의 문제는 누구를 임금으로 앉힐 것인가였다. 태후와 경부흥은 종친 중에서 뽑자고 했지만 이인임은 강녕대군을 적극 추대하면서 말했다.

"태후마마, 폐하께서 돌아가시기 전 소신에게 강녕대군만이 유일한 혈통이라고 말씀하셨습니다."

열 살의 강녕대군은 공민왕의 뒤를 이어 고려 32대 우왕으로 즉위했다. 공민왕을 시해한 최만생과 홍륜을 비롯해서 시해 사건에 연루된 자제위들이 모두 처형당했다.

공민왕 묘

무명옷 탄생의 비밀

1360년 32세의 문익점[54]은 과거에 합격해 김해부 사록 벼슬로 부임했다. 1363년 35세 때 좌정언으로 승진해 서장관을 제수 받고 원나라 사신으로 떠났다.

그가 원나라에 도착했을 때 고려에서 죄를 짓고 도망친 최유가 개성에 있는 김용과 작당해 공민왕을 몰아내고 어릴 적 원나라로 들어간 덕흥군을 왕으로 세우려는 역모를 꾀했다. 문익점 또한 이를 지지했는데, 덕흥군이 패했다.

그리하여 원나라에서 남쪽 지방으로 귀양을 간 문익점은 책을 읽으면서 쓸쓸하게 보내고 있었다. 그때 그 지방의 향토 선비가 그를 찾아왔다. 두 사람은 학문에 관한 이야기를 주고받았다. 이야기 도중 그는 중국 선비의 옷을 뚫어지게 쳐다보았다. 그러자 중국 선비가 이유를 물었다.

"어째서 내 옷만 쳐다보는 것이오?"

"공의 옷이 너무 따뜻하게 보여서요. 그게 무명옷이라는 겁니까?"

"그렇습니다."

"무명옷의 재료는 무엇입니까? 더구나 이웃 사람들 모두가 선비처럼 무명옷을 입고 있는데."

"재료는 목화라는 식물에서 맺는 봉우리의 솜털로 실을 뽑은 것입니다."

"그래요? 전 아직까지 한 번도 목화라는 것을 본 적이 없답니다."

"걱정 마세요. 목화가 피면 자연적으로 볼 수가 있답니다."

문익점은 당시 고려 백성들이 헐벗고 지낸다는 것을 잘 알고 있었다.

---

54) 문익점(文益漸, 1329~1398)
　　고려 말의 문신으로 초명은 익첨(益瞻), 자는 일신(日新), 호는 삼우당(三憂堂)이다. 사신으로 중국 원나라로 가서 덕흥군(德興君)을 왕으로 추대하는 일에 가담하였으나 실패하고, 돌아올 때 목화씨를 붓대 속에 넣어 가지고 와서 우리나라에 처음으로 목화를 번식시켰다.

고려의 옷감 재료는 삼베, 모시, 명주 등이었다. 특히 삼베나 모시는 옷을 만든 후 관리하기에 불편했다. 더구나 명주나 모시는 값이 비싸 귀족들 외엔 감히 입을 수가 없었다. 그래서 백성들은 삼베나 짐승의 털가죽으로 옷을 만들어 입었다.

그래서 문익점은 무명옷에 대해 관심이 높았다. 고대하던 가을이 되자 문익점은 중국 선비의 안내로 목화밭을 구경하러 갔다. 들판에 핀 하얀 목화송이가 마치 흰구름이 땅으로 내려와 덮인 것 같았다. 그 광경은 그저 놀라움 그 자체였다.

"감사합니다. 생전에 이처럼 아름다운 꽃은 처음 봅니다."

문익점이 목화밭으로 향하자 중국 선비가 뒤따라오면서 말했다.

"목화씨를 다른 나라로 유출하는 것을 법으로 엄중히 금하고 있습니다."

한마디로 목화송이를 만지지 말라는 의미 같았다.

"설마, 가까이서 구경하는 것은 괜찮겠지요?"

"제가 있으니까 괜찮습니다."

당시 중국에서 목화를 재배한 시기가 수십 년밖에 안 되어 반출을 법으로 금하고 있었다. 문익점은 중국 선비와 목화밭을 둘러본 것만으로도 만족했다.

그날 밤 그는 생각에 잠겨 제대로 잠을 이룰 수가 없었다.

'목화씨를 고려로 가져가면 백성들이 따뜻하게 지낼 수 있을 텐데.'

다음 날 목화밭으로 다시 나가자 주인이 그를 따뜻하게 맞아주었다. 이것은 어제 함께 왔던 중국 선비 덕분이었다. 목화밭 주인

문익점

과 친해지면서 며칠에 걸쳐 목화 꽃송이 두어 개를 몰래 숨겨 집으로 돌아왔다.

문익점은 꽃송이에서 잘 익은 씨앗 아홉 개를 골라 소중하게 보관했다. 그런 후 고려로 안전하게 가져갈 방도를 생각했다.

이 무렵 최유의 반란군이 고려로 쳐들어갔다가 패하면서 순제는 그해 10월 문익점을 귀양에서 풀어 주었다. 고려로 돌아가기 전날 국경을 무사히 통과하기 위해 보관했던 목화씨 아홉 개를 붓두껑 속에 숨겼다.

그 다음 날 문익점은 국경에 도착했는데, 중국 선비의 말처럼 조사가 엄했다. 문익점은 중국 관리 앞에 봇짐을 풀어 놓자 뒤지기 시작했다. 그때 중국 관리가 붓을 집어 들고 말을 걸었다.

"붓을 많이 사셨네요?"

"그렇소. 중국의 붓이 고려 것보다 훨씬 부드럽고 좋지요."

그러자 중국 관리는 문익점을 물끄러미 쳐다보다가 통과시켰다.

그는 빠른 걸음으로 국경을 넘은 다음 두 팔을 벌려 소리쳤다.

"이젠 고려 백성들도 따뜻한 옷을 입겠구나!"

문익점의 꿈은 하루 빨리 고향 마을 경상도 남쪽 지리산 아래 단성 땅으로 내려가 목화를 재배하는 것이었다.

마침내 문익점은 붓뚜껑 속에서 목화씨 아홉 개를 끄집어 낸 다음 다섯 개는 장인 정천익에게 심도록 하고 나머지 네 개를 자기 집 양지바른 밭에 심었다. 그렇지만 봄이 되어도 목화씨는 싹을 틔우지 않았다. 더구나 기름진 땅에 비까지 흠뻑 내렸는데, 도저히 이해가 되지 않았다. 궁금해서 땅을 파 보았는데 목화씨가 모두 썩어 있었다.

문익점은 안타까움에 실망하다가 문득 장인이 떠올랐다. 곧바로 장인 정천익을 찾아가 대문에 들어서는 순간 인사보다 목화씨에 대해 물었다.

"장인어른, 목화씨는 어떻게 되었습니까?"

"싹이 하나 돋았네."

정천익은 문익점을 데리고 밭으로 갔는데, 과연 목화씨 하나가 싹이 터 자라고 있었다. 결국 아홉 개 씨앗 중 한 개가 성공한 것이다. 가을이 되자 목화송이가 여러 개 달렸고 그것에서 씨앗 백여 개를 얻었다. 그 씨앗을 잘 말려 두었다가 이듬해 봄에 또다시 심었다. 문익점은 원나라 에 있을 때 눈여겨보아 둔 재배 방식대로 가꾸면서 재배 일지까지 만들 어 목화가 자라는 과정을 상세히 기록했다.

그해 가을이 되자 문익점의 밭에는 목화송이가 하얗게 피었다. 삼 년 째 되던 해 문익점은 목화씨를 마을사람들에게 나누어 주면서 재배 방 법까지 자세하게 알려 주었다. 이렇게 하여 목화 재배가 전국으로 퍼져 나갔다.

그러나 목화에서 실을 자아내어 그것으로 옷감을 짜는 방법을 몰랐다. 그가 안타까워하고 있을 때 정천익의 집에 머 물던 중국 북방인 스님에게서 씨를 빼는 씨아 와 실을 뽑는 물레를 만드는 방법을 배워 이 를 보급시켰다.

현재 산청군 단성면 사월리에 '문익점면화 시배지'가 전해 내려온다.

목화는 백성들의 의복 생활에 큰 도움을 주는 등 혁명적인 변화를 가져왔다. 목화와 무명옷은 훗날 우리나라를 통해 일본에도 전 해졌다.

문익점 기념비

고려의 사회적 생활

고려 시대에는 부모나 처부모가 살아 있는데 잘 모시지 않거나 재산을 미리 나누면 국가가 벌을 주었다. 이것이 고려 시대의 법이었다.

고려 시대의 가족 제도는 오늘날과 비슷하였다. 재미있는 것은 사위가 처갓집에서 사는 경우도 많았다는 것이다. 결혼을 하면 짧게는 3년 길게는 20여 년 동안 처갓집에서 살기도 하였다. 그리고 그대로 처갓집에 눌러 살거나 시댁에 가서 시부모를 모시고 살았다.

결혼은 보통 일부일처제였다.

한편 고려 시대에는 성이 같거나 가까운 친척끼리 결혼하는 경우도 많았다. 오늘날에는 거의 찾아볼 수 없는 일이지만 고려 시대 왕실의 경우 왕이 여동생이나 이모와 결혼하기도 하였다. 그래서 혼인 관계가 문란한 편이었다.

그러나 고려 후기 사회적으로 유교의 영향이 커지면서 가까운 친척과 결혼하는 일은 점차 줄어들다 사라졌다.

또한 자녀의 성별에 따른 차별이 없었다. 고려 시대에는 아들과 딸에게 똑같이 재산을 나누어 주었다. 그 시대에 가장 중요한 재산은 토지와 노비 등이었다. 큰아들에게만 모든 재산을 물려 주거나, 아니면 아들에게만 재산을 나누어 주는 것이 아니라 아들과 딸을 구별하지 않고 골고루 나누어 주었다.

고려 시대에는 외갓집 재산도 물려받았다. 즉 외할아버지, 외삼촌으로 이어지는 재산을 나도 물려받을 수 있었던 것이다. 물론 우리 집 재산도 고모의 자식들인 고종 사촌들한테까지 물려주었다. 그리고 처가 쪽에서 토지를 물려받으면 장인, 장모를 모시고 살았다.

고려와 마찬가지로 조선 전기에도 자식들이 재산을 골고루 나누어 가졌다. 그러나 조선 중기부터 유교가 널리 퍼지면서 아들 중심으로, 그 중에서도 맏아들 위주로 재산 상속이 바뀌게 되었다.

오늘날에는 성씨가 일반적으로 할아버지에서 아버지, 그리고 아들 순으로 이어져 내려온다. 그러나 고려 시대에는 그렇지 않았다. 할아버지와 아버지의 성을 따르기도 하였지만 할머니, 외할머니, 어머니의 성을 따르는 경우도 많았다.

고려 시대 때 왕법화라는 사람이 있었다. 그의 아버지는 왕상재이고 어머니는 권씨였다. 왕법화는 나중에 어머니 성을 따라 권법화로 성을 바꾸었다. 그리고 그의 아들과 손자들도 모두 권씨 성을 가졌다.

이렇게 성을 바꾸는 것이 오늘날의 우리에게는 이상하게 보이지만, 고려 시대 때는 아주 흔한 일이었다.

고려 시대에는 족보에도 아들 뿐 아니라 딸도 똑같이 기록하였다. 딸이 결혼하여 낳은 외손자, 외손녀들까지도 모두 기록하였다.

고려 시대에는 거의 모든 백성들이 불교를 믿었다.

위로는 왕과 귀족부터 아래로는 모든 백성들에 이르기까지 온 나라 사람들이 부처님의 말씀을 따랐다. 왕자나 귀족의 아들이 스님이 되는 경우도 많았다. 그 대표적인 분이 의천 스님이다.

스님의 수도 많아 어떤 절에는 천 명이 넘는 스님들이 생활하였다고 한다.

지금과 마찬가지로 스님들은 결혼을 하지 않고 고기를 먹지 않는 등 엄격한 계율을 지켜야만 했다. 대신 국가에 세금을 내지 않았다.

나라에서 전쟁이나 가뭄, 흉년 등을 부처님이 막아 주고, 가족들이 다치거나 아파도 부처님이 돌보아 준다고 믿었다.

고려 현종 때 거란 오랑캐가 쳐들어와 수도인 개경이 거란의 손에 넘어가자 왕과 신하들은 급히 남쪽으로 피난을 갔다. 거란이 개경에서 물러가지 않자 한 신하가 왕에게 간언하였다.

"저 무례한 오랑캐들이 물러날 생각을 하지 않으니 부처님의 힘을 빌려 저들을 쫓아내는 것이 좋을 듯합니다."

이 말을 들은 왕은 곧 대장경을 만들도록 지시하였다. 대장경은 부처님의 말씀을 모은 책으로 오늘날 기독교의 성경과 비슷한 것이다. 그 뒤 몽골군의 침략을 받았을 때도 대장경을 간행하여 부처님의 힘으로 몽골 오랑캐를 물리치려 했다.

그리하여 강화도에서 대장경을 만들었는데 이것이 바로 오늘날 합천 해인사에 보관되어 있는 '팔만 대장경'이다.

대장경을 간행하면서 고려의 인쇄 기술은 눈부시게 발달하였다. 옛날에는 책을 만들려면 나무판에 글자를 거꾸로 새긴 다음 먹물을 묻혀서 종이에 찍었다. 이러한 방식으로 수천 장에서 수만 장에 이른 나무판에

팔만대장경

일일이 한자를 새겨 대장경을 만들었다. 이를 바탕으로 세계에서 처음으로 금속 활자도 만들게 되었다.

부처님이 태어난 날에는 집집마다 종이로 등을 만들어 대문 앞에 달았는데, 이를 '연등'이라고 한다.

그래서 부처님이 태어난 음력 4월 8일 또한 중요한 명절이었다.

이때 아이들은 연등 비용을 마련하기 위해 종이를 오려 만든 깃발을 가지고 거리를 돌아다니며 쌀과 베를 얻었다. 그런 다음 쌀과 베를 팔아 연등을 만들어 집 앞에 달았다.

음력 5월 5일 단오에는 조상의 무덤에 가서 주변을 청소하고 무덤을 돌보았다. 그리고 그네와 씨름과 같은 놀이도 즐겼다.

그리고 음력 6월 15일 유두절에는 나쁜 기운을 몰아낸다 하여 동쪽으로 흐르는 강에 가서 머리를 감았다. 그렇게 하면 그 해에는 좋은 일만 생긴다고 믿었다.

추석도 아주 크게 치렀다. 음력 8월 15일이 되면 한 해의 농사를 모두 끝내고, 새로 거둔 햇곡식으로 조상님께 감사하는 마음으로 차례를 지냈다.

불교가 널리 퍼지면서 사람들의 생활에도 많은 영향을 미쳤다. 불교에서는 보통 사람이 죽으면 시신을 땅에 묻지 않고 불에 태우는 화장을 한다. 그래서 고려에서는 화장하는 풍습이 많았다.

고려 시대에는 국가의 필요에 따라 수공업과 상업도 발달하였다. 관청에 기술자를 소속시켜 무기, 비단 등 왕실과 국가에서 필요한 각종 물품을 생산하였으며 농촌의 가내 수공업으로 삼베, 모시, 등이 생산되었다.

개경을 비롯한 대도시에서는 시전과 상점을 설치하여 관청의 수요품과 황실 및 귀족층의 생활용품을 공급하였다. 지방에서도 군현의 행정

삼한통보와 해동통보

도시를 중심으로 시장이 열려 행상들이 활동하였다. 또한 화폐가 발행되었으나 널리 유통되지는 못하고 거래에는 주로 곡식이나 삼베를 사용하였다.

고려의 대외 개방 정책에 따라 외국과 무역도 활발하여 예성강 어귀의 벽란도는 국제 무역항으로 번성하였다. 이곳에는 송나라 상인은 물론이고 아라비아 상인까지 왕래하여 고려의 이름이 서방 세계에까지 알려지게 되었다.

고려는 원의 사위 나라

왕과 귀족들은 몽골의 도움을 받아 권력을 되찾았다. 그래서 고려의 왕은 몽골의 도움이 있어야 백성들을 다스릴 수 있었다.

한편 나라 이름을 원(1271년)이라 바꾼 몽골은 고려를 직접 지배하지는 않았지만 여러가지 장치를 만들어 실질적으로는 원이 고려를 지배하는 형태였다. 원은 고려 왕을 통해 정치에 간섭하였고, 고려 왕은 원에 의지함으로써 권력을 지켰다.

원은 고려 왕과 원나라 공주를 결혼시켜 고려 왕을 원나라 황제의 사위로 삼았다. 그리하여 원나라의 사위 나라가 된 고려는 황제만이 쓰는 용어를 쓰지 못하게 되었다. 왕이 자신을 부를 때 짐이라고 하던 것을 '고'로 고치고 폐하라는 말 대신 '전하'라는 말을 썼으며, 태자라는 말도 쓰지 못하게 하여 '세자'라고 하였다. 왕이 죽은 뒤 붙이는 칭호도 ~조, ~종이라고 하지 못하고, '~왕'이라고 하였다.

그리고 원나라에 영원히 충성한다는 뜻에서 이름에 충忠(충성 충)을 붙였다. 그래서 왕의 이름이 고려 초에는 태조, 광종, 성종이라고 하다가, 원의 간섭을 받은 뒤부터 충렬왕, 충선왕, 충숙왕, 충혜왕 등으로 바뀌게 되었다.

원은 또 고려의 왕을 마음대로 세웠다가 물러나게도 하였다. 충렬왕, 충선왕, 충숙왕, 충혜왕은 모두 한 번씩 왕위에서 물러났다가 원의 허락을 받고 다시 왕이 되었다.

고려의 왕들은 대개 세자 때는 원의 수도인 연경(베이징)에서 머물다가 왕이 되면 고려로 돌아왔다. 왕이 된 뒤에도 종종 연경에 드나들었고, 그 중에서도 충선왕은 주로 연경에 머물면서 고려를 다스렸다.

이렇게 하여 고려 왕실에서는 몽골말을 쓰고, 왕은 옷과 머리 모양까지 몽골식으로 하였다. 왕은 고려 사람이지만 겉모습은 마치 몽골 사람 같았다. 고려의 관청 이름도 황제 나라인 원보다 한 단계 낮추어 부르도록 하였다.

원은 일본을 정벌하기 위해 임시로 설치하였던 정동행성이라는 관청을 그대로 두고 고려의 정치를 간섭하려고 하였다.

그리고 고려의 북쪽 영토와 탐라를 강제로 빼앗아 자기네 땅으로 삼고, 북쪽 영토에는 쌍성 총관부와 동녕부를 두어 다스렸다. 고려의 북쪽 영토는 나중에 고려가 잃어버린 땅을 되찾기 위하여 노력한 결과, 공민왕 때에 완전히 되찾게 되었다.

탐라에는 삼별초군의 항쟁을 진압한 뒤 탐라 총관부를 두었다. 그리고 일본과 중국의 남송을 정벌할 때 군대에서 쓸 말을 탐라에서 키웠다. 그러나 고려가 탐라를 돌려 줄 것을 끈질기게 요구하자 1301년에야 돌려주었다.

고려 시대 원나라와의 교류가 활발해지면서 여러 가지 원나라 풍습이 고려에 널리 퍼지게 되었다. 주로 왕실이나 관리 등 귀족 계층을 중심으로 퍼졌지만, 그 가운데 몇몇 풍습은 일반 백성에게까지 널리 퍼졌다.

오늘날까지 남아 있는 풍습에는 여자들의 머리에 다는 도투락, 댕기, 남녀의 옷고름에 차는 장도, 고기를 삶아 넣은 음식인 설렁탕 등이 있다.

그리고 오늘날 어른들이 즐겨 마시는 소주도 이 무렵 원나라에서 전해졌다. 소주는 몽골 사람들이 아라비아와 페르시아에서 들여온 것으로 우리나라까지 전해지게 되었다.

고려의 멸망

1359년 고려는 새로운 골칫거리가 생겼다. 북쪽 국경지대에서 머리에 붉은 수건을 두른 도적들이 압록강을 향하여 구름처럼 국경선을 넘어오고 있다는 것이다. 머리에 붉은 수건을 둘렀다고 해서 홍건적이라 불리는 도적떼 4만여 명이 고려를 침략한 것이다.

그러나 고려는 단번에 홍건적을 물리쳤다. 그러자 그들은 이듬해 다시 배를 타고 서해안으로 침입해 왔다. 그리고 그 뒤 계속해서 고려를 괴롭혔다.

고려를 침략하는 것은 홍건적뿐만 아니었다. 왜구도 바닷가에 나타나 노략질을 일삼으면서 고려 백성들을 괴롭혔다. 왜구는 나라 안에서 일어난 전쟁으로 살기가 힘들어지자 해적질을 나선 사람들이었다.

공민왕 대에 115번, 우왕 대에 378번에 이를 정도로 고려의 해안에 자주 침범했다. 그러나 고려는 북쪽에서 원나라, 홍건적 등을 무찌르느라 여념이 없어서 남쪽에 침입하는 왜구에까지 신경 쓸 여유가 없었다.

그런데 개경 근처 서해안 지방까지 왜구가 나타났다. 조정에서는 곧바로 군대를 보냈지만 왜구는 이미 간 데 없고 마을은 잿더미가 되었다. 공민왕은 곧 신하들을 불러 왜구를 뿌리 뽑을 방법을 세우라고 지시했다.

최영[55]이 나서서 왜구만을 맡아서 무찌르는 군대를 둘 것을 건의하자 공민왕은 왜구만을 상대로 싸우는 군대를 갖추고 최영을 장군으로 삼았다.

---

55) 최영(崔瑩, 1316~1388)
    고려 말의 명장이자 재상이다. 수차례 홍건적과 왜구의 침입을 막고 원나라 원병과 내란 평정 등 혁혁한 공을 세워 고려를 수호한 인물이다. 문화시중으로 있던 우왕 14년의 요동정벌에 나섰으나, 이성계가 조민수를 꾀어 요동 진군을 포기하고 개경으로 환군한다. 이에 최영이 남은 군사로 대적하였으나 역부족으로 패배배하여 개경에서 피살되었다.

최영은 왜구를 쳐부수는 데 힘써 최영 장군이 나타나기만 하면 왜구들은 모두 도망쳤다.

왜구를 무찌르는 데 공을 세운 또 한 사람은 최무선이었다. 바다로 침입해 오는 적은 화약과 화기를 이용하는 것이 가장 효과적이라고 생각한 최무선은 무관이 아니지만 화약과 화기를 연구하는 데 몰두하였다.

그 무렵 명나라에서 보내 온 화약과 화기가 있었지만 화약을 만드는 방법을 몰랐다. 최무선은 노비들과 함께 밤낮으로 연구하여 화약을 만드는 방법을 알아냈다. 그리고 화약을 사용하는 여러 가지 기구도 만들어냈다. 그는 곧바로 왜구를 무찌르는 데 화약과 화기를 사용하자고 조정에 건의했다.

이에 고려 해군은 전함에 화포, 화통 등 최무선이 발명한 화약 무기를 갖추었다. 그리하여 고려 함대는 왜구를 크게 무찔렀다. 그리고 육지에서는 이성계가 화약의 도움으로 황산 싸움에서 승리하였다. 이성계도 그 무렵 홍건적과 왜구의 싸움에서 명성을 얻은 이름난 장군이었다.

한편 세족의 횡포가 날로 심해지고 있을 즈음, 지방에서는 새로운 세력이 나타났다. 이들은 지방에 땅을 조금 가지고 있으면서 중국의 유학인 성리학을 공부한 사람들로 훗날 조선을 세우는데 앞장 서는 세력이 되었다. 이들을 '신진 사대부'라 한다.

그때 권문 세족들은 법을 무시하고 제멋대로 농장을 넓혀갔다. 신진 사대부들로서는 언제 자기들 땅도 권문 세족에게 빼앗길지 알 수 없었다.

충선왕은 원나라에 빌붙은 권문 세족을 쫓아내기 위하여 신진 사대부를 관료로 뽑았다. 그러나 아직 원나라와 권문 세족의 힘이 강하고 신진 사대부들의 힘이 약했기 때문에 오히려 왕과 신진 사대부들이 쫓겨나고 말았다.

그러나 그 후 공민왕과 신돈이 개혁 정책을 펴면서 권문 세족의 힘은 점점 약해졌고 신진 사대부들은 권문 세족 아래에서 실제 행정을 맡아 보면서 힘을 키우고 있었다.

신진 사대부들은 우왕 때 두 파로 나뉘어, 한쪽에서는 고려 왕조를 지키면서 천천히 나라를 바꾸어 가자는 온건한 개혁을 주장하였으나, 혁명 개혁파는 반대 입장이었다. 이들은 무너져 가는 고려 사회를 바꾸어야 한다는 생각은 같았지만 방법이 서로 달랐다.

온건 개혁파에 속하는 이색, 정몽주[56] 등은 대개 관직이 높고 경제적으로 잘 사는 귀족들이었지만 정도전, 조준, 남은 등 혁명 개혁파들은 집안이 별로 좋지 않고 부유한 편이 아니었다.

이성계는 대대로 함경도에 살면서 홍건적을 쳐부수는 데 큰 공을 세웠다. 그래서 백성들 사이에서는 이성계의 명성이 자자했다.

혁명파 사대부들은 고려 왕조를 무너뜨리고 새 왕조를 세우기 위하여 군사를 이끄는 무인 세력과 손을 잡기로 할 즈음 홍건적을 무찔러 백성들로부터 폭넓은 지지를 받고 있던 이성계와 뜻을 모았다.

이때 중국에는 원나라에 이어 명나라가 들어섰는데 명나라는 원나라가 관리했던 고려 북쪽의 땅을 내놓으라고 생트집을 잡았다.

최영은 명나라의 요동을 공격하여 강력히 맞서자고 주장했고, 이성계와 정도전은 이에 반대하였다. 그러나 최영의 주장이 받아들여져서 요동 정벌이 결정되었다.

---

56) 정몽주(鄭夢周, 1337~1392)

고려 말기의 충신이자 유학자이다. 초명은 몽란(夢蘭)·몽룡(夢龍), 자는 달가(達可), 호는 포은(圃隱)이다. 목은(牧隱) 이색, 야은(冶隱) 길재와 함께 삼은(三隱)의 한 사람으로, 오부 학당과 향교를 세워 후진을 양성하고 유학을 진흥하여 성리학의 기초를 닦았다. 문집으로《포은집》이 있다.

정몽주는 고려에 성리학이 처음 들어올 때 이를 탁월하게 이해하고 소화한 학자이기도 하지만, 명나라나 왜와의 외교문제를 주도적으로 해결한 외교가이기도 했다. 이성계와 뜻을 함께했으나, 마지막 순간에는 고려왕조는 지켜져야 한다는 게 그의 신념이었다. 역성혁명을 꿈꾸는 이성계와 정도전은 그의 정적이 되어 이방원의 손에 죽임을 당했다.

이성계는 3만8천 명의 군사를 이끌고 명나라를 정벌하러 떠났다. 그러나 1388년 이성계는 압록강을 건너다 중간 지역인 위화도에서 회군하여 개경으로 돌아왔다.

그 이유는 다음과 같다.

첫째, 작은 나라가 큰 나라를 치는 것은 옳지 않다. 둘째, 여름철에 군사를 동원하는 것 또한 옳지 않다. 셋째, 모든 군대가 요동을 치러 가면 왜구의 침입이 걱정된다. 넷째, 여름 장마철이라 활이 휘고, 전염병이 염려된다.

위화도 회군은 고려가 망하는 결정적인 사건이 되었다. 개경으로 돌아온 이성계와 정도전 등 신진 사대부들은 가장 큰 대립 세력이었던 최영을 처단하고 권력을 손에 쥐었다.

위화도 회군으로 권력을 잡은 이성계의 세력은 점점 강해졌다. 이성계의 세력은 고려 왕조를 없애고 새로운 왕조를 세우려고 계획하였다. 그러나 여기에 가장 큰 걸림돌이 되는 사람이 정몽주였다. 정몽주는 충성스러운 재상이었으며 많은 백성들이 정몽주를 따르고 존경하였다.

이성계의 세력은 정몽주를 설득하여 자기 편으로 만들든가 아니면 없애는 수밖에 없다고 생각했다. 이 일을 이성계의 아들인 이방원이 맡았다. 이방원은 아버지의 두터운 신임을 받고 있었다.

어느 날 이방원은 정몽주를 집으로 초대하였다. 이방원은 정몽주를 반가이 맞이하였다 그리고 두 사람은 술상을 마주하고 앉았다.

먼저 이방원이 입을 열었다.

"외람되지만 제가 시를 한 수 읊어도 되겠습니까?"

"물론이지요."

정몽주가 흔쾌히 대답하였다.

'이런들 어떠하며, 저런들 어떠하리
만수산 드렁칡이 얽혀진들 어떠하리
우리도 이같이 얽혀 백 년까지 누리리라.'

이방원이 읊은 것은 고려 왕조를 섬기나 새로운 왕조를 섬기나 마찬가지이니, 새 왕조를 여는 일에 서로 뜻을 같이하자는 뜻을 담은 시였다.

이방원의 시를 들은 정몽주의 얼굴빛이 굳어졌다. 이방원의 뜻을 알았기 때문이다. 그러나 정몽주는 결코 고려 왕조에 대한 충성심을 저버릴 수 없었다. 정몽주는 이미 새로운 왕조를 따르지 않기로 굳게 마음먹고 있었다.

정몽주가 무겁게 입을 열었다.

"그럼 제가 답시를 지어 올리지요."

'이 몸이 죽고 죽어 일백 번 고쳐 죽어
백골이 진토되어 넋이라도 있고 없고
임 향한 일편단심이야 가실 줄이 있으랴.'

정몽주

237

이 시는 죽더라도 고려 왕조에 대한 충성심을 버릴 수 없다는 뜻을 담고 있었다. 이방원은 한편으로 정몽주에 대한 존경심이 일어 저절로 고개가 숙여졌다. 하지만 이제 새로운 왕조를 세우는 데 걸림돌이 된 정몽주를 그냥 둘 수 없다고 생각하고 죽이기로 결정했다.

며칠 후 정몽주가 선죽교를 지나고 있을 때 이방원의 문객 조영규 등이 쇠몽둥이로 내리쳐 정몽주를 죽였다. 이를 계기로 이성계는 반대파를 모두 죽이고, 새 왕조를 여는 데 방해가 되는 사람은 모두 귀양 보냈다.

1392년 무능하고 덕이 없다는 구실을 붙여 공양왕(신종 7세손)을 몰아내고 이성계가 드디어 왕위에 올랐다. 이렇게 해서 고려 왕조는 막을 내리고 이성계를 중심으로 새 왕조인 조선이 열리게 되었다.

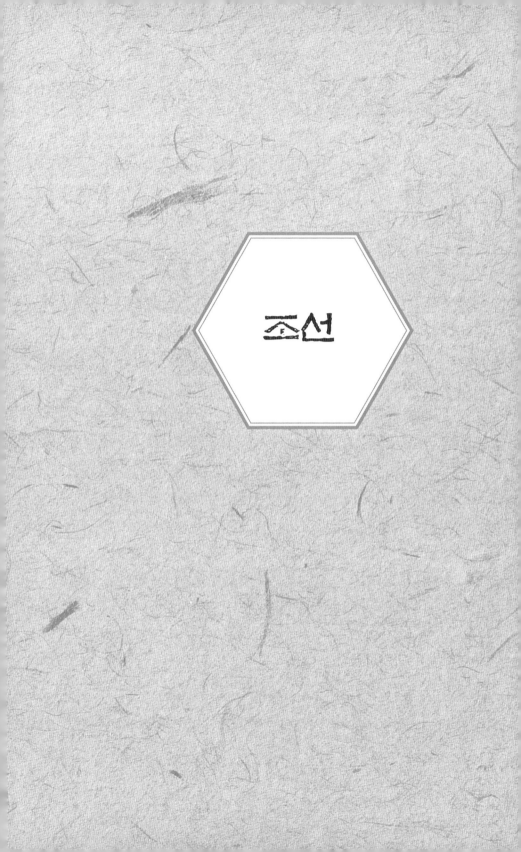

조선

태조 1392~1398

2 정종 1398~1400

3 태종 1400~1418　　4 세종 1418~1450　　5 문종 1450~1452

7 세조 1455~1468

6 단종 1452~1455

덕종　　9 성종 1469~1494　　10 연산군 1494~1506

8 예종 1468~1469　　11 중종 1506~1544　　12 인종 1544~1545

13 명종 1545~1567

덕흥 대원군

14 선조 1567~1608　　15 광해군 1608~1623

원종　　16 인조 1623~1649　　17 효종 1649~1659

18 현종 1659~1674　　19 숙종 1674~1720　　20 경종 1720~1724

21 영조 1724~1776　　장조

22 정조 1776~1800　　23 순조 1800~1834　　익종

은언군　　전계 대원군　　25 철종 1849~1863

은신군　　남연군　　흥선 대원군

24 헌종 1834~1849

25 고종 1863~1907　　27 순종 1907~1910

강

은

조선의 건국

이성계의 화살

고려 중 말기, 함경도 영흥에 이자춘이 살고 있었다. 그는 어느 날 낮잠을 자다가 꿈을 꾸었는데, 꿈속에서 신선이 나타나 말했다.

"난 백두산 신령이다. 명산에서 정성껏 빌면 귀한 아들을 얻을 것이다."

이날부터 부부는 몸과 마음을 깨끗이 하고 명산을 찾아가 정성껏 백일기도를 드렸다. 기도를 마치고 집으로 돌아온 밤 이자춘은 또 꿈을 꾸었다. 꿈에 선녀가 하늘에서 오색구름을 타고 내려와 소매 속에서 황금자를 꺼내 주면서 이렇게 말했다.

"이것은 천제께서 하사하는 것이다. 잘 보관했다가 나라를 다스릴 때 사용하라."

이자춘의 아내는 태기가 있었고, 다른 사람보다 3개월이 지난 열세 달 만에 아들 이성계[57]를 낳았다. 이성계의 본관은 전주이고 자가 중결이며 호가 송헌이다. 이성계는 골격이 컸고 용의 얼굴에 봉의 아름다움을 닮았다. 원숭이 팔에 걸음걸이는 범을 연상케 했고 기상은 영웅호걸이었다.

---

[57] 이성계(李成桂, 1392~1398 재위)
고려 말 무신이자 고선 시조이다. 성은 이, 본관은 전주, 휘는 단(旦), 초명은 성계, 자는 중결(仲潔). 군진(君晉), 호는 송헌(松軒)·송헌거사(松軒居士)이다. 이자춘(李子春)의 둘째 아들이며, 어머니는 최한기(崔閑奇)의 딸이다. 비는 신의왕후 한씨(神懿王后韓氏)이고, 계비는 신덕왕후 강씨(神德王后康氏)이다. 어려서부터 총명하고 담대했다. 특히 활솜씨가 뛰어났다.

그는 어릴 때부터 총명했으며 남을 포용하고 은혜 베풀기를 즐겼다. 또한 칼 쓰기, 활쏘기, 진陣치기 등 군사와 관련된 것을 좋아했다. 열 살이 넘으면서 무술을 익혔는데, 활쏘기는 천하제일이었다.

이성계가 영흥에서 함흥으로 이사한 뒤 키가 큰 남자가 그를 찾아와 공손히 허리를 굽혀 인사했다.

"듣자하니 활솜씨가 신기에 가깝다고 하더군요. 소생에게 한 수 가르쳐 주었으면 합니다."

그러자 이성계는 기꺼이 받아들였다. 며칠 후 도전자는 이성계를 초대해 자신의 활터로 안내했다. 그때 이성계는 그에게 백 보를 센 다음 자신을 활로 쏘라고 했다.

이에 도전자는 눈 하나 깜짝하지 않고 활에 화살을 메겨 이성계의 얼굴을 향해 쏘았다. 그 순간 이성계는 날아오는 화살을 두 팔을 뻗어 가볍게 잡았다. 열에 받친 도전자는 이성계의 이마를 향해 연속으로 화살을 쏘았다. 그렇지만 이성계는 그의 화살을 모두 피했다.

이성계

도전자는 정신을 가다듬고 세 번째 화살을 이성계 이마를 향해 당겼다. 이번에는 공중으로 뛰어오르면서 화살을 피했다. 패배를 인정한 도전자는 이성계에게 급히 달려와 머리를 조아렸다.

"죄송합니다. 감히 장군을 알아보지 못하고 무례를 범했습니다."

"하하하……, 과찬의 말씀을. 인사나 나눕시다."

이성계에게 도전한 인물은 천하명궁인 퉁두란으로 송나라 명장 악비의 자손이었다. 하지만 악비가 역적으로 몰려 흑룡강 부근으로 은둔했고, 신분을 감추기 위해 외가의 성을 따라 퉁가라고 했다. 그는 공민왕 때 부하들과 함께 압록강 건너 북청에 살았다.

이런 계기로 이들은 화살을 꺾어 의형제를 맺었고 이성계가 한 살 연상이라 형이 되었다. 이성계는 그의 손을 잡고 단결을 청했다.

"오늘 이 시간 이후부터 우린 형제다. 앞으로 마음과 마음을, 힘과 힘을 합쳐 큰일을 이룩해 보자!"

이에 퉁두란은 이성계를 떠나지 않고 일을 도왔다. 이성계가 조선을 건국해 임금이 되었을 때 퉁두란에게 '이씨 성'을 하사하고 이름을 '지란'으로 고쳤다.

이성계가 알려지기 시작한 것은 고려 최영 장군이 동북쪽 쌍성을 칠 때였다. 고려 군사가 원나라 군사를 치기 위해 출전했다는 말에 이자춘은 아들 이성계에게 성문을 활짝 열어 놓게 했다. 그들 부자 덕분에 고려군은 쌍성을 순식간에 함락시켰다.

그리고 왜구의 침입은 그 피해가 더욱 커서 전국의 해안 지방을 황폐하게 만들었다. 이처럼 외적의 침입이 그치지 않는 상황에서 최영과 이성계는 외적을 무찔러 국민의 신망을 얻었다. 그러던 중 왜구의 군사 중 걸출한 대장군이 있었다.

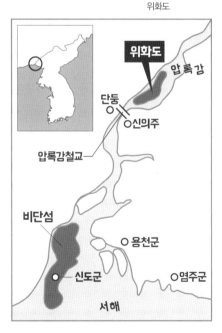

위화도

그의 무술과 전략은 백전노장보다 뛰어났다. 그의 용맹스러움에 고려 군사들은 싸움에서 연전연패했다.

이 소식에 왕은 이성계와 정몽주에게 그를 물리치게 했다. 이성계의 군사가 운봉에 도착했을 때 고려군은 왜구와 일대일전을 벌이고 있었다. 그때 왜적의 장군 아지발도는 금으로 만든 갑옷에 창을 비껴들고 성난 사자처럼 전장을 누볐다.

그를 본 이지란이 달려가 맞섰지만 이기지 못하자 이성계가 아지발도 의 얼굴로 활을 쏘았다. 그러나 그는 날아오는 화살을 창으로 튕겨 버렸 다. 또다시 이성계가 연거푸 화살을 쏘았지만 이번엔 잽싸게 손으로 받 아 화살을 꺾거나 피했다.

이런 아지발도를 매서운 눈으로 쳐다본 이성계는 군사들을 성 안으로 물리고 성문을 닫았다. 이성계는 이지란을 불러 그를 꺾을 수 있는 방도 를 의논했다.

"대단한 놈이야, 그래서 더더욱 죽이기에 아깝다. 가능하면 생포하도 록 해야겠다. 그렇게 안 될 땐 죽일 수밖에 없다. 아우는 내일 내가 일러 주는 대로 하여라."

이튿날 싸움이 시작되자 이성계는 활 잘 쏘는 군사 서너 명에게 지시 해 아지발도를 향해 활을 쏘게 했다. 이성계와 이지란은 그 광경을 지켜 보면서 약점을 찾고 있었다. 이지발도는 비 오듯 자신에게 날아오는 화 살을 창으로 치고 손으로 받기에 정신이 없었다. 이성계가 무릎을 탁 치 는 이지란에게 일렀다.

"지란아! 저놈의 투구를 맞춰라. 그 다음엔 내가 알아서 처리하겠다."

이지란의 화살이 정확하게 이지발도의 투구를 맞추자 이지발도가 놀 라면서 입을 여는 순간 이성계의 화살이 그의 목을 꿰뚫었다. 이지발도 를 잃은 왜구들은 사기가 떨어졌고 급히 그의 시체를 거두어 달아났다.

가시방석에 앉은 정종 임금

이성계가 조선을 건국해 태조로 등극했지만 항상 맘이 편안하지 못했다. 그것은 수많은 고려 충신들이 자신을 역적으로 취급해 떠났기 때문이다. 이성계와 세상을 버리고 광덕산 두문동에 고려 충신과 선비 72명, 무관 48명 등이 함께 살고 있었다.

이성계는 매일 이곳으로 사자를 보내 자신과 함께 새로운 세상을 펼치자고 권했지만 그들은 끝까지 타협하지 않았다. 그러자 신세력들은 이 마을에 불을 질렀는데, 한 사람도 나오지 않고 스스로 불에 타 죽었다.

그들의 만행을 괘씸하게 생각한 목은 이색은 여주의 깊은 산골짜기로 은둔했고, 야은 길재는 이성계가 자신을 찾자 쓸데없는 짓이라고 한 뒤 구미 금오산으로 들어갔다.

김주는 명나라 사신으로 갔다가 돌아오던 중 고려가 망했다는 소식을 듣고 입고 있던 옷과 신을 벗어 종에게 주고 명나라로 되돌아갔다.

이성계가 조선을 건국하는 데 큰 공을 세운 다섯째 아들 이방원은 피가 끓는 26세였다. 자신의 공과를 생각해 차기 임금은 자기 것이라고 생각했다. 그러나 이방원의 생각과는 달리 이성계는 사랑하는 둘째부인 강씨가 낳은 막내아들 방석을 세자로 책봉했다. 세자 책봉에 정도전[58]과 남은[59] 등의 도움이 컸다.

---

58) 정도전(鄭道傳, 1342~1398)
  그려 말기에서 조선 전기의 문인, 학자로 본관은 봉화(奉化)이다. 자는 종지(宗之), 호는 삼봉(三峯)이다. 이색 문하의 문인으로 조선 개국의 일등 공신이 되었으며 성리학을 지도 이념으로 내세워 불교를 배척하였다. 전략, 외교, 법제, 행정에 밝았으며 시와 문장에 뛰어나 《고려사》 37권을 개수하고, 〈납씨가〉, 〈신도가〉 등의 악장을 지었다. 저서에 《조선경국전》, 《경제육전》과 문집 《삼봉집》이 있다.
59) 남은(南誾, 1354~1398)
  고려말, 조선 초의 문신으로 이성계의 위화도회군에 동조하여 후에 이성계 일파로 활약하였다. 제1차 왕자의 난 때 정도전과 함께 이방원(李芳遠)에게 살해되었다.

당시 태조 이성계는 아들 여덟 명을 낳았는데 여섯 명은 이미 세상을 떠난 한씨의 자식이고, 끝의 두 아들 방번과 방석은 강씨가 낳은 자식이다. 방석이 세자로 책봉되면서 화가 난 이방원은 심복 하륜과 이숙번을 불러 불만을 털어놓았다. 그러자 이방원의 부인 민씨가 말렸다.

"대군, 모든 것은 서두르면 잃어버리기 쉽습니다. 사람마다 때가 있답니다."

정도전 등의 신세력들은 고려 왕족들을 여러 곳으로 나눠 귀양을 보냈다. 그 다음 거제도 한곳에 모여 살게 해 준다며 왕족들을 구슬렸다. 그들의 속임수에 속은 왕족들은 기뻐했다. 하지만 신세력들의 사주로 뱃사공들은 배 바닥에 구멍을 뚫었다.

결국 왕족들은 바다 가운데서 모두 익사하고 말았다.

그런 일이 있은 후부터 이성계는 침전에 드는 순간마다 악몽에 시달렸다. 특히 백성들은 이성계에게 왕위를 찬탈한 역적이라고 했다. 이런저런 상황 속에서 이성계는 모든 것이 불리하다는 생각에 개경이 싫었다.

한양도성도

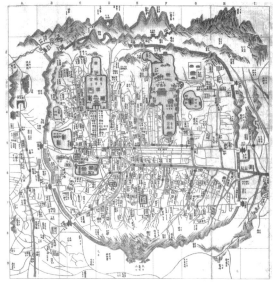

1394년, 태조 3년 10월 도읍지를 개경에서 한양으로 천도했다. 이성계가 새로운 의욕으로 나랏일을 시작한 지 2년이 지난 1396년 왕비 강씨가 죽었다.

그는 큰 슬픔에 잠겨 전혀 정사를 돌보지 않았다.

그때 이방원의 세력과 세

자 방석을 지지하는 정도전 일파는 서로 경계를 늦추지 않았다. 이방원은 이숙번, 하륜 등을 시켜 무장한 군사들로 하여금 집을 지키게 했다.

그러던 중 방석과 정도전 일파는 자객들을 보내 이방원을 제거하려고 했다. 하지만 공교롭게도 자객들이 이방원 일파에게 사로잡혀 음모가 탄로 났다. 이때 이방원은 정도전 일파를 제거하기로 결심했다.

얼마 후 왕자들에게 대궐로 모두 모이라는 전갈이 왔다. 이때 이방원에게 부인 민씨가 귀띔했다.

"예감이 이상합니다. 입궐을 미루시고 자세한 것을 미리 알아보세요."

이방원 역시 뭔가 이상한 느낌을 받아 부하를 시켜 형제들에게 입궐하지 말라고 전했다.

한편 정도전은 보낸 자객들이 사로잡혀 음모가 드러나자 당황한 나머지 임금의 명이라 속여 왕자들을 모두 궁궐로 불러 모아 제거할 생각이었다. 그렇지만 이방원은 곧장 군사를 이끌고 먼저 정도전 일당을 참살했다.

이와 함께 세자 방석을 음모의 주동자라며 귀양 보내 죽였다. 이것이 1398년, 태조 7년 8월에 일어난 1차 왕자의 난이다.

정도전

병석에 누운 이성계는 이방원의 행위에 대한 슬픔과 놀라움에 말문이 막혔다. 분노한 태조는 방원을 불러 꾸짖었다.

"네가 사람이냐? 임금 자리가 탐나 형제까지 죽였느냐? 너에게 절대로 임금 자리를 주지 않을 것이다."

의욕을 잃고 깊은 고민에 빠졌던 이성계는

왕위를 둘째 아들 방과에게 물려주었다. 방과는 조선 2대 정종으로 등극했는데 옥새는 이성계가 쥐고 있었다. 또한 정종은 생각지도 않았던 임금 자리에 올랐지만 하루하루가 바늘방석이었다. 그때 왕비 김씨가 정종에게 이렇게 말했다.

"이 자리는 전하께서 머물 곳이 못 됩니다. 하루빨리 물려주는 것이 좋겠습니다."

1400년, 정종 2년 2월 방간을 중심으로 2차 왕자의 난이 일어났다. 방간은 방원과 친형제로 바로 위의 형인데, 그 역시 왕위를 탐내고 있었다. 이때 간신 박포가 그를 찾아와 이렇게 말했다.

"대군, 방원이 대군을 해치려고 한답니다. 선수를 치지 않으면 화가 미칠 것입니다."

박포는 1차 왕자의 난 때 방원을 도와 공을 세웠다. 하지만 자신에게 돌아오는 공과가 적다며 불만을 품었다. 성질이 급한 방간은 박포의 말만 듣고 즉시 군사를 동원했다.

그때 그들의 움직임을 간파한 방원 역시 군사를 준비했다. 얼마 후 양쪽 군사들 사이에서 큰 싸움이 벌어졌다. 그러나 방간은 방원에게 패해 사로잡혔다. 이에 정종은 군사를 일으켜 친형제를 해치려 했다는 죄를 물어 방간을 황해도 토산으로 귀양 보냈고 박포는 그 자리에서 목이 달아났다.

정종은 2차 왕자의 난이 평정된 같은 해 11월 아우 방원에게 임금 자리를 내주고 상왕이 되었으며 그는 3대 태종으로 등극했다.

이성계와 무학 대사와의 인연

이방원이 보기 싫어 이성계는 한양을 떠나 금강산과 오대산을 유람했다가 고향 함흥으로 들어갔다. 이때부터 태조 이방원은 문안 인사차 이성계에게 사람을 보냈지만 모두 죽임을 당해 돌아오지 않는다고 하여 함흥차사咸興差使란 말이 생겨났다.

이성계는 한양보다 조용한 함흥이 마음에 들었다. 어느 날 이성계는 내시 몇 사람을 데리고 누각에 올라갔다. 그때 한 나그네가 지나가고 있었다. 유심히 살펴보니 그는 옛 친구의 아들 성석린이었다.

그의 아버지 성여완은 일찍이 고려 조정에서 정승벼슬을 지낸 이성계의 친구였다. 성석린은 태종 밑에서 재상으로 봉직하고 있었다. 문득 이성계는 의심이 들었지만 내시에게 명을 내렸다.

"여봐라! 저 사람을 데리고 오너라."

성석린과 이성계는 별궁에서 정다운 애기를 밤늦도록 주고받았다. 이야기가 한창 무르익을 때 성석린은 현재 상황을 이야기했다.

"태상왕 전하, 부자간의 정은 하늘이 맺어 준 것입니다. 태상왕 전하께서 이곳 함흥으로 오신 후 한양의 상감께서는……."

성석린의 말이 끝나기도 전 이성계가 벌떡 일어나 화를 내며 말했다.

"너도 방원이 놈의 부탁으로 왔구나!"

이성계는 칼을 빼들고 바른대로 말하지 않으면 죽이겠다고 했다. 그러나 성석린은 태종의 명령을 받고 모시러 왔다고 이실직고했다. 막상 이 말을 전했지만 태조의 노기에 겁을 먹은 그는 엉겁결에 말했다.

"태상왕 전하! 소신은 전하를 개인적으로 뵙고자 왔습니다. 신이 태상왕 전하를 속였다면 저의 자손들 모두가 눈이 멀게 될 것입니다."

성석린은 이런 변명으로 위기를 모면했지만, 그것은 거짓 맹세였다. 그 뒤부터 성석린의 아들과 손자들은 모두 눈이 멀었다고 한다. 성석린이 조정으로 돌아온 뒤부터는 아무도 함흥으로 가겠다는 사람이 없었다.

이에 대해 태종이 고민에 빠졌을 때 박순이 자진해서 나섰다. 박순은 태조와 옛정이 두터웠기 때문에 반드시 성공할 것으로 생각했기 때문이다. 그래서 한 가지 꾀로 젖을 떼지 않은 망아지와 어미 말을 끌고 함흥으로 찾아갔다.

함흥별궁 앞에 도착한 그는 망아지만 궁밖에 매어둔 채, 어미말만 데리고 들어갔다. 그가 태조에게 사적으로 왔다고 전하자 태조는 기뻐하며 반겼다. 두 사람은 술을 마시고 이야기를 나눈 다음 장기를 두었다.

그 순간 갑자기 별궁 안 마구간에서 말 울음 소리가 요란하게 들려왔다. 그러자 궁밖에 매어놓은 망아지도 덩달아 울었다. 이런 일이 계속되자 태조는 시종을 불러 그 이유를 물었다. 그러자 시종은 허리를 굽히며 말했다.

"박 대감께서 타고 온 어미 말이 새끼를 부르자, 궁 밖에 떼어놓은 망아지가 대답하는 울음소리입니다."

시종의 말이 끝나기가 무섭게 태조는 장기판을 뒤엎고 눈을 부릅뜨고 박순에게 고함쳤다.

"네 놈도 방원의 심부름으로 나를 어떻게 해보겠다는 심산이구나!"

"태상왕 전하! 죽어도 마땅하옵니다. 그렇지만 짐승들도 저렇게 애틋하게 어미를 그리워하는데, 사람으로서 어찌 짐승의 행동에 감동치 않겠습니까? 굽어 살피소서!"

태조는 그제야 마음을 진정시키면서 혼자 중얼거렸다.

'하기야, 천륜의 정이란 인간으로서는 어쩔 수가 없구나.'

이성계가 한양으로 돌아갈 뜻을 보이자 박순은 감격의 눈물을 흘렸다. 박순은 함흥을 떠났고 태조는 그를 죽이고 싶지 않았다. 그래서 태조는 그가 이미 강을 건넜을 것으로 짐작하고 칼을 내어주며 부하에게 일렀다.

"만약 박순이 흑룡강을 건넜다면 쫓지 말고, 건너지 않았다면 목을 베어라."

그러나 안타깝게도 박순은 한양으로 돌아가던 중 병으로 일정이 지체되고 말았다. 병이 완쾌된 후 길을 재촉해 흑룡강 나루에서 배에 오르는 순간 태조의 부하가 당도해 목을 베고 말았다. 부하들이 박순의 목을 바치자 태조는 목놓아 울면서 옛 친구와의 약속을 지키겠다고 결심했다.

한양에서도 이 소식을 들은 태종 역시 그의 죽음을 슬퍼했으며, 후하게 장사지내 주었다. 태종은 마지막으로 무학 대사[60]에게 요청했다.

"대사께서 함흥으로 가시어 태상왕 전하를 설득해 주셨으면 합니다."

무학 대사는 함흥에 도착해 이성계에게 문안인사를 하자 반갑게 맞아들였다. 며칠 후 무학 대사는 입을 열었다.

"태상황 전하, 지금의 임금은 허물이 큽니다. 하지만 그분 또한 태상황 전하의 아드님입니다. 만약 부자의 정을 끊는다면 임금께서는 편안하게 그 자리에 앉아 계실 수가 없사옵니다. 그렇게 되면 신하나 백성들의 마음이 안정되지 못하여 나라가 또 위태롭게 됩니다."

무학 대사의 논리정연한 말에 이성계는 마음이 돌아섰고, 함흥별궁을 떠나 한양으로 귀경해 옥새를 주고 왕으로 인정했다.

---

60) 무학(無學, 1327~1405)
　　고려 말, 조선 초의 승려로 속성은 박(朴), 이름은 자초(自超), 법명은 무학이다. 18세 때 소지선사 밑에서 승려가 되었으며, 용문산(龍門山) 혜명국사로부터 불법을 배운 후 묘향산의 금강굴에서 수도하였다. 이성계의 스승으로, 법천사·영암사에 머물다가 양주(楊州) 회암사(檜巖寺)에 주지하였다. 새 수도의 지상(地相)을 보러 계룡산, 한양 등지를 돌아다녔다.

조선의 팔도강산

고려 시대에는 일부 지방에만 지방관을 보내, 한 지방관이 몇 개의 고을을 다스리게 하였다. 그러다가 점차 지방관의 수를 늘여서 고려 말에는 거의 모든 고을에 지방관을 보냈다.

조선왕조는 지방 제도를 치밀하게 갖추었다. 태종 때에는 모든 고을에 지방관을 보내 다스리게 하였는데 관찰사를 내려보내 각 고을의 수령들이 백성들을 잘 보살피는지 살피도록 하였다. 이때 관찰사를 보낸 곳을 '도'라고 불렀다.

'도'의 이름은 가장 큰 두 곳의 이름을 합쳐 만들었다. 예를 들면 강원도는 강릉과 원주, 충청도는 충주와 청주, 경상도는 경주와 상주, 전라도는 전주와 나주의 머리글자를 따서 만들었다. 북쪽에 있는 황해도는 황주와 해주, 평안도는 평양과 안주, 뒤에 함경도로 이름을 바꾼 함길도는 함흥과 길주의 머리글자이다.

각 고을은 크기에 따라 부·목·군·현으로 나누고 도호부사·목사·군수·현령·현감 등을 파견하였다.

이렇게 행정 구역을 새로 갖춘 조선 왕조는 호적 제도를 정리하여 백성들을 파악하고자 하였다. 호적에는 가족은 물론 노비까지 모두 기록하였다. 그리고 다섯 집을 하나의 '통'이라 하여 어려움을 서로 도와주면서 한편으로는 도망치지 못하도록 서로 감시하게 하였다.

또한 열여섯 살이 넘는 남자들은 모두 호패를 차도록 하였다. 호적을 정리하고 호패를 만든 것은 인구를 정확하게 파악하여 세금을 빠짐없이 매기기 위해서였다. 또한 호패는 군인을 뽑는 기준이 되었다. 그래서 사람들은 호패를 차지 않으려 했다.

조선을 팔도로 나누고 호패 제도를 실시한 왕은 태종으로 그는 왕권을 강화하기 위해 여러 가지 제도를 갖추었다.

또한 태종 때에는 백성들의 억울함을 호소할 수 있도록 신문고 제도를 설치하였다. 신문고는 원래 누구나 칠 수 있었지만 신문고가 사람들은 한양까지 천릿길을 걸어서 와야 했다. 그리고 어렵게 한양까지 왔다하더라도 궁궐 옆에 있는 신문고에 다가가기는 결코 쉽지 않았다.

신문고는 원래 신분에 상관없이 누구나 이용할 수 있었지만 실제로는 그렇지 못했다. 신문고가 대궐 안에 매달려 있는데다 북을 치기까지 절차도 까다로웠기 때문이다.

그래서 일반 백성보다는 주로 한양의 양반들이 노비 문제나 재산 다툼으로 신문고를 이용하였다.

그러나 양반들은 자신들의 의견을 말할 수 있는 방법이 많았다. 우선 벼슬아치들은 왕에게 '상소'를 올리거나 사헌부, 사간원, 집현전(홍문관) 등을 통해서 의견을 말할 수 있었다.

왕의 잘못을 들추어 바로잡는 기관이 사간원이고, 벼슬아치나 관청의 잘못을 조사하는 기관이 사헌부이다.

집현전은 학문 기관이었다. 집현전의 학사들은 왕과 공부하는 자리인 경연에서 자신의 의견을 전하기도 했다.

벼슬을 하지 못한 선비들도 상소를 올려 자신의 뜻을 전하였다. 국립 대학인 성균관의 학생들은 상소를 올리거나 권당(불편이 있을 때 단결하여 성균관에서 물러나던 일)을 통하여 젊은 선비들의 기개를 보여 주었다.

지방의 양반들도 '유향소'(지방의 양반들이 조직한 자치기구, 좌수·별감 등의 임원이 있었다) 등에 모여 수령의 잘못을 감시하고, 고을에 일이 생기면 자신들의 의견을 상소로 나타냈다. 이는 향촌의 자치적 기능을 인정하여 중앙 집권 체제를 보완하려는 것이었다. 정부는 서울에 경재소를 설치하고, 유향소와 정부 사이의 연락 기능을 맡겨 유향소에 대한 중앙의 직접 통제가 가능하게 하였다.

　조선 초기의 농민들은 대부분 자신의 땅을 가지고 있었다. 그래서 땅에 대한 세금인 '전세'로 거두어들인 곡식의 10분의 1을 나라에 냈다.

　벼슬에 오른 관리들에게는 월급 대신 한양과 가까운 경기도 지역에 있을 땅을 정해 주고 농민들이 농사지어 거두어들인 곡식의 일부를 가져가게 하였다. 그러자 벼슬아치들은 제멋대로 더 많이 가져가는 횡포를 부리기도 했다.

　그러자 나라에서는 벼슬아치들의 횡포를 막기 위해 농민들에게서 직접 세금을 거두어들인 다음 벼슬아치들에게 나누어 주었다.

　세금을 걷는 관리는 각 지역을 돌면서 해마다 그 해 농사가 어떻게 되었는지 일일이 확인하였다. 여기에도 힘 있는 사람의 땅에는 세금을 적게 매기고, 힘없는 사람에게는 세금을 많이 매기는 부정이 생겼다. 세금을 매기러 나온 관리들을 접대하는 일도 농민들에게는 큰 부담이었다.

　세종대왕은 농민들의 그러한 어려움을 겪는 것을 안타까이 여겨 관리를 따로 보내지 않고 땅의 좋고 나쁨이나 풍년과 흉년에 따라 세금을 일정하게 정한 뒤 나중에 수령들이 농사 결과만을 보고하도록 제도를 고쳤다.

　당시의 땅의 넓이를 재는 기준은 생산물이 얼마만큼 나오는가에 따라 정해졌다. 곡식이 열 줌(주먹으로 쥘 만한 분량, 조세를 계산하는 토지 면적의 단위)이면 한 묶음(뭇), 열 묶음이면 한 짐이 되는데, 백 짐을 거두어들일 수 있는 땅을 1결(조세를 계산하기 위한 논밭의 면적 단위)이라고 하였다. 그리고 땅이 기름진 정도에 따라서 1등 전에서 6등 전으로 나누었다.

　즉 기름진 땅과 메마른 땅을 재는 자의 크기를 6등급으로 나눈 것이다. 그래서 같은 1결이라도 기름진 땅의 면적은 훨씬 작았다. 이것이 바로 토지의 정도에 따라 세금을 내는 전분 6등법이다.

또 한 해 농사가 풍년이냐 흉년이냐에 따라 가장 많이 거두어들인 해인 상상년에서 가장 적게 거두어들인 해인 하하년까지를 9단계로 나누었다. 그리고 풍년인 상상년에는 1결당 최고 20두의 세금을 냈고, 흉년인 하하년에는 최저 4두까지 세금을 냈다. 이것을 연분 9등법이라 한다.

태종의 선견지명

태종은 자신이 형제의 난을 겪었기 때문에 큰아들 양녕대군을 세자로 책봉했다. 하지만 셋째 아들 충녕대군이 형들보다 뛰어나 태종의 마음이 흔들렸다. 이때 양녕대군은 태종의 속마음을 모두 읽고 있었다.

이와 동시에 동생 충녕이 자신보다 훨씬 좋은 임금의 재목감이란 것도 알았다. 그래서 그는 동생 충녕에게 세자 자리를 넘겨주기 위해 일부러 못난 짓만 골라서 했다.

태종은 양녕대군이 망나니 노릇을 하고 미치광이 소리까지 듣게 되자 마음이 흔들렸다. 그러자 둘째아들 효령대군이 기회를 노리고 있었다. 그래서 아버지의 눈에 들기 위해 열심히 학문을 닦았다. 그러자 양녕대군이 동생 효령대군을 찾아가 타일렀다.

"효령아! 아직도 나의 참뜻을 모르느냐? 더구나 아버지의 의중을 깨닫지 못했느냐?"

"무슨 말씀이신지요?"

"다음 임금 자리는 나나 너도 아니다. 아버지는 충녕을 생각하고 있다."

그제야 효령대군은 세자인 형의 참뜻을 깨닫고 머리를 숙였다. 효령대군은 곧바로 머리를 깎고 양주 화엄사로 들어가 승려가 되었다. 태종은 세자가 미치광이가 되었고 둘째는 승려가 되어 마음이 홀가분해졌다.

1418년 태종은 세자를 폐하고 충녕대군을 세자로 삼았다. 그러자 자신이 가장 신임하고 있던 황희가 반대했다.

"폐하! 세자를 폐하고 셋째 왕자를 세자로 봉하는 것은 왕실의 법도를 어기는 것입니다."

이에 태종은 화가 나 황희를 전라도 남원으로, 세자에서 쫓겨난 양녕대군은 경기도 광주로 귀양 보냈다.

1418년 8월, 태종은 임금 자리에서 물러나 충녕대군이 조선 4대 세종대왕으로 등극했다.

세종은 왕위에 오르자 형님 양녕대군을 자유롭게 살도록 했다. 그리고 남원으로 귀양살이 보냈던 황희를 복원시켜 나랏일을 맡겼다. 그리고 종종 형님들인 양녕과 효령을 대궐로 불러 후하게 대접하고 위로했다.

그리고 세종은 형벌제도도 새롭게 고쳐 백성들이 억울하게 죽는 것을 막기 위해 큰 죄를 지은 사람은 반드시 세 차례의 재판을 거치도록 하였다. 또한 가혹한 형벌을 막기 위하여 형벌의 종류나 형벌에 이용하는 도구도 엄격하게 정하였다.

세종은 1421년 3월 집현전을 설치해 학문을 연구하게 했다. 이때 집현전에는 성삼문, 최항, 유성원, 박팽년, 하위지, 이개, 신숙주 등 유능한 학사들이 근무하고 있었다.

이들은 하루에 한 사람씩 궁궐에서 숙직을 하고 있었는데, 어느날 늦은 밤 세종이 집현전으로 행차했다. 때마침 숙직하던 신숙주가 책상에 엎드려 깊이 잠들어 있었다. 세종은 그를 보자 자신이 입고 있던 수달피 겉옷을 벗어 그의 어깨를 덮어주었다.

아침에 눈을 뜬 신숙주는 임금의 겉옷이 어깨 위에 걸쳐져 있음을 알고 감격의 눈물까지 흘렸다. 이후부터 집현전 학사들은 임금의 은혜에 보답하기 위해 더더욱 학문에 정진했다.

집현전 학사들은 왕 앞에서 유교경전과 역사를 강의하면서 나라의 일을 토론하는 경연도 맡아 하였다. 그리고 나라를 운영하는 제도를 연구하고, 많은 책을 만들어 내기도 했다. 곧 농업, 천문, 지리, 의약에 이르기까지 활발히 연구함으로써 세종대왕 때의 문화를 꽃피우는 원동력이 되었다.

고려 말에 최영과 이성계가 왜구를 무찌르고, 1389년 박위가 해적떼의 소굴인 대마도(대마도)를 정벌하자 한동안 왜구의 침입이 잠잠해졌다.

그러던 가운데 1419년 5월, 충청도 비인과 황해도 해주 주변에 다시 왜구가 쳐들어왔다. 세종대왕은 이번 기회에 왜구의 소굴을 다시 한 번 치기로 결정하여, 이종무 등에게 군사 1만7천 명을 주고 대마도를 정벌하도록 명하여 대마도를 정벌하였다. 그리고 대마도로 잡혀 갔던 조선 사람들과 중국 사람들을 데려왔다. 그러자 조선과 무역을 해야 했던 일본은 대마도 섬을 통해서 무역을 계속하게 해 달라고 애원하였다.

1443년 대마도 섬의 도주(영주)와 조약을 맺고 무역을 허락하였다.

그리고 앞서 1433년, 세종 15년 겨울, 북쪽의 여진족이 함경도를 쳐들어왔다. 그러자 세종은 김종서에게 압록강과 두만강 일대에 살고 있는 여진족을 정벌케 했다. 김종서는 여진족을 정벌하고 부령, 회령, 종성, 온성, 경원, 경흥 등에 6진을 개척했다.

당시 여진족들은 김종서를 '호랑이 장군' 또는 '백두산 호랑이'로 부르며 두려워했다. 김종서는 6진을 둘러본 다음 백두산으로 올라가 시 한 수를 읊었다.

삭풍은 나무 끝에 불고

명월은 눈 속에 찬데

만리변성에 일장검 짚고 서서

긴파람 큰 한 소리에 거칠 것이 없어라.

또한 압록강 일대의 여진족은 대마도 정벌 때 공을 세운 최윤덕이 몰아내고 4군을 설치했다. 이때부터 우리나라의 국경이 백두산에서 동쪽과 서쪽으로 흐르는 두만강과 압록강으로 완전히 정해졌다.

1443년 세종은 성삼문, 신죽수, 최항 등 집현전 학사들과 닿소리 17자

와 홀소리 11자로 된 28자의 훈민정음을 반포했다. 언문으로도 불린 28
자는 우리의 어떠한 소리도 글로 나타낼 수 있다.

세종대왕과 훈민정음

나랏말이 중국과 달라서 문자와 서로 맞지 않는다. 이에 어리석은 백성들이 말하고 싶은 것이 있어도 자신의 뜻을 제대로 전하지 못하니, 내가 이를 가엾게 여겨 스물여덟 글자를 만들었다. 이것은 사람마다 쉽게 익혀서 쓰기 편하기 하려는 것뿐이다.

세종대왕이 훈민정음을 만든 이유를 설명한 글이다.

세종대왕은 백성들이 어려운 일이 있어도 제대로 말하지 못할 뿐만 아니라 나라에서 명령하는 일을 잘 몰라 죄를 짓는 것을 무척 안타깝게 여겼다. 또 가난한 백성들에게는 한자가 너무 어려워 배우는 것이 쉽지 않다는 것을 알고 새 글을 만들어야겠다고 생각하였다.

세종

훈민정음은 세종대왕과 집현전 학사들이 만들었다. 그중에서도 성삼문과 신숙주는 말소리를 과학적으로 연구하기 위해 요동 지역에 귀양 와 있던 중국 학자 황찬을 수없이 찾아가기도 했다.

세종대왕도 몇 년 동안 한글을 만드는 데 열중하였다. 이러한 노력 끝에 마침내 1443년에 편리하고 과학적인 우리 글자가 만들어졌다. 그러나 집현전 학사들 모두가 한글을 만드는 데 찬성한 것은 아니었다. 최만리 등 몇몇 학자들은 중국과의 관계를 어렵게 하고 성리학을 받드는 데 가로막는다 하여 반대하였다.

그럼에도 불구하고 세종대왕은 훈민정음을 만들어 널리 알리는 데 힘썼다.

수양대군을 시켜 석가모니의 일대기를 다룬 『석보상절』을 한글로 번역하게 하고, 세종대왕 자신도 한글로 석가모니의 공덕을 찬송하는 『월인천강지곡』을 지었다. 또 나라를 세운 업적을 한글로 적은 『용비어천가』를 펴내 백성들에게 널리 알리고자 하였다.

처음에 훈민정음은 궁궐의 궁녀들과 양반 부녀자들이 쓰기 시작하였다가 일반 백성들 사이로 퍼져나갔다. 그러나 연산군은 자신에 대한 백성들의 원성이 높아지자 한글 사용을 금지하였다. 그리고 유학을 높이 받드는 유학자들도 여전히 한글을 무시하였다.

훈민정음

세종대왕과 장영실

'농자 천하지대본'이라는 옛말이 있다. 이 말은 농사가 세상 모든 일의 근본이라는 뜻이다. 옛날에는 사람들이 먹고 입는 모든 것을 농사를 통해서 얻었다. 그래서 농사를 모든 일의 근본으로 여겼다.

이것은 중국도 마찬가지였다. 중국에서 가장 이상적인 나라를 세웠다는 전설 속의 요 임금은 임금이 된 뒤 달력을 제일 먼저 만들었다. 달력은 해와 달을 정확히 관찰하여 계절과 날씨의 변화를 알려 주기 때문에 농사를 짓는 데 매우 중요하였다.

측우기

세종대왕도 백성들의 먹고 입는 문제에 깊은 관심을 가지고 있었다.

우선 농사를 잘 지으려면 과학 기술을 발전시켜야 한다고 생각하여, 신분에 관계없이 재주 있는 사람을 뽑아 능력을 마음껏 발휘하도록 하였다.

이때 장영실[61]은 원래 관청에서 일하던 노비였다. 어려서부터 손재주가 뛰어났던 장영실은 물건을 만들고 고치는 일을 도맡아 했다. 장영실은 세종대왕의 배려로 중국에서 앞선 기술을 배워왔다.

장영실은 시간을 알려 주는 자동 물시계인 자격

---

61) 장영실(蔣英實. ?~?)
조선 세종 때의 과학자로, 생졸 연대는 정확하지 않다. 장기녀의 소생으로 동래현(東萊縣)의 관노였으나 과학적 재능이 뛰어나 세종의 발탁으로 상의원 별좌가 되었다.
간의·혼천의 등의 천체 관측기와, 앙부일영·흠경각의 옥루(玉漏) 같은 시계, 세계 최초의 우량계인 측우기와 수표(水標)를 만들어 과학 발전에 공헌하였다.
그가 감독 제작한 왕의 가마가 부서져 불경죄로 의금부에 잡혀가 장형을 받고 파직 당하였다.

해시계

루를 만들고, 세계 최초로 강우량을 재는 측우기를 만들었으며, 또한 천문 관측기구인 간의와 혼천의를 만들어 하늘의 이치와 맞는 달력을 만드는 데 이바지하였다.

이러한 장영실의 노력을 바탕으로 이순지 등은 아라비아 숫자를 이용한 이러한 장영실의 노력을 바탕으로 이순지 등은 해와 달, 그리고 행성의 운동을 계산하여 아라비아 천문 역법을 우리 실정에 맞게 고쳤다.

세종대왕은 궁궐 안에서 몸소 농사를 지어 스스로 모범을 보이기도 하였다. 그리고 정초 등을 시켜 각 지역의 농사 경험이 풍부한 노인들에게 일일이 물어 그 지혜를 모았으며 중국의 농사책을 참고하여 『농사직설』이라는 농사에 관한 책도 만들었다.

그뿐만 아니라 우리나라에서 약초를 정리하여 『향약집성방』을 펴냈으며, 동양에 있는 의학책을 모두 모아 『의방유취』라는 의학백과사전도 만들었다.

그리고 박연을 시켜 궁중에서 쓰는 음악(아악)을 정리하도록 하였다.

줄서기로 성공한 한명회

세종의 뒤를 이은 문종은 효성이 지극했으며 동기 간의 우애도 깊었다. 그러나 그는 왕위에 오른 뒤 병을 앓다가 39세의 나이로 죽었다. 그 뒤를 이어 12세의 어린 아들이 조선 6대 단종으로 왕위에 올랐다.

단종은 1448년, 세종 30년에 세손으로 봉해져 정인지에게 글을 배웠다. 세종은 어린 손자의 앞날이 걱정되어 성삼문, 신숙주 등 집현전 학사들에게 친히 부탁했다.

"세손은 지혜가 총명하고, 임금의 자질과 인품을 갖추고 있소. 내가 그대들에게 친히 당부하니, 후일에 꼭 보호해 주기 바라오."

세종이 어린 손자를 걱정한 원인은 아들 문종의 건강 때문이었다. 특히 세종은 아들들을 믿을 수가 없었다. 그 중에서 수양대군은 야심이 커서 세손에게는 호랑이 같은 존재였다. 단종의 앞날을 염려한 것은 아버지 문종도 마찬가지였다. 문종은 임종이 가까워지자 김종서와 성삼문 등 여러 집현전 학사들을 불러 유탁까지 했다.

"경들은 내가 믿고 의지하는 분들이오. 내가 얼마 살지 못할 것 같아서 부탁하오. 앞으로 어린 세자를 잘 보호해 주기 바라오."

이렇게 말한 후 어린 세자를 불러 이렇게 말했다.

"세자는 잘 들어라. 여기 있는 분들은 나라의 중신들이며 부왕이 가장 믿는 충신들이다. 너는 장차 임금이 되더라도 이분들을 스승으로 받들고 아비같이 받들어라."

결국 1452년 2월 문종이 죽고 단종이 왕위에 오르자 영의정 황보인, 좌의정 김종서 등이 보필했다. 이때부터 수양대군은 임금 자리를 호시탐탐 노리고 있었다.

수양대군은 병서를 읽고 예를 익혔으며, 자신의 집에 사병私兵까지 길

정선 김재가 그린 압구정

렀다. 이때 권람과 친했고 그를 통해 한명회[62]를 소개받았다. 권람은 과거에 합격하고도 벼슬길에 나가지 못한 불평분자였다. 한명회는 모사꾼으로 일곱 달 만에 태어나 별명이 '칠삭동이'로 불렸다. 이밖에 홍달손, 홍윤성, 양정 등 30여 명의 장사들까지 부하로 데리고 있었다.

단종을 제거하려고 했지만 김종서 때문에 함부로 거사할 수가 없었다. 그러자 수양대군은 김종서를 제거하기 위해 권람, 한명회 등과 기회를 노리고 있었다.

1453년 10월 수양대군은 홍윤성, 홍달손, 양정 등을 데리고 김종서의 집으로 달려갔다. 마침 김종서는 집에서 쉬고 있었고 아들 승규가 들어와 아뢰었다.

"아버님, 밖에 수양대군이 오셨습니다. 더구나 인상이 험악한 장사들

62) 한명회(韓明澮. 1415~1487)
조선 세조 때의 문신으로, 자는 자준(子濬), 호는 압구정(狎鷗亭)·사우당(四友堂)이다. 수양대군을 도와 김종서를 비롯한 여러 대신들을 차례로 죽이고 단종을 몰아내는 데 공을 세워 좌익공신 1등이 되었으며, 뒤에 사육신의 단종 복위 운동을 좌절시키고 그들을 주살하도록 하였다.

을 거느리고 있습니다."

아들은 수양대군을 돌려보낼 것을 권했지만 김종서는 이렇게 말했다.

"이 밤중에 찾아왔는데 내가 직접 맞이하는 것이 예의가 아니겠느냐?"

밖으로 나간 김종서는 수양대군에게 정중하게 허리를 굽히면서 인사했다. 그러는 순간 홍달손이 쇠뭉치로 내리쳐 김종서를 죽였다. 그리고 함께 있던 두 아들 승규와 승백을 비롯해 집안 가족들을 몰살시켰다. 그런 다음 대궐로 들어가 단종에게 아뢰었다.

"김종서 일당이 모반을 저질렀습니다. 시간이 촉박해 사전에 전하께 아뢸 겨를이 없었습니다."

수양대군의 말에 단종은 벌벌 떨고 있다가 그의 번뜩이는 눈을 보며 입을 열었다.

"숙부께서 알아서 잘 처리해 주시오."

곧바로 수양대군은 거짓 왕명으로 중신들을 대궐로 불러들였다. 이때

압구정지

한명회가 만든 살생부에 따라 황보인, 조주관, 이양 등의 중신들을 차례로 참살했다. 황보인과 김종서 등은 역적으로 몰려 머리가 저잣거리에 내걸렸다.

반란(계유정난)에 성공하자 수양대군은 영의정, 정인지가 좌의정, 한확이 우의정으로 임명되었다. 포악한 수양대군은 친아우 안평대군을 김종서와 같은 일당이라며 강화도로 귀양 보냈다가 사약을 내려 죽였다.

1455년, 단종 3년 윤6월, 단종은 수양대군에게 왕위를 물려주고 물러나자 수양대군이 조선 7대 세조로 등극했다.

헛되지 않은 사육신의 죽음

1456년 6월, 명나라는 왕위에 오른 세조를 축하하기 위해 사신을 보내왔다. 이에 세조는 창덕궁 광연전에서 잔치를 베풀기로 했다.

이에 성삼문[63]은 단종 복위에 자신과 뜻을 같이하는 동지들과 계획을 세웠다. 그것은 연회장에서 성승과 유응부가 세조와 그 일당들은 없애기로 한 것이다. 또한 성삼문, 이개, 하위지, 유성원, 김질 등은 한명회, 정인지, 신숙주, 권람 등을 참하기로 약속했다.

그런데 세조가 갑작스럽게 연회 장소가 좁기 때문에 운검을 거두라는 명령을 내렸다. 이것은 세조를 위한 한명회의 방어책이었다. 그렇지만 유응부는 거사를 그대로 진행하자고 했다.

"운검은 거두었지만, 기회를 기다렸다가 세조를 죽이면 된다."

하지만 성삼문은 다음 기회를 노리자며 말렸다. 그런데 거사를 함께 꾸민 김질은 거사가 실패할 것 같아 장인 정창손을 찾아가 상의했다. 그는 장인에게 공을 세우게 하고 자신은 살아야겠다고 생각했다.

정창손이 곧바로 세조에게 달려가 모든 사실을 고하자 성삼문 등이 체포되어 세조가 직접 국문했다. 맨 먼저 성삼문을 끌어내어 소리를 쳤다.

"너는 무슨 이유로 나를 죽이려 했느냐?"

"옛 임금을 복위시키려 했을 뿐인데, 그것이 어찌 역모요. 세상에 어린 조카를 내쫓고 자리를 차지한 삼촌이 어디에 있겠소?"

"너는 지금까지 내가 주는 녹을 먹지 않았느냐? 녹을 받아먹고 배반하는 자가 바로 역적이니라."

---

63) 성삼문(成三問, 1418~1456)
　　조선 세종 때의 문신으로 자는 근보(謹甫), 호는 매죽헌(梅竹軒)이다. 집현전 학사로 세종의 훈민정음 창제에 도움을 주었다. 사육신(死六臣)의 한 사람으로, 세조 2년(1456)에 단종의 복위를 꾀하다가 실패하여 처형되었다. 저서에 《성근보집(成謹甫集)》이 있다.

"말은 똑바로 하시오. 제 임금이 상왕으로 계신데 나리가 어찌해서 나를 신하라고 부릅니까? 더구나 나리가 준 녹은 한 톨도 먹지 않고 광에 고스란히 쌓여 있소."

화가 난 세조는 형리들에게 시뻘겋게 달군 쇠로 성삼문의 다리를 꿰뚫게 했다. 그 다음 팔까지 잘라 버렸다. 그러나 성삼문은 얼굴빛 하나 변하지 않고 태연스럽게 말했다.

"나리의 형벌은 이토록 참혹하구려."

이때 세조 옆에 서 있던 신숙주를 본 성삼문은 그를 꾸짖었다.

"이놈, 숙주야! 집현전에 있을 때 세종대왕께서 세손을 간곡히 당부하신 말씀을 잊었느냐?"

이 말을 들은 신숙주는 얼굴을 붉히며 자리를 피했다. 그리고 강희안이 끌려나오자 그는 어리둥절한 표정을 지었다.

"전하, 소인이 왜 끌려나왔는지 그 까닭을 모르겠습니다."

그러자 세조는 성삼문을 내려다보며 강희안을 가리키며 말했다.

"이놈도, 너와 공모하지 않았느냐?"

"그는 우리와 아무런 상관이 없소. 나리는 이 자리에서 어진 신하들을 모두 참할 셈이오?"

강희안은 무사히 풀려나고 박팽년이 끌려나왔다. 세조가 꾸짖었다.

"너는 어찌 나를 배신했느냐? 너도 내가 준 녹을 먹지 않았느냐?"

그의 말에 박팽년은 껄껄 웃으면서 대답했다.

"나리, 오해하지 마십시오. 나는 나리의 신하가 된 적이 없습니다."

그러자 세조는 더더욱 가혹한 고문을 가했다. 그러나 박팽년은 조금도 굽히지 않았다.

"나리께서 내 말을 믿지 못하면 내가 올린 글들을 뒤져 보시오."

세조는 그가 올린 문서를 가져오게 했다. 정말 문서에는 신하 신(臣)자가 모두 클 거巨자로 쓰여 있었다.

다음은 이개가 끌려나와 처참한 고문을 당하다가 죽고 말았다. 이어 유응부가 끌려나오자 세조가 그에게 물었다.

"너는 나에게 무슨 짓을 하려고 했느냐?"

이 말에 유응부는 눈을 부릅뜨고 세조를 노려보며 말했다.

"나리를 제거하고 옛 임금을 복원시키려 했소. 그렇지만 간사한 놈의 고자질로 이렇게 붙잡히고 말았소. 골치 아프게 여러 말 묻지 말고 어서 죽이시오."

세조가 그를 고문하자 성삼문을 돌아보며 이렇게 말했다.

"예로부터 나약한 선비들과는 큰일을 도모할 수가 없다고 했다. 내가 당하고 보니 틀린 말이 아니었다. 그대들을 믿다가 오늘 이런 수모를 당하니 정말 분하구나. 하지만 이제 와서 누구를 원망하겠느냐?"

사육신 묘

말을 마친 그는 세조를 노려보며 입을 열었다.

"나리, 더 묻고 싶거든 나에게 묻지 말고 저들에게 물어 보시오."

이에 세조는 불에 달군 쇠꼬챙이로 그의 배를 지지게 했지만 꿈쩍도 하지 않고 태연하게 말했다.

"나리, 쇠꼬챙이가 식었소이다. 다시 달궈서 가지고 오시오."

할 말을 잃은 세조는 끌려나온 하위지에게 심문했다. 그도 세조가 주는 녹을 먹지 않고 광에 쌓아 두었다. 세조는 끝내 그의 마음 돌리지 못했다.

마지막으로 유성원이 끌려나왔지만 이미 싸늘한 시체로 변해 있었다. 그가 자살한 이유는 수양대군이 김종서와 황보인 등을 죽인 계유정난을 일으켰을 때였다. 유성원은 집현전에 있다가 그들의 협박으로 수양대군을 찬양하는 글을 지었다. 그는 그것을 항상 부끄러워했고 단종 복위에 나섰던 것이다. 단종 복위가 실패하자 집안에 있는 사당으로 들어가 스스로 목숨을 끊었던 것이다.

며칠 후 이들은 수레에 실려 노량진 형장으로 끌려갔다. 성삼문은 수레에 엎드려 있었다가 갑자기 고개를 번쩍 들고 조정 신하들을 보고 외쳤다.

"너희들은 어진 임금을 도와 태평성세를 이룩하여라."

그 뒤를 따르는 수레엔 아버지와 삼촌 셋을 비롯해 자신의 네 아들까지 타고 있었다. 형장에 도착하자 성삼문은 유언시 한 수를 읊었다.

사람의 목숨을 재촉하는 북소리가 드높은데

해는 비스듬히 기울어지고 서풍이 부는구나.

황천에는 쉬어 갈 여인숙이 없을 텐데

오늘밤은 뉘 집에서 묵게 될까.

세조는 성삼문의 유언시가 몹시 궁금해 형리들에게 묻자 이렇게 대답했다.

"예, '너희들은 어진 임금을 도와 태평성세를 이룩하라'고 했습니다."

이 말을 들은 세조는 언짢은 표정을 짓고는 고개를 숙였다.

박팽년과 하위지 역시 처형되었고, 하위지의 아들 하오, 하백도 죽임을 당했다. 이밖에 김문기와 단종의 외삼촌 권자진 등 모두 70여 명이 함께 처형당했다.

사육신 사건 이후, 세조는 조카인 어린 단종을 강원도 영월 청령포로 귀양 보냈다. 청령포는 강물이 돌아 나가는 곳에 자리잡은 작고 평평한 땅으로 바위 절벽으로 둘러싸인 곳이다.

단종은 그곳에 갇혀 한양을 바라보며 눈물로 지새우던 중 금성대군이 단종의 복위를 꾀하려다 발각되는 바람에 끝내 죽임을 당하고 말았다.

백성들은 충절을 지키고 죽어간 집현전 학사들을 기렸지만 세조를 도

단종

와서 높은 자리에 오른 집현전 학사들을 멸시했다. 특히 의리를 저버린 신숙주를 비난하며, 더운 여름에 쉽게 쉬어서 못 먹는 나물을 숙주나물이라고 부르기 시작했다.

왕위에 오른 세조는 강한 왕권을 바탕으로, 전국의 각 군현을 중앙 정부에서 직접 관리할 수 있도록 정비하였을 뿐만 아니라, 백성들의 호적을 새로 만들고 호패를 차도록 하여 군역의 의무에서 빠져 나가는 것을 막았다.

그리고 관청에는 둔전을 주어 직접 농사를 짓고 경비를 마련하도록 해 주었다. 또한 사육신 사건을 계기로 집현전은 없어졌으나 집현전 학사들 중 전인지, 신숙주, 최항, 양성지 등은 세조를 도와 나라를 운영하는 기틀이 되는 법전인 『경국대전』을 편찬하기 시작했다.

세종대왕이 훈민정음을 이용해 불경을 우리말로 옮겼듯이 세조 또한 불경을 펴내고 궁궐 앞 이백여 채의 집을 허물고 청기와 팔만 장을 써 큰 법당인 원각사를 지었다.

귀신을 쫓아낸 남이 장군

청년 남이 앞에 어느 지게꾼이 보자기로 싼 짐을 지게에 지고 걸음을 재촉하고 있었다. 짐 위에는 하얀 얼굴에 눈이 빨간 여자귀신이 앉아 있는 게 보였다.

남이가 그 모습을 보고 지게꾼을 따라갔는데, 그는 어느 양반집 대문 안으로 사라졌다. 뒤따라오던 남이가 그 집 문 앞에 멈춰 안을 기웃거리고 있자, 이때 집안에서 갑자기 울음소리가 들려왔다. 남이는 틀림없이 처녀귀신의 짓이라고 생각해 대문 밖에서 하인을 불렀다. 그러자 조금 전에 짐을 지고 들어갔던 사람이 나왔다. 남이가 급하게 물었다.

"이 댁에 무슨 변고라도 일어났느냐?"

하인은 머뭇거리다가 남이에게 누구냐며 되물었다.

"나는 남이라고 하네. 이제 그 연유를 들어보세."

"예, 작은 아가씨께서 갑자기 돌아가셨습니다."

"그래? 그렇다면 내가 규수를 살릴 테니. 나를 규수 방으로 안내해라."

그렇지만 처녀의 집에선 외간남자를 방으로 들일 수가 없다고 했다. 할 수 없이 남이가 신분을 밝히자 허락했다. 남이가 방에 들어가자 조금 전에 짐 위에서 보았던 귀신이 처녀의 가슴에 앉아 있었다. 귀신은 남이를 보자 벌벌 떨면서 이렇게 말하고 도망갔다.

"장군님! 살려 주세요."

곧바로 처녀가 눈을 뜨자 집안 사람들은 고마움을 표했다. 남이는 처녀 방에 머무를 수 없어서 사랑으로 옮겼다. 그때 또다시 울음소리가 흘러나왔다. 그곳으로 남이가 갔는데, 이번에는 요귀가 처녀의 머리를 타고 앉아 있었다. 남이가 처녀에게 다가가자 요귀는 또 문틈으로 도망쳤다. 이런 일이 서너 번 되풀이되자 남이가 집주인에게 물었다.

"아까 지게꾼이 지고 온 짐이 무엇이오?"

"시골에서 가지고 온 연시입니다."

남이는 이집 처녀가 연시를 먹고 갑자기 체해 죽은 것으로 짐작했다. 남이는 급히 약을 쓰도록 했고 처녀는 생명을 구했다. 공교롭게도 그 규수는 좌의정 권람의 딸이었다. 권람은 남이를 사위로 삼으려고 마음먹고 점쟁이를 불러 신수점을 보았다.

"장차, 귀하게 될 인물입니다만 모함을 받아 일찍 죽을 수 있습니다."

권람은 실망했지만 단념할 수가 없어 이번엔 딸의 신수를 부탁했다.

"따님 역시 수명이 짧고 자식이 없습니다만 반드시 귀하게 됩니다."

권람은 남이를 사위로 삼았다. 남이는 태어나면서부터 기골이 장대하고 기상이 웅대했다. 힘이 장사에 무예가 뛰어났으며, 호탕한 성격이 외종조부 태종을 빼닮았다.

17세에 무과에 급제하고 21세에 장군이 되었다. 1467년, '이시애의 난'을 평정했고 명나라 요청으로 건주위의 여진족을 물리치기도 했다. 그의 시를 보면 어떤 인물인지 알 수 있다.

백두산 돌은 칼을 갈아 다하고
두만강 물은 말을 먹여 없애리
사나이 스무 살에 나라를 평정 못하면
후시에 그 누가 대장부라 하리오

남이는 스물여섯 살에 국방의 최고 책임자 병조판서에 올랐다. 또한 세조로부터 공 일등의 상과 칭호까지 받았다. 스물여덟 살에 그는 간신 한명회의 모함을 받았지만 세조는 듣지 않았다.

세조가 죽고 아들 예종이 왕위에 올랐는데, 예종의 왕비는 한명회의 딸이었다. 한명회는 자신보다 세력이 커진 남이를 역모로 몰아 죽이기로 작정했다. 그는 간신 유자광을 시켜 남이에게 죄를 뒤집어씌워 임금에게 고하게 했다.

"폐하! 병조판서 남이가 역모를 꾀하고 있습니다. 그 증거로 여진족을 토벌하고 돌아올 때 지은 시가 있습니다. 그 시 가운데 '사나이 스무 살에 나라를 얻지 못하면'이란 구절이 있습니다."

유자광은 남이의 시 구절 '사나이 스무 살에 나라를 평정 못하면'을 '나라를 얻지 못하면'으로 바꾸어 말했던 것이다. 예종은 크게 놀라 남이를 잡아들여 자신이 직접 심문했다.

"너는 벼슬이 높은데도 무엇 때문에 역적모의를 했느냐?"

"폐하! 신은 절대로 그런 일을 생각한 적이 없습니다."

그러나 예종은 남이의 결백함을 믿지 않고 고문을 가해 정강이뼈가 부러졌다. 이에 실망한 남이는 이렇게 말했다.

"신이 살려고 한 것은 폐하와 나라를 위해 이 몸을 바치려고 결심했기 때문이었습니다. 그러나 이제 병신으로 살아남은들 무슨 소용이 있겠습니까?"

남이는 이 말을 하면서 역모를 꾸몄다고 거짓 자백을 하고 말았다. 더구나 자신을 구해 줄 수 있었던 권람은 3년 전에 이미 죽고 없었다. 그에게 죄가 없다는 것을 누구나 알고 있지만 누구 하나 나서서 도와주지 않았다. 또다시 예종이 물었다.

"누구와 함께 역모를 꾸몄느냐?"

그러자 남이는 영의정을 바라보며 서슴지 않고 대답했다.

"영의정과 함께 모의했습니다."

그때 영의정 강순은 80세 노인이었다. 예종은 강순을 문초하자 자기의 결백을 주장하며 억울하다고 호소했다. 그러나 그 역시 고문에 못 이

남이 묘

겨 거짓 자백을 하고 말았다. 형장으로 끌려갈 때 강순은 남이에게 꾸짖었다.

"이 놈! 혼자서나 죽지 어째서 죄없는 나까지 끌어들였느냐?"

그러자 남이가 껄껄 웃으면서 대답했다.

"영감, 전들 죄가 있어 죽는 것이오? 저에게 죄가 없음을 대감이 잘 아시면서 한마디 말씀도 없었지 않소. 그게 영의정으로서 취할 행동입니까? 더구나 대감은 오래 사셨는데 이제 죽는다고 무슨 여한이 있겠소."

임금을 망친 임사홍의 상소

예종이 죽고 세조의 장남 덕종의 둘째 아들 자을산군이 조선 9대 성종으로 즉위했다. 성종은 열세 살의 나이였기 때문에 할머니 정희대비가 수렴청정했다. 그러나 불교신자였던 정희대비는 정치에는 관심이 없었다. 이에 따라 한명회, 신숙주, 정인지, 정창손 등의 세력이 확장될 수밖에 없었다.

성종은 왕위에 오르는 순간 정희대비에게 세자 때 죽은 아버지를 임금으로 받들자고 청했다. 그 후 덕종으로 추앙했으며 어머니 한씨를 소혜왕후로 부르게 했다가 후에 인수대비로 개칭했다.

1467년 성종은 왕위에 오르기 2년 전 한명회의 딸을 아내로 맞았지만 7년 만에 19세의 나이로 한씨가 죽었다. 결국 한명회는 두 딸을 예종과 성종의 왕비로 만들었지만 모두 죽었다.

그 후 성종은 윤기무의 딸을 두 번째 왕비로 맞아들였고, 6년 만에 정희대비는 수렴청정에서 물러났다. 성종은 왕비 윤씨에게 태어난 아들 융을 세자로 책봉했다.

윤씨는 질투심이 많았기 때문에 시어머니 인수대비가 왕비의 성품을 경계하며 말했다.

"부녀자의 투기는 칠거지악 중의 하나이니, 부디 고치도록 해라."

인수대비의 말에도 윤씨는 반성의 기미가 전혀 없었다. 당시 성종에겐 후궁 정귀인, 엄소용, 권숙의가 있었다.

윤씨는 이들 세 후궁들을 유난히 시기하고 질투했다. 그러던 어느날, 임금은 윤씨의 처소로 갔다가 문갑 위에 상자 하나가 놓여 있는 것을 보았다.

"중전, 전에는 보지 못했던 물건인 것 같소이다."

"아, 그건……."

왕비는 당황해하며 얼른 한쪽 구석으로 치워 버렸다. 그러자 궁금증이 더 심해진 성종은 화를 냈다. 지금까지 단 한 번도 화를 낸 적이 없었기 때문에 윤씨는 곧 큰 벌이 내려질 것으로 생각했다. 며칠 후 임금은 신하들에게 어명을 내렸다.

"중전 윤씨의 거처를 자수궁으로 옮기고 근신토록 하라."

그 후 윤씨의 친정 식구들조차 궁궐 출입이 금지되었고, 아들 세자를 보는 것도 금지되었다.

성종 11년 가을, 임금은 왕비 윤씨를 찾아가자 그녀는 자신의 잘못을 반성하기는커녕 오히려 앙심을 품고 있었다. 성종을 보는 순간 손톱으로 용안을 할퀴고 말았다. 이에 인수대비가 크게 화가 났다.

"백성들의 집에서도 이런 일이 없는데 하물며 용안에 손톱자국을 내다니! 당장 왕비를 폐하라!"

1479년 6월, 성종은 왕비 윤씨를 폐하여 친정으로 내쫓았다. 폐비 윤씨는 아들 세자에게 희망을 품고 눈물과 한숨으로 나날을 보냈다.

1482년 8월, 폐비 윤씨를 찾아온 것은 아들 세자가 아니라 사약이었다. 사약을 마신 윤씨는 피가 솟구치자 한삼자락에 뱉었다. 윤씨는 한삼자락을 어머니 신씨에게 주면서 유언을 남긴 후 죽었다.

1494년 12월, 38세의 일기로 성종이 죽고 뒤이어 아홉 살의 세자 융이 조선 10대 연산군으로 즉위했다. 1498년 무오년, 유자광, 이극돈 등 훈구파가 김종직이 지은 '조의제문弔義帝文'을 트집 잡아 상소하자, 김일손, 권오복, 권경유 등을 처형했고, 사림파를 귀양 보냈다.

'조의제문'은 성종 때 학자 김종직이 세조가 왕위를 빼앗은 것을 풍자하여 지은 글로, 조의제문의 뜻은 중국 초나라 때의 '의제(회왕)'를 조상하는 글'이다. 김종직은 꿈에 나타난 회왕이 '황우가 나를 죽여 강에 던

조의제문

졌다'고 말하였다고 썼는데, 여겨서 항우는 세조, 회왕은 단종을 비유한 것으로 세조가 단종을 억울하게 죽였음을 표현한 것이다.

또 김종직은 글을 마무리하면서 '하늘의 운수가 정상이 아니었다'고 덧붙여서 단종의 죽음과 세조가 왕이 된 것이 옳지 않다는 뜻을 타나냈다.

김종직은 당시 새로이 정계에 나온 김일손과 같은 사람들의 스승이었는데, 그 무렵 사림들이 조금씩 벼슬에 나오면서 나이 든 대신들인 훈구 세력과 의견 차이를 보였다. 그래서 훈구 세력은 김종직이 쓴 조의제문을 구실로 사람들을 쫓아내려고 하였던 것이다.

훈구 세력은 세조가 왕위에 오를 때 공을 세운 사람들을 말하고, 사림파는 성종 후반부터 새로이 등장한 정치 세력이다. 그 결과 훈구 세력이 승리하여 젊은 학자 세력인 사림파를 많이 죽이고 멀리 귀양 보냈다. 이것이 '무오사화'이다.

　당시 간신배들은 연산군에게 건의해 노래와 춤에 능한 미인 장녹수를 후궁으로 들이도록 했다. 장녹수는 연산군의 총애를 한몸에 받자 점차적으로 정사에도 손을 뻗쳤다. 그러자 장녹수에게 조정의 벼슬아치들은 승진을 위해 뇌물을 바치기에 급급했다. 더구나 벼슬을 원하는 사람들 역시 많은 재물을 장녹수에게 바치고 벼슬을 샀다.

　연산군은 '흥청'이란 관청을 세워 전국에 있는 미녀들 수백 명을 불러들여 자주 잔치를 열었다. 하여 후일 자신이 해야 할 일을 잊고 먹고 마시는 일에만 정신이 팔린 사람들을 연산군의 행동에 빗대어 '흥청망청한다'고 말하였다.

　연산군에게 충신 표연말은 연산군이 탄 놀잇배의 뱃머리를 붙잡고 간청했다.

　"폐하! 하필이면 위험한 뱃길로 내왕하시려고 하시나이까?"

　그렇지만 연산군은 화를 내며 물 속에 처넣으라고 명령했다. 물 속으로 던져진 표연말은 허우적거렸다. 이때 연산군이 다시 그를 건져주라고 했다. 표연말이 정신을 가다듬자 연산군은 시치미를 뚝 떼고 놀렸다.

　"너는 물 속에 무슨 볼일이 있어 들어갔다 나왔느냐?"

　그때 그는 서슴지 않고 초나라 회왕의 신하 굴원을 만나러 갔다고 했다. 그러자 연산군은 초나라 항왕과 비교된 자신을 알고 버럭 화를 냈다.

　"정녕 굴원을 만났다고?"

　"네, 만났습니다. 그리고 시 한 수까지 얻어왔습니다."

　"그래? 어떤 시더냐? 어서 읊어 보아라."

　표연말은 낭랑한 목소리로 시 한 수를 읊었다.

　어리석은 임금을 만나

뜻을 이루지 못하고 강물에 빠져 죽었지만

너는 어진 임금을 만났는데

무슨 일로 이곳에 왔느냐.

연산군은 어진 임금이라는 구절이 마음에 들어 그를 죽이지 않았다. 그러나 표연말은 간신 임사홍의 횡포를 탄핵하다가 귀양 가서 죽임을 당했다.

어느 날 임사홍은 임금에게 줄을 대기 위해 장녹수를 찾아갔다.

그는 장녹수에게 폐비 윤씨에 관한 이야기를 전해 주고 폐비에게 사약을 전한 사람은 좌승지 이세좌였다는 것도 알려주었다. 또한 임금의 외할머니 신씨가 아직 살아있다는 것도 귀띔했다. 장녹수에게 자세한 이야기를 전해들은 연산군은 깜짝 놀랐다.

이튿날 연산군은 임사홍을 불렀다. 임사홍이 대궐로 들어오자 그를 곧장 도승지로 임명했다. 그날부터 임사홍은 연산군을 그림자처럼 쫓아 다니며 신씨를 소개할 기회를 엿보고 있었다. 그러던 어느 날 연산군은 갑자기 임사홍에게 명령을 내렸다.

"도승지, 외할머니를 언제 만나게 해 주겠나?"

"오늘 입궐하시도록 했습니다."

"고맙소!"

외할머니 신씨가 궁궐에 들어오자 연산군은 부둥켜안고 통곡했다. 15년 만에 외손자를 본 신씨도 마찬가지였다. 곧바로 신씨는 소매에서 시뻘건 피로 얼룩진 한삼자락을 내놓았다.

"상감마마! 돌아가신 어마마마께서 피 묻은 한삼자락을 저에게 주시면서, 내 아들이 왕위에 오르시거든 꼭 보여 드리라고 유언했습니다."

연산군은 피로 얼룩진 한삼자락에 얼굴을 비비며 울부짖었다. 그 다음 연산군은 폐비 윤씨에게 사약을 들고 간 이세좌에게 사약을 내려 죽였다. 더구나 당시 폐비를 주장했던 신하와 상소한 사람들까지 모조리 찾아 죽이라고 영을 내렸다.

이에 김광필, 윤필상, 이극균 등이 졸지에 죽었고, 이미 죽은 한명회, 정창손, 정여창 등은 묘를 파서 시체의 목을 베었다. 권주 역시 사약을 가지고 갔다는 죄명으로 해평으로 귀양 보냈다가 죽였고 박은, 표연말 등은 고문으로 죽었다. 성준은 두 아들, 중온, 경온과 함께 화를 입었고, 성현, 조위 등 많은 사람들이 죽거나 귀양을 갔다.

연산군 11년, 임금의 폭정을 지켜보던 박원종, 유순정, 성희안 등이 연산군을 몰아내기 위해 음모를 꾸몄다. 그들은 은밀히 자순대비의 허락까지 받아 놓았다.

1506년, 연산군 12년 9월 1일, 박원종, 성희안 등은 군사를 일으켜 연산군을 몰아내면서 간신들을 처단한 다음 진성대군을 조선 11대 중종을 등극시켰다.

중종은 연산군을 강화도 교동으로 귀양 보냈고, 연산군은 귀양지에서 전염병에 걸려 31세에 죽었다. 중종은 훈구파 세력을 막기 위해 신진사림파를 조정에 불러들였는데 대표적인 인물이 조광조였다.

그는 중종의 신임을 얻어 소격서昭格署(조선 시대, 국가적인 도교의 제사를 주관하던 관청)을 없애고 현량과를 실시해 인재를 두루 기용했으며, 중종반정을 앞장서서 이끈 신하들이 모두 공신이 되어 많은 재물을 상으로 받고 조정에서 큰소리치자 이러한 훈구파의 공훈을 없애는 등 개혁정치를 펼쳤다. 그러자 훈구파인 홍경주, 남곤, 심정 등의 무고로 능주로 귀양 갔다가 사약을 받고 죽었다(기묘사화).

1544년 11월, 중종이 죽고 뒤를 이어 조선 12대 인종임금이 왕위에 올랐다. 그렇지만 인종은 왕위에 오른 지 9개월 만에 죽고, 배다른 동생 경

이황

원대군이 조선 13대 명종임금으로 즉위했다.

그러나 명종은 나이가 어려 어머니 문정왕후가 수렴청정했다. 이때부터 왕비의 친척 윤형원의 권력으로 조정의 기강이 문란해지면서 부정부패가 판을 쳤다. 소윤파의 우두머리 윤형원은 인종 외삼촌 대윤과 윤임에게 역모의 죄를 씌워 유관, 유인숙, 계림군 등이 죽임을 당했다.

명종은 1567년 6월 34세로 죽고 뒤를 이어 덕흥군의 아들 하성군이 양자가 되어 16세에 조선 14대 선조임금으로 등극했다.

선조는 왕위에 오르자 이황(퇴계)[64]을 불러들여 왕으로서 해야 할 일을 물었다. 이황은 왕이 해야 할 일을 그림으로 쉽게 풀어서 왕에게 올렸는데 그것이 '성학십도'이다. 그리고 선조는 억울하게 화를 입은 사람들의 벼슬을 모두 돌려주고 지방에 숨어 있던 선비들도 불러 나랏일을

---

64) 이황(李滉. 1501~1570)

조선 중기의 문신·학자로 자는 경호(景浩), 호는 퇴계(退溪)·퇴도(退陶)·도수(陶叟)이다. 벼슬은 예조 판서, 양관 대제학을 지냈다. 정주(程朱)의 성리학 체계를 집대성하여 퇴계학을 완성하고 사림의 시대, 사회운영 원리를 제시하여 동방의 주자로 추앙받았다. 저서로 〈심경후론〉, 〈역학계몽전의〉, 〈성학십도〉, 〈주자서절요〉, 〈송원이학통록〉 등이 있다.

이이

맡겼다. 그 중 유성룡과 같은 젊고 실력 있는 학자들이 나오면서 조정은 새롭게 달라지는 듯했으나, 동서로 나눠지면서 당파싸움이 심해졌고 탐관오리들의 매관매직까지 성행하였다. 그렇지만 충신 율곡 이이 같은 이는 당파싸움에 연연하지 않고 학문 연구에 힘을 쏟았다. 그의 학문적 가치관은 중용정신이다.

사림들의 다툼

　조선 시대 유학자들의 공부 목표는 나라를 다스리는 것이었다. 나라를 다스리기 위해서는 벼슬에 나아가야 뜻을 펼칠 수 있었다. 그러나 벼슬자리는 한정되어 있었기 때문에 유학자들이 모두가 나랏일을 할 수는 없었다.

　그러자 비슷한 생각을 가진 사람들끼리 뭉쳐 벼슬을 차지하려고 하였다. 같은 선생 밑에서 배우거나 가까운 이웃 고을에 사는 사람들끼리 서로 의견을 나누며 뭉치기 시작하였다. 또 많은 선생들이 저마다 제자들을 길러냈다. 그리하여 나라를 다스릴 만한 실력을 갖춘 사람의 숫자가 엄청나게 많아졌다.

　나랏일을 맡을 사람을 이조에서 결정하여 왕에게 알리면 왕이 최종 임명하였기 때문에 많은 사람들이 이조의 벼슬자리를 갖기를 원했다.

　높은 벼슬은 아니지만 중요한 일을 맡고 있는 이조정랑이라는 자리는 모두가 부러워하는 자리였다. 낮은 관직에 앉을 관리는 이조정랑이 추천하였기 때문이다. 그리고 이조정랑에서 물러날 때에는 다음 사람을 왕에게 추천하게 되어 있었다.

　이조정랑으로 추천된 사람 가운데 김효원이라는 사람이 있었다. 그런데 이조참의로 있던 심의겸이 김효원이 젊었을 때 명종의 외삼촌으로서 세도를 부린 윤원형의 집을 자주 드나들었다는 사실을 들추어 김효원이 이조정랑에 오르는 것을 반대하였다.

　그러나 김효원은 다시 추천을 받아 이조정랑이 되었다. 그리고 김효원이 이조정랑 자리에서 물러날 때 여러 사람이 심의겸의 아우 심충겸을 추천하였다.

　심의겸은 왕실의 외척들이 사림들을 죽이려 할 때 사림들을 많이 도와주었지만, 누이가 명종의 왕비였다. 김효원은 왕실의 외척에게 관리들을 임명하고 추천하는 자리에 오르는 것은 옳지 않다며 심의겸의 아우 심충겸이 이조정랑에 오르는 것을 반대하였다.

그렇지 않아도 사림들은 심의겸과 같은 인물들을 어떻게 대우할 것인가를 놓고 의견이 서로 달랐다. 나이가 많은 사림들은 자신들이 예전에 심의겸의 도움을 받았기 때문에 큰 잘못이 없으면 함께 일하는 것이 좋다고 생각하였다. 그러나 젊은 사림들은 왕실의 외척이자 오랫동안 권세를 누려온 심의겸과 같은 세력을 몰아내고 완전히 새롭게 바꾸어야 한다고 생각하였다. 그래야 실력 있는 사람들이 관직에 많이 나올 수 있었기 때문이다.

이로써 많은 사림들이 두 편으로 나뉘었다. 함께 일하자는 쪽은 심의겸을 편들었고, 과거를 깨끗이 해결하고 젊은 사림들이 나라를 이끌어야 한다고 생각하는 사람들은 김효원의 편에 섰다. 김효원의 편에 선 사림들은 특히 경상도에서 이황과 조식에게 배운 젊은 사람들이 많았다.

결국 사림은 심의겸의 뜻을 따르는 무리와 김효원의 뜻을 따르는 무리들을 중심으로 결집하여 두 개의 당파로 나누어졌다. 심의겸의 집이 서쪽에 있었던 까닭에 심의겸파를 서인으로 불렀으며, 김효원의 집은 동쪽에 있었으므로 김효원파를 동인이라고 불렀다.

이 무렵 젊은 학자 이이가 있었다. 그는 조선을 세울 때 만든 제도들이 제 기능을 다하지 못하는 것을 늘 안타깝게 여겼다. 그래서 법을 손질하여 세금 제도를 바꾸고 백성들의 생활을 보살피기 위한 여러가지 정책을 내놓았다.

그리고 1583년 함경도 지역에 살던 여진족 이탕개가 2만 명의 군사를 이끌고 쳐들어왔다. 이 싸움에서 이이는 나라를 지키는 군사들이 얼마나 허술한지를 절실하게 깨닫고 10만 명의 군사를 양성하여 혹시 있을

지 모를 위험에 대비하자고 주장하였으나 사람들은 누구 하나 귀 기울이지 않았다.

이이는 사람들이 서로 편을 갈라 다투기보다는 굶주리는 백성들을 잘 살게 하기 위하여 하나로 힘을 모아야 한다고 생각하였다. 그래서 동인과 서인의 다툼을 막으려고 애썼으나 이미 서로 의견이 다른 데다 여러 가지 문제로 인하여 이이의 노력은 실패로 끝나고 말았다.

이이가 죽은 후 사림들의 다툼은 점점 깊어갔다. 같은 당에 있던 사람끼리도 의견이 달라 다시 갈라서기도 하였다.

조선 시대의 소박한 마음을 담은 시와 그림

조선 초기에 새 도읍을 세운 기쁨을 노래한 시들이 쏟아져 나왔다. 이들은 새 나라에 거는 기대와 진취적인 기상을 잘 드러내고 있다. 이런 모습은 나라에서 직접 지은 「용비어천가」와 같은 노래에서도 잘 나타나 있다. 훈민정음으로 쓴 이 노래는 나라의 밝은 장래를 읊고 있다.

조선 시대 사람들에게 가장 널리 사랑 받은 노래 형식은 '시조'였다. 시조는 짓기도 쉽고 부르기도 쉬워서 오랫동안 사람들의 사랑을 받았다. 황진이나 이매창과 같은 이름난 기생도 여성의 섬세한 마음을 시조에 담아 표현하였다.

조선 시대에는 시조 말고 우리말에서만 느낄 수 있는 아름다운 멋을 제대로 표현한 다른 형식의 노래가 있었다. 바로 '가사'이다. 가사는 쉽게 말해서 길게 쓴 시이다.

정철이 쓴 가사는 대개 사람들을 일깨우거나 임금을 그리는 노래로

신윤복의 월하정인

김홍도의 씨름도

우리말의 아름다움을 마음껏 드러내고 있다.

저기 가는 저 각시 본 듯도 하구나
임금이 계시는 대궐을 어찌하여 이별하고
해가 다 저문 날에 누구를 만나러 가시는고?

어와 너로구나. 내 사정을 들어 보오.
내 얼굴과 이 나의 태도는 임께서 사랑함직한가마는
어쩐지 나를 보시고 너로구나 하고 특별히 여기시기에
나도 임을 믿어 딴 생각이 전혀 없어,
응석과 아양을 부리며 지나치게 굴었던지

반기시는 낯빛이 옛날과 어찌 다르신고?

정철의 『속미인곡』은 두 여인이 길에서 만나 이야기하는 형식을 빌려 임금을 향한 마음을 드러내고 있다. 임금을 사랑하는 마음이 주제이면서도 민요에서나 볼 수 있는 여인네의 푸념과 백성들의 순박한 마음씨를 자연스럽게 나타냈다.

조선 시대 선비들은 한문으로 문장을 지었는데 뛰어난 문장가 서거정은 신라 시대 사람인 설총을 비롯하여 우리나라 사람들이 직접 쓴 아름다운 문장들을 모아 『동문선』이라는 책을 만들었다.

반면에 유교 경전의 문장을 중요하게 여기는 사람들도 있었다. 사림들은 아름다운 말로 지나치게 꾸민 것을 좋은 문장이라고 생각하지 않았다. 단지 경전의 좋은 뜻을 잘 전달하는 것만이 좋은 문장이라고 여겼다. 그래서 경전에 쓰인 옛 문장을 익히기 위해 노력하였다.

세종대왕의 셋째아들 안평대군이 꿈에서 본 광경을 잊을 수 없어서 안견을 불러 꿈에서 본 풍경을 그려달라고 부탁하였는데 이것이 바로 '몽유도원도'이다. 안견은 도화서에 딸린 전문 화가였다. 도화서는 나라에 필요한 그림을 그리려고 둔 관청이었다. 도화서에 딸린 화가인 화원은 중인이었다. 화원들이 오를 수 있는 벼슬은 6품 벼슬이 최고였지만 뛰어난 능력을 인정받은 안견은 4품 벼슬까지 올랐다.

도화서의 화원들이 화려한 색체로 세밀한 묘사가 돋보인다면 사대부들은 화원들과는 달리 그림에 담긴 뜻을 더 중요하게 생각하였다. 그래서 화려한 색깔이나 복잡한 모양보다는 먹을 사용하여 그린 단순하면서도 선비들의 높은 뜻을 잘 나타내는 그림을 더 중시했다.

그림에 관심이 많았던 사대부들을 글씨를 잘 쓰는 것도 매우 중요하게 생각했다.

歲丁卯四月二十日夜余方就枕精神遠相
睡之熟也夢亦至焉忽與仁叟至一山下層
巒深壑崢峯雰靄十株微徑抵林
表而分歧細徑斜立莫適所之遇一人山冠
野服長揖而謂余曰從此北入谷則
源也余與仁叟策馬尋之崔磈卓犖林莽薈

몽유도원도

조선 초기에는 조맹부라는 중국 학자의 글씨체인 '송설체'를 많이 썼
는데 안평대군도 송설체의 대가였다. 안평대군의 글씨는 남대문에 걸려
있는 '숭례문'이라는 현판에서 볼 수 있다.

조선 시대 사람들이 대부분 배운 학문인 유학에서는 검소한 생활을
강조하였다. 지나치게 화려한 생활은 품위가 없다고 하여 멀리하였다.
그래서 사람들은 억지로 꾸미지 않고 자연 그대로의 모습을 지키면서
잘 이용하였다.

그 대표적인 것이 분청사기였다. 고려 시대에 많이 만든 도자기는 청
자였다. 청자는 신비스런 푸른 빛깔에 정교한 무늬들을 새겨 넣어 만들
었다. 그러다가 도지가의 빛깔이 어두워지고 무늬도 간단해졌다. 그 대
표적인 것으로 고려 말과 조선 초기에 만든 분청사기이다.

분청사기는 청자처럼 깔끔하고 세련되지는 않았지만 소박한 맛에 무

늬도 담벼락에 낙서를 해 놓은 것처럼 단순했다.

이렇게 고려 시대와 다른 분청사기는 귀족들만이 사용하던 화려한 도자기가 일반 백성들의 생활 속으로 퍼져 나간 것이다. 그러다가 점차 맑고 깨끗한 것을 좋아하는 사대부들의 심성에 맞는 '백자'가 분청사기의 자리를 대신하기 시작했다. 백자는 청자보다 좋은 흙으로 더 높은 온도로 구워내야 했기 때문에 청자를 만들 때보다 훨씬 더 정교한 기술이 필요했다.

특히 가을 하늘 같은 푸른색으로 무늬를 그려 넣은 청화 백자는 깨끗하고 고상한 느낌을 사랑하는 사대부들 사이에 널리 퍼져 나갔다.

7년 전쟁, 임진왜란

오랫동안 전쟁에 시달리던 일본을 통일한 도요토미 히데요시는 어수선한 나라를 안정시키기 위해 조선을 침략해야겠다고 생각했다. 더구나 일본은 수백 년 동안 내란을 겪었기 때문에 군사들이 단련되어 있었다.

도요토미 히데요시는 조선에 통신사를 보내 달라고 요청하는 한편, 명나라를 치기 위한 길을 열어 달라고 요청하였다. 이에 조선에서는 통신사의 사절단으로 황윤길과 김성일 등을 보내 일본의 상황을 살펴보라 하였다.

그들이 일본을 다녀와 보고한 내용은 서로가 상반되었다. 황윤길은 도요토미 히데요시가 전쟁을 일으킬 위험성이 아주 크다고 보고한 반면, 김성일은 조선과 명나라를 상대로 싸울 만한 인물이 아니라고 보고하였다.

그 당시 김성일이 몸담고 있는 당파 내에서 정권을 잡고 있었기 때문에 조정은 김성일의 말에 비중을 두면서 전쟁에 대비하지 않고 마음을 놓고 있었다. 그러나 그 결과는 2년 후에 드러났다.

1592년 4월 부산 앞바다에 왜군의 배가 쳐들어 와 낯선 무기 조총으로 조선의 성곽을 간단히 쳐부수었다. 동래성에서 송상현이 목숨을 걸고 용감히 싸웠으나 왜군을 대적하기에는 역부족이었다.

조정에서는 유성룡을 최고 책임자로 하여 신립과 이일을 내려 보냈으나 신립이 전사하고 왜군은 경상도와 충청도를 넘어 한양으로 육박해 들어왔다.

선조임금은 임진강을 건너 의주까지 몽진을 떠나고 성난 백성은 궁궐과 노비 문서를 보관하는 장예원을 불태웠다. 왜군은 도적떼가 되어 백

진주대첩

성들의 물건을 약탈하였다.

그러나 혼란 속에서도 이순신[65]은 한산도에서 왜군의 전함을 불태웠다. 그리고 권율은 4천여 명의 군사와 성안에 있던 백성들이 힘을 합쳐 10만 명의 왜군을 물리치고 행주산성을 지켜냈다.

전국 곳곳에서 의병이 일어나 왜군과 맞서 싸웠다. 경상도에서는 홍의 장군 곽재우가, 진주성에서는 김시민과 성 안의 백성들이 힘을 합쳐 왜적을 물리쳤다. 특히 의로운 기생 논개는 왜장을 끌어안고 남강에 몸을 던져 왜군의 간담을 서늘하게 하였다.

승려들 또한 나라를 위해 일어섰다. 묘향산에서는 서산대사 휴정이, 금강산에서는 사명대사 유정이 의병을 일으켰다.

---

65) 이순신(李舜臣, 1545~1598)
조선 중기 때 무관으로 자는 여해(汝諧), 본관은 덕수(德水), 시호는 충무(忠武)이다. 고려 때 중랑장(中郞將)을 지낸 이돈수(李敦守)의 12대 후손으로 조선 초 영중추부사와 홍문관대제학을 지낸 이변(李邊)의 후손이다. 32세에 무과에 급제한 후에 전라좌도 수군절도사가 되어 거북선을 제작하는 등 군비 확충에 힘썼다. 임진왜란이 일어나자 한산도에서 적선 70여 척을 무찌르는 등 공을 세워 삼도 수군통제사가 되었다. 노량해전에서 적의 유탄에 맞아 전사하였다. 저서에 《난중일기》가 있다.

결국 조선군은 명나라와 힘을 합쳐 왜군을 물리쳤다. 이순신은 명량과 노량 해전에서 완전한 승리를 이끌어 냈다. 이로써 지루한 7년의 전쟁은 막을 내렸으나 그 수많은 희생의 제물은 백성들의 몫이었다. 유성룡은 『징비록』을 남겨 왜란에 대한 반성과 회한의 기회를 삼고자 하였다.

선조가 황폐해진 한양에 돌아온 것은 1593년 10월 1일이었다.

왜적을 물리친 명장 이순신의 죽음

1592년, 선조 25년 4월 13일, 일본 장수 고니시 유키나가, 가토기요마사, 구로타 등이 지휘한 15만 대군이 조선을 침략한 임진왜란이 발발했다.

그러나 7년 후인 1598년 8월, 임진왜란을 일으킨 도요토미 히데요시가 병사했다. 도요토미 히데요시의 유언으로 조선을 침략한 왜군은 귀국하기 위해 서두르고 있었다.

그때 이순신은 수군을 총집결시켜 노량진 앞바다로 나아갔다. 이순신은 왜군이 돌아가는 바닷길을 막고 그들을 전멸시키는 것이 목적이었다. 이때 명나라 수군까지 합세하였다.

같은 해 11월 19일, 왜군들은 그들의 총병력을 노량진 앞바다에 집결시켰다. 그러자 이순신은 하늘을 보며 빌었다.

'이 원수들을 전멸시킨다면 죽어도 한이 없겠습니다.'

왜군의 배들이 바다로 움직이자 이순신은 공격 명령을 내렸다. 이때 장군 한 사람이 이순신이 타고 있는 뱃머리를 스쳐 바다 속으로 떨어졌다. 이에 장수들과 군졸들은 예감이 좋지 않다고 생각했다. 그러나 이순신은 버티고 서서 태연하게 소리쳤다.

이순신

"생즉사 사즉생(살려고 하면 죽고, 죽기를 각오하면 산다)의 정신으로 공격하라!"

대포소리가 바다를 흔들고 총알이 우박같이 쏟아졌으며, 화살 역시 비 오듯 날았다. 이순신은 적선 4백여 척을 격침시켰고, 왜군 수만 명을 죽였다. 여세를

이순신과 거북선

몰아 나머지 적군을 섬멸시키려는 찰나 명나라 제독 전린이 탄 배가 적 선에게 포위되었다.

이순신이 급히 뱃머리를 돌려 적진으로 쳐들어가 명나라 제독 전린을 구하는 순간 적의 탄환이 이순신의 가슴을 뚫었다. 옆에 있던 조카 완 이 달려와 이순신을 부축했다. 이순신은 자신의 죽음을 직감하고 손에 쥔 기를 조카에게 준 다음 숨을 거두었다.

조카 완은 슬픔을 억누른 채 군사들을 독려했는데, 결국 적군은 크게 패하고 몇 척의 배만 도망쳤다. 승리의 함성이 울려 퍼질 때 명나라 제 독 전린이 이순신이 탄 배를 향하여 승리의 기쁨을 외쳤다.

그러나 조카 이완이 흐느끼며 이순신 장군이 전사했다는 신호를 보냈 다. 그러자 전린은 급히 배를 저어 이순신의 배에 올라 그의 주검을 부 둥켜안고 통곡했다.

왕실의 적통을 끊어버린 간신

선조가 죽자 광해군이 조선 15대 왕으로 즉위했다. 광해군은 임진왜란 때 형 임해군과 함께 황해도, 평안도, 함경도 등지로 피난했다.

그러던 어느 날 선조는 영창대군을 세자로 책봉하기 위해 중신들에게 뜻을 비쳤다. 당시 간신 이이첨과 정인홍이 있었는데, 선조는 익히 그들의 간사함을 알고 중용하지 않았기 때문에 항상 원한이 쌓여 있었다.

선조가 병으로 눕자 그들은 광해군을 임금으로 세우기 위해 모의를 꾸몄다. 하지만 그들의 모의가 선조에게 발각되면서 이이첨과 정인홍은 귀양에 처해졌다. 그리고 영창대군에게 세자를 넘겨주려고 중신들을 급히 불렀다. 이덕형, 이항복, 이원익 등 원로중신들이 대궐로 들어왔을 때는 선조는 이미 숨을 거둔 뒤였다.

선조의 뒤를 이어 왕위 오른 광해군은 처음에는 시대의 정세를 정확히 꿰뚫어보고 명나라 편도 후금 편도 들지 않는 외교정책을 펼쳤다. 명나라가 임진왜란 때 조선을 도와주기는 하였지만 나라가 기울고 있었기 때문에 전쟁에 휩쓸리지 않기 위해 광해군은 누구의 편도 들지 않았다.

명나라가 후금과의 전쟁에서 군대를 보내 달라고 요청하자 광해군은 강홍립 장군을 보내 후금과 싸우는 시늉만 하고 피해가 커지기 전에 항복하라고 명하였다. 그런데 신하들은 명나라 같은 큰 나라가 설마 여진족이 세운 오랑캐 나라인 후금에게 망할까 싶어 광해군의 외교정책을 반대하였다.

당시 학자들을 비롯한 양반들은 명나라를 '성리학'의 나라라고 하여 몹시 숭상하고 있었다.

그러나 광해군은 임진왜란이 일어났을 때 직접 남쪽 지역에 내려가서 전투를 지휘하면서 목소리만 크고 실제로는 아무것도 하지 않은 벼슬아치들의 문제점을 알고 있었다.

그런데 어느 날, 광해군이 형 임해군을 의심하자 간사한 무리들은 터무니없는 거짓말로 역모를 꾸며 임해군을 죽였다. 그런 후 광해군의 화살이 영창대군에게 쏠렸다. 그는 부왕 선조가 매우 귀여워하던 아들이었다. 이이첨은 김제남이 외손자 영창대군을 임금으로 추대하려는 역모를 꾸민다고 거짓으로 고했다.

1613년 광해군은 김제남과 그의 가족들을 모두 멸하고 인목대비[66]의 어머니 노씨를 제주도로 귀양 보냈다. 더구나 광해군은 영창대군을 죽이려고 나인들에게 잡아오도록 명령했다.

인목대비는 궁녀와 내시들이 들이닥치자 그들을 꾸짖으며 아들을 내놓지 않았다. 내시들이 이 상황을 광해군에게 말하자 그는 미친 듯이 달려와 인목대비에게 대들었다.

"역모를 꾀했는데, 그냥 있으란 말입니까?"

"상감, 이제 다섯 살 어린아이가 무슨 역모를 꾸미겠소? 차라리 나를 죽이시오."

광해군은 인목대비에게 영창대군을 빼앗아 간 후 강화도 교동으로 귀양 보냈다. 2년 뒤 간신들은 영창대군을 방에 가두고 불을 마구 땠다. 어린 영창대군은 뜨겁게 달아오르는 방에서 질식사했다.

광해군은 '폐모론'을 들먹거리며 영창대군 어머니 인목대비를 서인으로 내쫓겠다고 했다. 그러자 간신 이이첨, 정인홍 유인분 등은 역적의 딸과 어머니라는 죄명을 씌워 인목대비를 폐하여 사가로 내쫓으라고 주장했다.

---

66) 인목대비(仁穆大妃, 1584~1632)
  조선 선조의 계비(繼妃)로 성은 김(金). 선조 35년(1602) 왕비로 책봉되었으나 광해군이 즉위하자 대북(大北)의 모략으로 서궁(西宮)에 유폐되었다가 인조반정으로 풀려났다.

그렇지만 옛 중신 이원익, 이항복, 기자헌 등이 반대하자 광해군은 이원익을 삭주로, 기자헌을 창성으로, 이항복을 북청으로 귀양 보냈다. 그런 다음 광해군은 인목대비를 서궁에 가두었다.

　어느 날 새벽녘에 정인홍, 이이첨 등의 간신들은 인목대비를 암살하기 위해 서궁으로 잠입했다. 이를 눈치 챈 인목대비의 궁녀가 침실로 달려가 대비를 급히 피신시켰다. 그런 후 자신은 대비의 이불을 뒤집어쓰고 있다가 자객의 칼에 죽었다.

　이이첨을 비롯한 간신들의 권세는 하늘을 찔렀고 선조의 왕자까지 제거하기 위해 음밀하게 모의했다.

　첫 번째 희생양은 정원군 둘째아들 능창군이었다. 이에 동생 능창군이 억울하게 죽게 될 것 같아 형 능양군은 동생을 구하기 위해 애를 썼다.

　이때 광해군 처남이 병조판서 유희분이었다. 능양군은 동생을 구하기 위해 집에 있는 패물을 모두 유희분에게 바치면서 분함에 이를 갈았다. 이처럼 조정은 간신들의 행패로 나라까지 어지러웠다. 그래서 김유, 이귀, 홍서봉, 김자점 등은 광해군을 내쫓을 계획을 세웠다.

　때마침 정의감에 불타는 원두표가 왕을 제거하기 직전 원로대신들의 양해를 구하기 위해 은밀히 이원익을 찾아갔다. 당시 이원익은 여주에서 귀양살이를 하고 있었다. 입이 무거운 원두표는 그와 술을 마시고 함께 잤다. 중대한 일을 함부로 발설할 수가 없었기 때문이다.

　그는 일부러 술에 취한 척하면서 이원익의 배에 다리를 올려놓았다. 그러자 이원익은 잠버릇이 고약하다고 중얼거리며 다리를 슬며시 내려놓았다. 또다시 다리를 올려놓으면서 '집의 대들보가 썩어 걱정이입니다'라며 일부러 잠꼬대를 했다. 이원익 역시 '썩었다면 당연히 갈아치워야지'라며 잠꼬대를 했다.

광해군 묘

　이에 원두표는 벌떡 일어나 광해군을 내치기로 했다는 계획을 말했다. 그는 이원익의 허락을 받고 한양으로 돌아오다가 과천에서 잡히고 말았다. 갖은 고문을 받았지만 결코 자백하지 않았다. 이때 관리들은 그를 한강 백사장에 끌고 가서 목을 자르기로 했다.

　한강으로 끌려간 그에게 사형집행 관리가 마지막 소원을 물었다. 그는 목이 컬컬하니 막걸리나 한 사발 마시고 싶다고 했다. 막걸리를 받아든 원두표는 반 대접쯤 마시다가 집행관 얼굴을 내리치고, 발길로 망나니를 쓰러뜨린 후 한강으로 뛰어들어 죽음을 면했다.

　1623년, 광해군 15년 3월 12일 밤 김유, 이귀, 신경진, 심기원 등은 군사들을 동원해 대궐로 쳐들어가 광해군을 잡아 가두고 능양군을 조선 16대 인조임금으로 등극시켰다.

　공신으로 추대 받은 이원익은 영의정이 되었고, 광해군은 강화도로 귀양 보내졌다. 그 후 귀양지를 제주도로 옮긴 후에 죽었다.

간신 이이첨, 정인홍, 유희분 등은 처형되었다.

광해군은 왕의 권위를 높이기 위해 임진왜란 때 불타버린 창덕궁과 경덕궁(경희궁), 인경궁을 고치고 전쟁 동안 사라진 각종 책을 간행하였다. 그리고 당파에 상관없이 골고루 인재를 등용하려고 애썼다. 그러나 큰 효과를 거두지 못하고 결국 과다한 세금에 시달린 백성들과 신하들의 반발을 사 자리에서 밀려나고 말았다(인조반정).

명나라와 청나라 사이에서 현실을 정확히 파악하고 조선에 유리한 외교를 펼치려던 광해군도 명분을 앞세우는 신하들을 이기지 못하고 비명에 사라졌다.

청나라에 당한 인조 굴욕

광해군은 피폐해진 국내 사정과 명나라가 쇠약해지고 후금(청)이 강해지는 국제 정세의 변화를 살펴 중립 정책을 펼쳐 명에 대한 의리를 지켜야 한다는 서인의 비판을 받았다. 그리고 이복동생 영창대군을 죽이고 그의 어머니 인목대비를 폐비시키자, 신하들은 유교윤리를 어겼다는 이유로 반정을 일으켜 광해군을 몰아내고 인조를 왕위에 올렸다.

왕위에 오른 인조는 제일 먼저 승지 이덕희를 제주도로 보내 인목대비의 어머니 노씨를 모셔오게 했다. 그 다음 공신에 대해 공과를 매겨 상을 주었다. 공신 이괄은 역시 일등공신이 되리라고 믿었는데, 이등공신이 되면서 아들조차 상을 받지 못했다.

이에 불만을 품은 이괄은 도원수 장만의 밑에서 부원수가 되어 평안병사를 겸하면서 군사를 이끌고 한양으로 쳐들어왔다. 그러자 인조는 공주로 피난했고, 이괄은 도원수 장만의 군사와 정충신이 거느린 군사들을 맞아 길마재에서 싸웠다. 이곳에서 크게 패한 이괄은 도망치다가 이천 묵방리에서 부하들의 손에 죽었다.

당시 중국대륙은 명나라가 망해 가고 청나라가 급부상하고 있었다. 인조 3년 후금은 만주 봉천으로 도읍지를 옮기고 명나라 영원성을 공격했다. 명나라 장수 원숭환이 성을 굳게 지켰고, 명장 모문룡이 가도에서 후금의 뒤를 공격했다.

후금의 태조 누루하치는 영원성을 점령하지 못하고, 이 전쟁에서 입은 상처로 죽었다. 그의 아들 홍타시가 뒤를 이어 나라이름을 청이라 고치고 스스로 태종으로 등극했다.

다행히 광해군 때에는 명나라와 후금 사이에 일어난 싸움에서 어느 쪽이든 편들지 않았기 때문에 편안할 수가 있었다. 그러나 광해군을 몰아낸 인조의 조정에서는 임진왜란 때 조선을 도와준 명나라만을 넘기고 후금을 멀리했기에 후금은 명나라를 공격하기에 앞서 조선으로 군사를 내었다.

1627년 청나라 태종은 왕자 아민에게 3만 대군을 내줘 안주와 평양을 거쳐 황해도 평산까지 쳐들어왔다(정묘호란). 강화도로 피난 간 인조는 할 수 없이 화의를 맺었다.

인조 14년, 남한산성을 수축하고 성안에 9개의 절을 세웠다. 그곳 중들에게 활쏘기를 장려해 만일의 경우를 대비했다. 강화는 예부터 외적을 막던 중요한 요충지로 이곳의 성과 문을 고친 후 곡식을 저장했다.

청나라 침입 이후 청나라 장수 용골대가 조선의 실정을 탐지하기 위해 찾아왔다. 호조판서 김시양이 용골대의 접대를 맡았는데 그의 속셈을 읽었다. 김시양은 군사들을 시켜 동대문 밖에서 용골대를 맞도록 명령했다.

용골대는 서대문으로 가는 척하다가 갑자기 말머리를 돌려 동대문으로 달렸다. 동대문에는 뜻밖에도 장막을 치고 관리와 군사들이 기다리고 있었다. 그러자 용골대가 누구를 맞이하는 장막이냐고 물었다. 그러자 통역을 맞는 조선관리가 이렇게 대답했다.

"대인께서 남한산성으로 가시려는 것을 호조판서 대감께서 아셨지요. 그래서 조촐한 잔치자리를 마련했습니다."

용골대는 속으로 깜짝 놀라 이렇게 중얼거렸다.

"조선에도 이런 큰 인물이 있구나. 내가 가보지 않아도 그곳의 방비가 어떤지 잘 알겠구나."

말머리를 돌려 숙소로 돌아온 용골대는 젊은 장수들이 자신을 죽이려 한다는 것을 알았다. 그러다 용골대는 두려워서 김시양에게 작별인사도 하지 않고 밤중에 떠나버렸다.

그때 용골대는 자신이 머물렀던 숙소 벽에 '청靑'이란 글자를 써 놓고 갔다. 하지만 아무도 그 글자의 뜻을 알지 못했다. 그렇지만 김시양만이 그 글자가 12월을 가리킨다는 것을 알았다. 즉 그해 12월 청나라가 쳐들어온다는 것을 김시양에게 일러주었던 것이다. 김시양은 인조에게 아뢰었다.

"폐하! 오랑캐의 침략이 멀지 않았습니다. 그들은 반드시 겨울이 지나기 전에 쳐들어올 것이기 때문에 군사를 미리 훈련시켜야 합니다."

그의 말이 끝나자 김자점 등이 망령된 소리라며 모함하자 김시양은 벼슬을 버리고 낙향했다.

조정은 후금이 물러가자 다시금 명나라와 친하게 지내고, 후금과는 계속해서 거리를 두는 정책을 펼쳤다.

중국 대륙의 중심이라 여기던 명나라가 그렇게 쉽게 패망하리라 여기지 않았던 것이다. 그러자 청나라는 조선에게 신하 나라가 되어 자기 나라를 섬기라 하였으나 이를 거절하자, 청나라는 다시 조선을 침략하였다(병자호란).

1636년 병자년 12월, 청나라 10만 대군이 얼어붙은 압록강을 건너 쳐들어왔다. 그들은 조선의 명장 임경업이 지키는 의주성을 거치지 않고 한양으로 곧장 쳐들어왔던 것이다. 3일 만에 선발대가 홍제원에 도착했지만 그들은 공격하지 않는 것처럼 행동했다.

인조는 세자와 두 왕자에게 종묘의 위패를 들게 하고 왕비와 빈궁들과 함께 강화도로 피난시켰다. 그런 다음 인조는 신하들과 군사들을 거느리고 남한산성으로 들어갔다.

이윽고 청나라 군사들이 성을 포위했고 태종도 역시 주력부대를 이끌고 도착했다. 이때 태종은 남한산성이 높고 험한 것에 화가 나 용골대를 죽이려고 했다. 그것은 이번 싸움은 용골대의 건의에 따랐기 때문이다.

남한산성

이에 용골대는 태종에게 10일 간의 여유를 주면 남한산성과 강화도를 한꺼번에 함락시키겠다고 했다.

용골대는 군사를 거느리고 통진 문수산에 올라가 강화도를 건너다보았다. 문수산에서 내려다보니 강화도가 손바닥만 하고 갑곶엔 군사가 보이지 않았다. 강화도는 영의정 김유의 아들 김경징이 수비대장으로 이민구가 부장으로 지키고 있었다.

김경징은 성격이 교만하고 줏대가 없었다. 그는 강화도의 유리한 지리적 조건만 생각하고 술로 세월을 보냈다. 강화도는 남북의 길이가 1백여 리이고, 동서는 오십 리나 되는 큰 섬이지만 땅이 기름져 농사가 잘 되었다.

이 섬은 육지와 가깝지만 강과 언덕이 모두 절벽이고 절벽 밑은 수렁이라 배를 댈 곳이 없었다. 동쪽은 갑곶이에서 남쪽으로는 손돌목까지 절벽이 요새를 이루고 있었다. 그런 까닭에 오직 갑곶이에서만 배를 정박할 수 있었다.

그래서 수비대장 김경징과 부장 이만구도 마음을 놓고 있었던 것이다. 조정대신들은 갑곶이에 군사를 보내 굳게 지키라고 여러 번 요청했다. 그러나 김경징은 절대로 공격하지 못할 것이라 장담했다.

그러나 용골대는 뗏목을 만들어 갑곶나루로 건너와 강화도를 함락시켰다. 그렇지만 김경징과 이민구는 어디론가 달아났다. 하지만 강화성을 지키던 김상용은 성루 위로 올라가 불을 지르고 화약고에 몸을 던져 자폭했다.

이렇게 되자 왕자와 여러 비빈, 많은 궁녀들이 적에게 사로잡혔다. 남한산성에 있던 인조가 이 소식을 듣고 크게 놀랐다. 인조는 최명길에

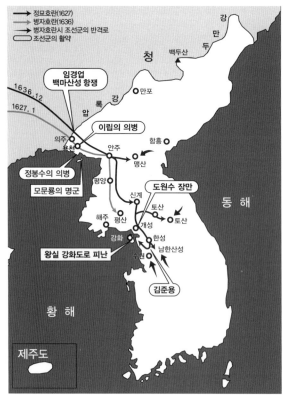

병자호란

게 항복문서를 쓰게 했는데, 이 문서를 본 김상헌이 빼앗아 찢으며 소리쳤다.

"대감들은 어찌 이런 굴욕적인 화의를 하려는 것이오?"

그런 다음 임금에게 이렇게 아뢰었다.

"전하, 절대로 아니 됩니다. 군신이 죽기로 싸워야 하옵니다."

그러나 그는 끝내 자신의 뜻을 이루지 못했는데, 그는 강화도에서 폭약을 입에 물고 자폭한 김상용의 아우였다.

1637년, 인조 15년 인조는 남한산성에서 나와 삼전도에서 청나라 태종에게 항복하고 말았다. 항복문서를 받은 청나라 태종은 소현세자와 봉림대군을 볼모로 잡아 심양으로 데려갔다.

이때 끝까지 싸우기를 주장한 척화파인 오달제, 윤집, 홍익한 등의 '삼학사'가 함께 끌려갔다. 하지만 모든 전후 사정을 알게 된 청나라 태종은 3년 후에 김상헌과 임경업을 잡아갔다. 김상헌은 압록강을 건너면서 나라사랑에 대한 변함없는 마음을 시조로 읊었다.

가노라 삼각산아 다시 보자 한강수야
고국산천을 떠나고자 하랴마는
시절이 하수상하니 올동말동하여라.

그렇지만 임경업은 호송 도중 포승을 끊고 되돌아왔으며 최명길은 한참 뒤에 풀려났다. 김상헌은 심양 옥에서 6년 동안 갇혀 있었는데 끝까지 절개를 굽히지 않아 태종까지 의로운 선비라며 감탄했다. 김상헌 역시 귀국해 조정에 복귀했다.

북벌의 꿈을 이루지 못한 효종의 한

청나라에 볼모를 끌려갔던 소현세자는 청나라에서 서양 선교사이자 과학자인 아담 샬을 만나서 서양 문물에 대해 배우고, 조선의 학자들에게 서구 과학의 우수성을 알리기 위해 1645년 조선에 돌아오면서 아담 샬의 『천문 역산서』라는 천문·절기에 관한 책과 세계 지도 등 진귀한 물건들을 많이 가지고 왔다.

그러나 인조는 오랑캐의 제도를 본받는다 하여 소현세자가 머무르고 있던 동궁 안의 서양 문물을 모두 불태우라고 명하였다.

그 후 소현세자는 조선에 온 지 두 달 만에 갑작스럽게 세상을 떠나고 말았다. 이후 서구의 문물이 조선에 알려지는 데는 많은 세월이 흘러야 했다.

인조가 죽고 봉림대군이 조선 17대 효종임금으로 즉위했다. 효종은 청나라 침략과 항복의 수모를 두 번이나 직접 겪었다.

소현세자와 봉림대군은 심양에서 볼모로 잡혀 있다가 조선으로 돌아왔다. 소현세자가 봉림대군보다 앞서 귀국하였으나, 그는 두 달 만에 갑자기 세상을 떠났다. 그리고 뒤늦게 돌아온 봉림대군은 왕위에 오르자 부왕에 대한 수치심을 극복하기 위해 북벌을 목적으로 국력을 키웠다.

청나라에 당한 치욕을 씻고자 북벌을 최우선 과제로 삼았던 효종은 즉위 후 정권을 장악하고 있던 김자점 등 친청파親淸派를 조정에서 몰아내고 김상헌·김집·송시열[67]·송준길 등 서인계 대청對淸 강경파를 중용하

---

67) 송시열(宋時烈, 1607~1689)

조선 숙종 때의 문신·학자로 아명은 성뢰(聖賚), 자는 영보(英甫), 호는 우암(尤庵)이다. 효종의 장례 때 대왕대비의 복상(服喪) 문제로 남인과 대립하고, 후에는 노론의 영수(領袖)로서 숙종 15년(1689)에 왕세자의 책봉에 반대하다가 사사(賜死)되었다. 저서에 《우암집》, 《송자대전(宋子大全)》 등이 있다.

여 북벌계획을 추진했다. 이들은 청을 군사적으로 응징하는 것은 군부 국君父國인 명나라에 대한 신자국臣子國의 당연한 의무라는 복수설치復 讐雪恥의 논리로 효종의 북벌을 이념적으로 지원했다. 아울러 이러한 북 벌론은 양란(정유재란, 병자호란) 이후 체제붕괴 위기를 극복하기 위한 지 배층의 내실자강책, 즉 '국가재조'라고 하는 대내적인 지배 안정책의 의 미를 갖고 있는 것이기도 했다. 그러나 궁지에 몰린 김자점 등의 친청세 력이 역관 이형장을 통해 일련의 북벌계획을 청나라에 알려 청의 간섭 을 유도함에 따라 즉위 초기에는 적극적인 군사계획을 펼 수 없었다.

그러나 효종의 북벌계획은 문신 송시열과 무신 이완이 있었기 때문에 가능했다. 그들은 정치와 군사를 각각 맡아 군량미를 비축하고 군사훈 련을 했다. 그러던 중 어느 날 밤, 효종은 이완을 급히 대궐로 들어오라 고 했다.

'전하께서 밤중에 무슨 일일까?'

이완이 입궐할 준비를 서두르고 있을 때 부인이 뵙자는 하인의 전갈 이 왔다. 이완이 안방으로 들어가자 부인은 갑옷을 꺼내 놓았다.

"부인, 지금 갑옷이 무슨 필요가 있겠소?"

"대감, 대궐은 안심할 수 있는 곳이 아닙니다. 만사 불여튼튼이옵니다."

곰곰이 생각한 이완은 부인이 말을 이해하고 갑옷을 관복 밑에 껴입 었다. 이완은 곧장 말을 달려 창덕궁 앞에 이르렀다. 이완이 말에서 내 리자 수문장은 신분을 확인하고 크게 외쳤다.

"훈련대장 이완 듭시오."

그러나 주위가 너무 캄캄해 걷기가 불편했다. 이때 어둠 속에서 화살 하나가 날아와 이완의 가슴에 꽂혔다. 이완은 아찔했다. 갑옷을 입지 않 았더라면 이미 저세상 사람이 되었을 것이다.

화살을 맞은 이완은 계속해서 어둠 속을 걸어갔다. 이윽고 중문에 이르자 수문장과 몇 명의 군졸이 있었다. 이완이 출입패를 보여 주며 들어 갔다.

중문 안 역시 캄캄해서 어디가 어딘지 분간할 수가 없었다. 앞으로 걸어가는 순간 또다시 화살이 날아왔다. 그렇지만 그는 당황하지 않고 가슴에 꽂힌 화살을 뽑아 얼른 소맷자락 속에 넣었다.

세 번째 문을 지나자 높은 정자 위에 효종과 송시열 등이 둘러앉아 술을 마시고 있었다. 이완은 임금 앞에 나아가 절을 하였다.

"이완 어명을 받잡고 대령하였나이다."

효종은 그를 보자 용상에서 내려왔다.

"훈련대장, 밤중에 오시느라 수고가 많았소! 자, 올라가서 술이나 듭시다."

이완이 연거푸 세 배의 술을 받아 마셨을 때였다. 효종은 붓 한 자루와 벼루를 이완에게 하사했다. 그날 임금은 무장으로서 이완의 담력과 사람됨을 시험했던 것이다. 새벽에 집으로 돌아와 부인에게 고마움을 표했다.

"부인! 정말 고맙소. 부인이 아니었던들 오늘 황천객이 되었을 것이오."

그러자 부인은 웃으면서 물었다.

"혹시 상감께서 대감께 내려주신 물건이 없으십니까?"

"있소. 붓 한 자루와 벼루를 내리셨소. 대대로 보물로 삼아야겠소."

그러자 부인은 붓과 벼루를 물끄러미 바라보고 있다가 느닷없이 다듬이 방망이로 붓두껍을 후려치는 것이었다. 그러자 이완은 새파랗게 얼굴이 질렸다.

"부인! 이게 무슨 해괴한 짓이오?"

하지만 부인은 태연하게 붓두껍 속에는 가늘게 말아 끼운 밀서가 들어 있었다. 부인 생각에 임금이 무신 이완에게 붓과 벼루를 내린 것이

강화도 갑곶돈대

앞뒤가 맞지 않았다. 그래서 부인은 붓을 부수었던 것이다.

'훈련대장 이완에게 병조판서를 겸하도록 하노라. 북벌계획에 대한 좋은 의견이 있으면 적어 올리도록 하라!'

그는 곧바로 청나라를 정벌하기 위한 여러 가지 의견을 보고했다. 북벌계획을 추진한 지 10년이 되었다. 마침내 효종은 청나라로 쳐들어갈 결심을 굳혔다. 그러나 효종은 꿈을 이루지 못하고 병을 얻어 갑자기 죽고 말았다.

효종은 북벌계획을 강력히 추진하여 군제를 개혁하고 군비를 강화했으며, 임진왜란과 병자호란 이후 붕괴위기에 처한 경제의 재건에도 많은 노력을 기울였으나 그 꿈을 이루지 못하였다.

인현왕후와 장희빈

효종의 죽음으로 송시열이 이끄는 서인과 윤휴가 이끄는 남인 사이에 상복 입는 문제로 아귀다툼을 벌이다 효종의 뒤를 이른 현종이 송시열의 의견을 받아들이는 바람에 남인들은 벼슬을 잃고 멀리 귀양 가게 되었다. 그 후 또 숙종 때에 이르러 서인과 남인이 번갈아 집권하면서 상대방에 대한 탄압과 보복이 반복되었다. 그 결과 공존의 원리가 무너지고 공론이 당파의 이익을 대변하게 되었으며 특정 붕당이 권력을 독점하였다.

숙종의 첫 번째 아내가 병으로 죽자 인현왕후는 열다섯 살의 꽃다운 나이로 숙종의 왕후가 되었다. 그러나 인현왕후는 오랫동안 왕자를 생산하지 못했다.

그때 마침 궁궐에는 빼어난 미모의 장옥정이라는 궁녀가 있었다. 숙종은 장옥정을 만난 후 그녀에게 빠져들고 그녀가 아들을 낳자 장옥정은 왕비 다음 자리인 희빈으로 올려졌다.

그리고 숙종은 인현왕후가 질투한다 하여 궁궐에서 내쫓고 왕비 자리도 장희빈에게 내어 주었다.

장희빈이 왕비가 되자, 그녀의 오빠 장희재가 득세하여 횡포하게 굴었다. 얼마 후 숙종은 왕비가 된 장희빈이 질투심이 강하고, 오빠인 장희재의 행실이 날로 난폭해지자 장희빈을 쫓아냈다. 그리고 궁궐 밖으로 내쳤던 인현왕후를 다시 불러들였으나 그녀는 끝내 아이를 낳지 못하고 병으로 세상을 떠났다.

숙종은 인현왕후의 죽음을 장희빈의 책임이라 하여 사약을 내렸다.

조정 권력의 암투는 치열했다. 인현왕후를 둘러싼 정치 세력은 서인들이고, 장희빈을 통해 권력을 쥔 사람들은 남인들이었다. 치열한 권력다

툼 속에서 서인의 대표적인 사상가 송
시열도 장희빈이 왕비가 되고 권력을 쥐
었을 때 사약을 받고 죽었다. 결국 장희
빈과 인현왕후 두 여인은 숙종과 권력을
둘러싼 여러 세력의 다툼[68]에 희생된 것
이다. 두 여인은 단순히 질투 때문에 불
행한 삶을 산 것이 아니라, 나라를 다스
리던 관리들이 서로 갈라져서 싸움으로
써 빚어진 비극을 맞이했다. 이런 사실
은 김만중이 쓴 『사씨남정기』에 의해 널
리 회자되었다.

인현왕후

　이때 벼슬아치들의 다툼은 지방에까
지 번지게 되어 각 지방에 서원이 크게 늘어났다. 본래 서원은 학생들을
가르치고, 인재를 기르는 것이 목적이었다. 그러나 숙종 때에 이르러 조
정의 정치 상황과 함께 서인과 남인의 정치적 대립의식이 치열해지면서
서원의 설립에 중앙 권력이 개입하기 시작했다.

　교육기구로서의 1차적 기능이 흐려지고 봉사 위주의 성향이 현저해진
상태에서 가문의 권위를 드러내는 수단으로 활용되어 서원으로서의 기
능이 변하였다.

---

68) 사씨남정기(謝氏南征記)
　　조선 숙종 때 김만중이 지은 한글 소설. 장희빈이 숙종의 총애를 받으면서 남인이 권력을
　　잡자, 서인이었던 김만중이 남해로 귀양을 갔다. 김만중은 그곳엣 한글 소설《구운몽》과《사
　　씨남정기》를 썼는데,《사씨남정기》의 줄거리가 숙종, 인현왕후, 장희빈을 빗대어 쓴 작품이
　　다. 인현왕후를 폐하고 희빈 장씨를 왕비로 맞아들인 숙종의 마음을 바로잡아 보려고 지은
　　것으로, 후에 종손인 김춘택이 한문으로 번역하였다.

아들을 죽인 영조의 고집

선조때부터 시작한 당파 싸움이 영조때까지 내려오면서 나라꼴이 엉망이 되었다. 출신이 불분명한 영조가 왕위에 오르자 그를 시해하려는 무리들이 들끓었다.

조정은 숙종 때부터 서인에서 나누어진 송시열을 중심으로 하는 노론과 윤증을 중심으로 하는 소론이 대립하고 있었다.

숙종이 죽자 영조의 형이자 장희빈의 아들인 경종이 왕위에 올랐으나 경종은 아이를 낳지 못하고 병치레가 잦아 죽었다. 그러자 영조가 왕위에 오른 것이다. 영조는 숙종의 후궁인 최씨가 낳은 아들이었다.

영조 4년, 이인좌가 반란을 일으켰다. 이인좌를 중심으로 모인 사람들은 영조가 왕이 되면서 정권에서 소외된 소론과 남인 계열이었다.

이인좌를 비롯한 소론과 남인 계열 사람들은 누군가가 독약을 써서 경종을 죽였다고 주장하였다. 또 영조가 숙종의 진짜 아들이 아니라고 주장하면서 영조를 죽이려 했다.

이인좌의 무리들은 난을 일으켰다. 처음에는 한양에 있는 소론파 사람들이 도와주리라고 생각했다. 그리하여 충청도 청주를 비롯한 이웃 지방을 재빠르게 차지하고 진천을 거쳐 안성, 죽산 등지로 나아갔다. 그러나 이인좌가 계획했던 것과는 달리 반란에 동조하는 이들이 많지 않았다. 그리하여 이인좌의 무리는 관군에게 패하고 말았다.

영조는 박문수에게 군사를 내줘서 진압시킨 후 60여 명을 엄한 죄로 다스렸다. 하지만 영조는 꾸준히 '탕평책'을 펼쳤다.

박문수는 이인좌의 난을 평정했을 뿐만 아니라 암행어사로서 많은 업적을 남긴 인물이었다. 어느 날, 영조는 박문수를 불러 말했다.

"경은 내가 가장 아끼는 신하요, 하지만 너무 불손한 것이 단점이오."

이 말을 들은 박문수가 깜짝 놀라며 물었다.

영조

"전하! 무슨 말씀이신지 소신이 알아들을 수가 없습니다."

"아직도 모르겠소? 임금에게 이야기를 할 때 고개를 숙이는 것을 본 적이 없소. 그게 불손한 일이 아니오?"

그러자 박문수는 당연한 일이라는 표정으로 얼굴을 꼿꼿이 들고 아뢰었다.

"전하! 그것을 잘못 이해하시고 계십니다. 신하가 전하께 말씀을 올릴 때 머리를 숙이는 것은 간신배들이나 하는 짓입니다."

영조는 박문수의 말을 듣고 껄껄 웃으며 손을 내저었다.

1725년 영조는 후궁 영빈이씨가 낳은 장헌을 세자로 삼았다.

장헌세자[69]는 총명했지만 곧잘 아버지 영조에게 잘 따졌다. 뿐만 아니라 부자 간의 의견이 달라 영조는 몹시 불쾌했다.

그래서 세자는 아버지를 멀리하기 시작했는데 성격이 까다로운 영조는 그런 아들이 싫었다. 하지만 영조의 정성왕후 서씨는 자식이 없어 장헌세자를 사랑했다. 그런 왕비가 영조 33년에 죽자 세자는 외로움에 지쳐 갈등을 일으켰다.

세자가 나이가 들면서 주변에 아첨하는 무리가 모여들었다. 그러자 세자를 못마땅하게 여긴 반대파들은 영조에게 거짓으로 고해 임금과 세자

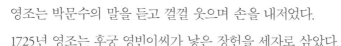

69) 장헌세자(莊獻世子, 1735~1762)
조선 영조의 둘째아들로 이름은 선(愃)이고, 자는 윤관(允寬), 호는 의재(毅齋)이다. 영조의 미움을 사서 뒤주 속에 갇혀 죽었다. 아들 정조가 즉위하자 장헌으로 추존되었다가, 광무 3년(1899)에 장조로 다시 추존되었다. 일명 사도세자라 불린다.

사이를 이간질했다. 부자는 서로 피하려고만 했다. 더구나 영조의 후궁 문숙의는 기회 있을 때마다 세자를 헐뜯었다.

"전하, 세자는 활쏘기, 칼 쓰기, 말 타기로 세월을 보내고 있습니다."

영조 38년 5월, 나경언이 세자의 나쁜 짓 열 가지를 적어 임금에게 보고했다. 화가 난 영조는 세상을 떠난 왕들의 명복을 비는 휘녕전에 뒤주를 갖다놓은 뒤 세자를 가두고 자물쇠로 채웠다.

이때 도승지였던 이이장이 나서서 용서를 빌었지만 오히려 죽임을 당했다. 아흐레 동안 뒤주 속에 갇혀 있던 세자는 죽고 말았다.

한참 후, 영조는 간신들의 모함에 아들을 죽인 것을 후회했지만 때가 늦었다. 영조는 세자에게 사도세자라는 칭호를 내리고 그의 죽임을 애도했다.

1795년 사도세자가 죽고 궁중에서 쫓겨난 세자비 혜경궁 홍씨는 당시 가슴이 아팠던 사연과 궁중생활의 고충을 쓴 『한중록』[70]을 집필했다. 이때 혜경궁 홍씨의 나이가 예순한 살이었다.

영조는 조선의 왕 중에서 가장 오랫동안 임금자리에 있었는데, 재임기간이 무려 52년이었다. 또한 70세가 넘도록 생존한 임금은 태조와 영조뿐이었다.

영조는 여든이 넘어 왕위를 사도세자의 아들에게 물려주려고 했었다. 하지만 홍인한, 정후겸, 구선복 등이 반대했고, 이들은 사도세자의 죽음에 관련된 인물들이었다. 그들이 사도세자를 죽게 한 것이 자신들에게 화가 미칠까 두려웠기 때문이다.

---

70) 한중록(閑中錄)
　　정조 19년(1795) 사도세자의 비 혜경궁 홍씨(惠慶宮洪氏)가 쓴 자서전적 회고록으로, 필사본 14종이 있으며, 국문본·한문본·국한문혼용본이 있다. 《인현왕후전》과 함께 궁중문학의 쌍벽을 이룬다.

조선 시대의 실학사상

18세기 초 경기도 광주 지방을 중심으로 농업을 중요하게 여기는 새로운 학문이 나타났다. 이 학문은 경기도 근처에 살고 있는 남인들에 의하여 시작되었는데 이들은 잘못된 사회 현실을 바로잡기 위해 지리학, 수학, 농업 등 다양한 분야를 공부하였다.

그 시대 대부분의 학자들이 소홀하게 여기던 우리 고유의 언어와 역사 등에 대해서도 높은 관심을 가지고 국학을 활발하게 연구하였다.

조선 후기에 이와 같이 새롭게 나타난 학문을 '실학'이라고 한다. 그러면 그때 이러한 학문이 나타난 배경은 무엇일까?

당시 조선의 학자들은 '성리학'이 아닌 다른 모든 학문은 옳지 않다고 하였다. 고려 시대에 크게 발전했던 불교 등도 반대하였다. 그러나 '임진왜란'과 '병자호란' 등으로 나라가 어려움을 겪자 조선의 정치와 정책, 그리고 성리학 중심의 학문 풍토를 바꾸어야 한다는 목소리가 높아졌다. 게다가 이즈음 청나라를 거쳐 서양 문물이 들어오면서 새로운 지식이 점차 퍼져 나갔다. 학자들은 조선의 잘못된 현실을 더욱 크게 깨닫기 시작하였던 것이다.

그 당시 농민들을 비롯한 백성들은 농사지을 땅이 없어서 큰 어려움을 겪고 있었다. 몇몇 지주들이 땅을 다 차지하고 있었기 때문이다. 농민들은 지주들의 땅을 빌려 농사를 지어서 거두어들인 농산물의 절반을 지주에게 바치고 지주에게 바치고 남은 절반으로 나라에 세금을 내고 나면 살기가 힘들었다. 아무리 열심히 일을 해도 먹고 사는 것이 힘들어지자 고향을 등지고 떠나는 사람들이 갈수록 늘어났다.

농민들의 어려운 사정을 본 성리학자들은 '백성들이 농사를 지을 땅을 가져야 한다'고 생각하였다.

반계수록

오늘날에는 크게 놀랄 일이 아니지만 이것은 당시에는 엄청난 파문을 일으킬 수 있는 주장이었다. 토지를 농민들에게 나누어 주기 위해서는 지주들이 땅을 내놓아야 하는데 그렇게 하려는 지주가 어디에 있겠는가?

농민을 위한 정치를 주장한 실학자 가운데 유형원이라는 사람이 있었다. 유형원은 일생 동안 벼슬에는 뜻을 두지 않고 오로지 농민들을 위하고 나라를 부강하게 만드는 일에만 힘을 쏟았다. 유형원은 이러한 생각을 『반계수록』[71]이라는 책에 정리하여 남겼다.

유형원의 뒤를 이어 실학을 하나의 학파로 이룬 사람이 이익이다. 농

---

71) 반계수록(磻溪隨錄)
　　조선 중기의 실학자 유형원(柳馨遠)이 통치 제도에 관한 개혁안을 중심으로 저술한 책. 26권 13책으로, 반계는 자신의 호이며, 수록은 책을 읽다가 수시로 베껴둔 것이라는 뜻이나 이는 저자의 겸사이고 체계가 정연한 저술이다. 이 책은 저자가 관직 생활을 단념하고 전북 부안군에 침거해 52세까지 22년간에 걸쳐 연구한 것이다. 조선 시대의 사회·경제, 특히 전제(田制)를 연구하는 데 귀중한 자료이다. 영조 46년(1770)에 간행되었다.

업 문제에 대해서 의견을 내놓은 이익은 한 집안의 생활에 필요한 땅만큼은 절대로 팔거나 살 수 없도록 하자고 주장하였다. 이렇게 되면 많은 땅을 가지고 있던 부유한 사람은 땅을 조금씩 팔아 땅이 점차 줄게 되고, 가난한 사람은 필요한 땅을 잃지 않아 농토를 고르게 소유할 것이라고 주장하였다.

이와 같은 주장을 이익은 『성호사설』이라는 책에 써 놓았다. 이 책은 정치, 경제에 대한 개혁뿐만 아니라 여러 가지 분야를 연구한 백과사전이다.

이익은 수많은 제자들을 키워 냈으며 영조와 정조 시대에는 실학이 중심 학문이 되었다.

북학파 학자들

　지방에 있던 남인계 학자들이 농촌의 문제점을 비판하면서 토지 제도를 고쳐야 한다고 주장하고 있을 때, 한양에서 권력을 휘두르던 노론계 학자들에게서도 새로운 변화의 움직임이 나타났다.

　'지금 청나라의 산과 강은 옛날 명나라의 산과 강 그대로이며 문물제도 또한 옛날 중국의 문물제도인데 무엇 때문에 무시하는가? 청을 본받지 않으면 우리나라 백성들의 굶주림을 해결할 길이 없다.'

　그 무렵 대부분의 관리들은 오랑캐 나라인 청나라에게는 배울 것이 없다고 생각하였다. 그러나 그때 박지원[72]과 홍대용은 한양에서 권력을 쥐고 있던 노론이었지만, 사신 행렬에 끼어 자주 북경에 드나들면서 청나라의 발달된 문물들을 직접 보고 듣게 되었다.

　대부분의 관리들은 청나라를 병자호란 때 우리나라를 침입한 오랑캐로만 여겼다. 그러나 청나라는 더 이상 조선 사람들이 야만족이라고 깔보던 북방 오랑캐가 아니었다. 청나라는 오랫동안 쌓아 온 중국의 문화를 잘 이어받아 더욱 발전시켰다.

　특히 청나라는 서양 선교사를 통하여 발달된 서양 문화를 많이 받아들였다.

　청나라를 다녀온 젊은 학자들은 한 목소리로 청나라를 오랑캐라고 업

---

72) 박지원(朴趾源, 1737~1805)
　조선 정조 때의 문장가·실학자로, 자는 중미(仲美)·미중(美仲). 호는 연암(燕巖)·연상(煙湘)이다. 박지원은 현실에 안주하지 않고 당시 허위의식에 빠진 세태를 비판하였다. 그는 또한 당시 중국의 선진문물을 배우고 실천하려고 하였던 북학의 선두 주자였다. 홍대용·박제가 등과 함께 청나라의 문물을 배워야 한다는 이른바 북학파의 영수로써 이용후생(利用厚生)의 실학사상(實學思想)을 강조하였으며, 특히 자유적이고 기발한 문체를 구사하여 여러 편의 한문소설을 발표, 당시의 양반계층의 타락상을 고발하고 근대사회를 예견하는 새로운 인간상을 창조함으로써 많은 파문과 영향을 끼쳤다. 문집에 《연암집》이 있다.

신여길 것이 아니라 발달된 기술 문명을 적극적으로 받아들여서 배워야
한다고 주장하였다.

이처럼 청나라를 배우자고 주장한 학자들을 '북학파'라고 하였다.

북학파의 한 사람인 박지원은 『열하일기』[73]라는 책에서, 우리보다 앞
선 청나라의 문물을 받아들여 백성들의 생활을 나아지게 해야 한다고
주장하였다.

박지원은 화폐를 널리 사용하게 하고, 농업의 발달을 막는다고 하여
엄격하게 규제해 왔던 상업을 발달시켜야 한다고 주장하였다. 그리고 상
업을 발달시키려면 육지에서 쓸 수레와 바다에서 필요한 배를 개발해야
한다고 주장하였다.

정조 때 규장각(도서관)에서 책을 검열하는 버슬에 있던 박제가도 같은
주장을 펼쳤다.

박지원의 제자였던 박제가朴齊家는 스승의 가르침을 충실히 따랐다.

---

73) 열하일기(熱河日記)
　　조선 정조 때에 박지원이 청나라를 다녀온 후 쓴 연행일기(燕行日記)이다.

박제가가 쓴 『북학의』[74]라는 책에는 그의 북학사상이 잘 나타나 있다.

'재물은 샘과 같은 것으로, 퍼내면 다시 차고, 버려두면 말라 버린다.'

이 말은 절약보다 재물의 소비를 강조한 것으로 물건을 만들고 파는 상업이 발달해야 다른 산업도 발달한다는 것이었다.

또한 박제가는 인구의 절반이나 되는 양반도 일을 해야 한다고 과감한 주장을 펼쳤다. 서얼 신분(첩의 자식)이었던 박제가는 양반들만이 출세할 수 있는 신분제도까지도 비판하였다.

한양의 젊은 학자들이 키워 온 북학사상은 청나라의 앞선 과학 기술을 받아들이고 조선을 부강한 나라로 만들고자 하는 것이었다.

---

74) 북학의(北學議)

조선 정조 2년(1778)에 실학자 박제가가 지은 책. 청나라의 풍속과 제도를 시찰하고 자신의 의견을 덧붙여 쓴 책으로, 실학사상을 연구하는 데 중요한 자료이다.
북학의에서 '북학'이란 《맹자》에 나온 말로 '선진문명국으로 인정하고 겸손하게 배운다'는 뜻이다.

실학의 완성 다산 정약용

우리나라의 실학을 모아서 완성한 정약용은 강진으로 귀양 가 무려 18년 동안이나 있었다. 귀양살이를 하는 동안 나라의 앞날을 걱정하며 쓴 정약용의 시들이 오늘날까지도 많이 전하고 있다.

다산 정약용은 영조 때인 1762년 경기도 광주군 마재에서 태어났다. 정약용은 여러 고을의 수령을 지낸 아버지를 따라다니면서 많은 것을 배웠다.

정약용

정약용은 정조 때 스물두 살의 나이로 진사시험에 합격하고 한양의 성균관에 입학하여 공부하였다. 스물여덟 살에는 문과에 급제하여 벼슬길에 올랐다. 정약용은 성균관에서 공부할 때부터 학식과 재주가 뛰어나 정조의 사랑을 받았다.

그 무렵 유학자들 가운데는 우리나라의 역사나 사회를 연구하기보다는 중국의 역사와 제도를 많이 아는 것을 자랑으로 삼는 사람이 많았다. 이런 사람들은 우리나라의 것에 대해서 제대로 알지 못할 뿐만 아니라 백성들이나 나라의 발전에 대해서는 관심이 없었다.

그러나 정약용은 백성과 나라에 도움이 되는 공부를 해야 한다는 이익의 주장을 듣고 깊은 감명을 받았다. 게다가 북학파의 북학사상도 적극적으로 받아들여 더욱 앞선 사상을 가지게 되었다.

그는 조정에 나아가 놀고먹는 양반들보다는 열심히 일하는 농민들을

목민심서

잘살게 하는 정치를 해야 한다고 주장하였다.

정약용은 정조가 젊고 유능한 관리를 길러 내기 위해 만든 규장각의 초계문신이라는 관리에 뽑혀 깊이 있는 학문을 연구하였다. 정약용은 규장각에서 일하면서 과학 기술과 같은 새로운 문명에 관심을 가진 북학파와도 자주 교류하였다.

그러던 가운데 정조가 갑자기 죽고 나이 어린 순조가 왕위에 오르면서 정약용은 신유사옥(집권층의 권력투쟁에서 비롯된 천주교도와 남인 세력에 대한 탄압 사건)에 연루되어 겨우 목숨을 부지한 채 경상도 장기로 귀양을 떠났다. 이때 많은 수의 남인이 서양의 천주교를 믿는다는 이유로 처형되었다.

정약용은 그 뒤 전라도 강진으로 귀양 가서 18년 동안 외롭고 힘든 귀양살이를 하였다. 그러나 정약용은 어려운 상황 속에도 굴하지 않고 학문 연구에 몰두하였다.

그리하여 그 연구 결과를 방대한 양의 저술로 남겼는데 『경세유포』[75], 『목민심서』[76], 『흠흠심서』[77]가 그 대표적인 것들이다.

정약용은 뛰어난 학자로 잘 알려져 있지만 새로운 기술을 이용하여 '휴형차, 거중기'와 같은 기구를 만들기도 하였다. 유형차는 바퀴를 달아서 굴러 가도록 만든 수레로, 수원성을 쌓을 때 11대를 사용하여 훨씬 쉽게 일을 할 수 있었다.

거중기는 무거운 물건을 들어 올릴 때 사용하는 기구이다.

정약용은 『기중도설』이라는 책에서 거중기에 대해서 그림과 함께 자세히 설명하였다.

이렇게 정약용은 실학자들 가운데에서도 가장 뛰어난 학자로 역사에 남아 있다.

---

75) 경세유표(經世遺表)
　　조선 순조 17년(1817) 정약용이 관제 개혁과 부국강병을 논한 책.
　　'경세'란 국가제도의 뼈대를 세워 운영함으로써 나를 새롭게 하겠다는 뜻이며, '유포'란 신하가 죽으면서 임금에게 올리는 글이라는 뜻. 즉, 행정 기구의 개편을 비롯하여 관제·토지제도·부세제도 등 모든 제도의 개혁 원리를 제시한 책으로 주로 북학파 실학자가 관심을 가져온 기술 발달과 상공업 진흥을 통한 부국강병의 실현 문제를 논의한 책. 전 44권 15책.

76) 목민심서(牧民心書)
　　조선 순조 18년(1818) 실학자 정약용이 목민관(牧民官), 즉 수령이 지켜야 할 지침을 밝히면서 관리들의 폭정을 비판한 책. 지방 관리들의 폐해를 없애고 지방 행정의 쇄신을 위해 옛 지방 관리들의 잘못된 사례를 들어 백성들을 다스리는 도리를 설명하였다.

77) 흠흠신서(欽欽新書)
　　정약용이 저술한 형법서(刑法書)이다. 사람의 생명에 관한 옥사를 다스리는 책으로 옥리들로 하여금 참고하게 함으로써 원한의 소지를 없애도록 하였다. 순조 22년(1822)에 30권 10책으로 간행되었다.

송충이를 씹어 먹은 효자임금

정조는 아버지 사도세자가 억울하게 죽은 것을 한으로 생각하고 있었다. 자신이 왕위에 오르자 맨 먼저 사도세자의 죽음과 연관된 구선복을 참형하고 문숙원, 문성국, 정후겸, 홍인한, 김상로 등에게는 사약을 내려 죽였다.

이 중에서 문성국은 영조의 후궁 문숙의의 오빠였고, 홍인한은 영조의 외종조할아버지였다. 정조가 복수의 칼날을 휘두를 때 어머니 홍대비가 병풍 뒤에서 애원했다.

"폐하! 친정 아버지의 제사를 모실 한 사람만 남겨 주세요."

홍대비의 애원으로 정조는 외삼촌 홍낙임만 살려 주고, 홍인한은 외할아버지였기에 사약을 내리지 않았다. 홍술해의 아들 홍승범은 정조와 어머니가 다른 아우 은전군을 임금으로 추대하여 반란을 일으켰다. 그들은 자객을 시켜 정조를 시해하기로 했지만 사전에 발각되어 죽거나 귀양을 갔다.

이들을 진압한 정조는 학문에 힘을 쏟아 규장각을 세우고 신분에 관계없이 학자들을 뽑아 학문연구에 정진하게 했다. 이 무렵 조선은 상공업이 제법 발달되었다. 더구나 실학자들은 청나라의 문물을 받아들였다.

정조는 효성이 지극했는데, 아버지 사도세자를 사모해 베개가 항상 눈물로 젖어 있었다. 그러다가 양주에 있던 사도세자의 묘를 수원으로 이장해 왕릉보다 더 화려하게 꾸민 다음 매달 성묘를 갔다.

그 후 '현륭원'으로 이름을 개칭했다. 또한 경모궁을 세워 아버지 사도세자의 사당으로 사용했다.

어느 해였다. 정조가 현륭원에 성묘를 갔다가 소나무에 송충이가 번식해 솔잎들이 빨갛게 죽어 있는 것을 보았다. 그러자 정조는 신하들에게 송충이를 잡아오게 했다. 잡아온 송충이를 손바닥에 올려놓고 꾸짖었다.

"네 이놈(송충이)들이 감히 내 아버지 산소의 솔잎을 갉아먹을 수 있느냐? 그럴 바에야 차라리 내 오장육부를 갉아 먹어라!"

시원하게 꾸짖은 후 정조가 송충이를 삼켜 버리자 괴이한 일이 벌어졌다. 솔개와 까마귀 떼가 갑자기 날아와 현륭원 소나무에 있던 송충이들을 모조리 잡아먹었다.

1800년 6월 정조가 49세로 죽자 나이가 어린 세자가 조선 23대 순조 임금으로 즉위했다. 순조가 나이 어려 정조의 계비 정순왕후가 수렴청정했다. 그러다가 1804년부터 순조가 친정했지만 나라가 혼란스러웠다.

수원화성 행차도

329

조선 시대 풍속화

구름 밖으로 얼핏 보이는 굴곡이 심한 산등성이 등 비가 온 뒤 점차 개이고 있는 인왕산을 실감나게 그린 사람이 있었으니 그가 바로 정선이다. 그가 그린 그림을 《인왕 제색도》라고 한다.

정선은 산수화로 이름난 조선 후기의 화가이다. 정선은 양반이었지만 도화서 화원이었다. 정선처럼 우리나라의 산과 경치를 사실 그대로 그리는 산수화를 '진경산수화'라고 한다. 진경산수화는 조선의 산과 강을 사실적으로 그리는 것으로 그때까지의 그림의 흐름과는 아주 달랐다.

조선 시대 사대부들은 시와 글씨, 그림, 이 세 가지 분야에 모두 뛰어나야 진정한 선비로 대접받았다. 그러나 전문적으로 그림을 그리는 직업 화가인 화원들은 천하게 여겼다.

그리고 사대부들은 사물을 있는 그대로 그리는 것을 높이 평가하지 않았다. 그래서 주로 상상속의 풍경이나 전해 내려오는 성인들의 일화를 상상하여 그렸다.

김홍도의 자리짜기(왼쪽)·정선의 인왕제색도

그러나 18세기에 조선의 문화와 우리 고유의 것에 대해 관심을 갖게
되면서 그림에도 변화가 일기 시작하였다. 조선의 산천을 있는 그대로
그린 정선의 '진경산수화'가 나온 뒤로 이러한 흐름은 계속되었다. 이것
이 바로 우리나라 산수화의 뿌리가 되었다.

한편 김홍도는 일반 백성들의 생활 모습을 담은 그림을 그려야 한다고
하였다.

김홍도는 도화서에 들어가 화원 생활을 하면서 초상화와 동물화는
물론 기록화, 진경산수화에 이르기까지 다양한 그림을 폭넓게 그렸다.
그 능력을 인정받아 안동 부근에서 역의 일을 맡아 보는 벼슬인 안기찰
방과 충청도 연풍 현감의 벼슬도 하였다.

김홍도와 함께 또 다른 풍속 화가로 이름난 신윤복은 김홍도와는 달
리 주로 도시 사람들의 생활과 부녀자들의 풍속을 그렸다. 신윤복의 풍
속화는 양반을 비롯한 여러 계층의 생활을 묘사하고 있는데, 특히 양반
한량과 기녀들의 애정이나 풍류를 잘 표현하였다.

신윤복의 풍속도

나이 어린 왕 순조

1800년 6월 정조가 갑작스럽게 세상을 떠나자 열한 살의 어린 세자가 왕위에 올랐다. 순조는 나이가 너무 어려 나라를 다스리기에는 모자란 점이 많았다. 그래서 신하들의 요청에 따라 대왕대비인 정순왕후가 수렴청정을 하였다.

수렴청정이란 왕이 신하들과 정치를 의논하거나 결정을 내리기 위해 조정에 나오면 왕의 어머니나 할머니가 왕의 가까이에서 발을 치고 앉아서 왕을 도와 나라를 다스리는 것을 말한다.

수렴청정을 하게 되면 자연히 왕의 힘이 약해질 수밖에 없었다.

정순왕후는 순조를 대신하여 모든 결정을 내렸다. 대부분의 권한을 정순왕후가 차지하고 순조는 아무런 권한도 가지지 못했다.

정조는 아버지 사도세자의 죽음을 안타까워하는 '시파'를 두둔하여 그들을 뽑아 일을 맡겼다.

그러나 순조가 왕위에 올랐을 때 조정은 순조의 할아버지인 사도세자를 미워하는 세력인 '벽파'와 사도세자를 옹호하는 세력인 '시파'로 나누어 싸움을 하고 있었다.

수렴청정을 하게 된 정순왕후는 영조가 새로 맞이한 왕후로 정조의 친할머니가 아니었다. 정순왕후는 자신의 친정 육촌 오라버니인 김관주외 친정쪽 인물인 김일수, 김용주, 김노충에게 권력을 주었다. 그때부터 맞서고 있던 두 정치 세력 가운데 벽파들이 중요한 관직을 차지하게 되었다.

정순왕후를 비롯한 벽파 세력은 처음에는 왕의 안전을 꾀하고 의리를 지킨다고 주장하였지만 이것은 권력을 쥐기 위한 겉치레에 지나지 않았다. 세력을 움켜쥔 벽파 세력은 반대 세력인 시파와 남인들을 몰아냈다.

그들은 서양의 새로운 문물과 지식에 관심이 많았던 남인들이 천주교를 믿고 공부하는 것을 알고 천주교를 억눌렀다. 그리고 시파 세력에게 여러 가지 죄를 씌워 조정에서 몰아내고자 하였다.

그러자 윤행임은 정순왕후의 친정쪽 세력들이 모든 권력을 쥐고 나라를 마음대로 움직여서는 안 된다고 상소하였다. 그리고 임시발과 윤가기 등도 조정의 그릇된 점을 비판하였다. 그러나 그들은 모두 처형당하고 말았다. 이러한 상황에서도 순조는 아무런 힘도 쓸 수 없는 허수아비에 불과하였다.

그 뒤 순조가 열다섯 살이 되던 해에 수렴청정은 끝이 났다. 그때부터 순조는 혼자 힘으로 나라를 다스려 보려고 했지만 왕으로서의 힘이 여전히 약했다.

그것은 순조의 장인인 김조순을 중심으로 하는 안동 김씨 가문과 순조의 외가인 반남 박씨인 박준원 가문, 풍양 조씨인 조만영 가문 등이 권력을 잡고 휘두르고 있었기 때문이다.

김조순은 순조의 두터운 신임을 받으면서 중앙의 모든 중요한 자리를 김씨들에게 주었다. 또한 김조순은 지방 수령 자리에도 친척들을 앉혔다.

순조에 이어 왕위에 오른 왕들 또한 모두 나이가 어렸다. 순조의 뒤를 이어 왕이 된 헌종은 겨우 여덟 살이었고, 그 다음 왕인 철종은 열아홉 살에 왕이 되었다.

이렇게 모두 스무 살이 채 안 된 나이에 왕위에 오르자 몇몇 가문에서 모든 권력을 쥐고 부정을 저지르게 되었다. 따라서 백성들의 생활은 더욱 어려워졌다.

천주교의 박해

오늘날에는 누구나 자유롭게 종교를 가질 수 있으나 조선 시대에는 성리학 말고는 그 어떤 것도 옳지 않다고 하여 물리쳤다. 특히 조선 후기에 청나라에서 서양의 문물과 과학기술과 함께 들어온 천주교는 큰 사회 문제를 일으켰다.

조선은 중국에 해마다 사신을 보냈다. 이때 사신들은 북경에 머물면서 선교활동을 하러 중국에 와 있던 서양 선교사들을 만날 수 있었다.

선교사들은 천문, 역법, 지리, 수학 등 여러 과학 부문에 많은 지식을 가지고 있었다. 그래서 사신들은 선교사들로부터 서양의 과학과 문물을 받아들일 수 있었다.

선조 때 이수광은 사신을 따라 명나라에 가서 마테오 리치로부터 천주교 책 『천주실의』와 세계 지도인 『만국여도』 같은 많은 서양 책을 가져왔다. 그 뒤로도 중국을 오고 가는 사신들을 통하여 서양 책들이 우리나라로 계속 흘러들어 왔다.

이렇게 들어온 서양 문물은 조선의 여러 학자들에게 큰 호기심을 불러일으켰다. 특히 중국을 통해 전해진 천리경, 자명종, 화포, 천문, 역법 등을 비롯하여 천주교 관련 책들은 커다란 충격을 주었다.

처음에 학자들은 호기심으로 이 책을 읽었지만 점차 서양의 발달된 과학 기술과 사물을 보는 새로운 시각에 빠져들게 되었다. 세계의 중심은 중국이 아니며, 세계는 중국보다 넓고 새롭다는 새로운 눈으로 사물을 보는 학자들이 점차 많아졌다. 성리학이라는 좁은 세계관에서 벗어나 생각이 크게 넓어진 셈이다.

앞에서 이야기한 홍대용을 비롯한 조선 후기 실학자들은 백성의 생활 문제에 특히 관심을 가지면서 우수한 과학과 기술은 곧 나라의 힘이라

남양성모성지

는 생각을 가지게 되었다. 그리하여 이 분야에 더욱 깊은 관심을 보였다.

1791년 전라도 살던 양반 권상연과 윤지충이 조정에 잡혀왔다. 그들이 조상에게 지내는 제사를 우상 숭배라고 지내지 않고 죽은 사람의 이름을 써놓은 위패를 불살라 버렸기 때문이다.

나라에서는 조상에 대한 제사를 금지하는 천주교도들을 사람으로서 도리를 저버린 자들이라 여겼기 때문에 그들을 처형해 버렸다.

천주교가 조선에 들어오면서 천주교를 믿는 사람들이 점차 늘어났다. 그러자 조정에서는 천주교를 믿는 사람들을 억누르기 시작했다. 그것은 천주교에서는 누구나 평등하다고 주장하였기 때문이다.

조선 시대는 양반과 노비가 따로 있는 신분제 사회였으므로 조선의 지배층에게는 당연히 천주교가 위험한 종교로 받아들여졌다. 더구나 천주교를 믿는 사람들이 우상 숭배라고 하여 조상에 대한 제사를 지내려 하지 않자 나라에서는 더욱 천주교를 싫어했다.

오랫동안 지켜온 유교 전통을 무너뜨리는 나쁜 종교라고 생각했기 때문이다.

천주교가 들어온 초기에는 글을 아는 양반이나 중인, 몇몇 학식 있는 사람들만이 주로 천주교를 믿었다. 그러나 천주교의 교리가 고통받는 일반 백성들에게 깨우침과 구원을 약속했기 때문에 점차 농촌에 있는 백성들까지도 믿게 되었다.

1794년 청나라의 신부 주문모가 조선으로 들어왔다. 주문모 신부는 신도들을 늘리기 위해 천주교를 알리는 선교 활동을 했다. 그러나 다음 해에 주문모 신부에 대한 체포령이 발령되고, 천주교 신자인 윤유일, 최인길, 지황 등이 처형당했다.

나라에서는 천주교를 인정하지 않고 금지시켰지만 신자들이 계속 늘어 4천여 명에 이르렀다. 그러다가 순조가 왕위에 오르자 수렴청정을 시작한 정순왕후가 천주교에 대한 금지령을 내렸다.

'오늘날 사학이라는 것은 어버이도 없고 임금도 없어서 사람의 도리를 무너뜨리고 교화(가르치고 이끌어서 착한 마음을 가지도록 함)를 물리쳐 스스로 오랑캐와 짐승으로 돌아간다. 저 어리석은 백성들이 점점 물들고 빠져들어 마치 어린아이가 우물에 빠져드는 것과 같으니 어찌 딱하고 가엾지 않은가?'

이렇게 정순왕후가 수렴청정을 하면서 천주교를 억누른 데는 또 다른 이유가 있었다. 겉으로는 유학을 지키기 위해 천주교를 막는다고 하였지만 사실은 천주교를 믿는 사람들 가운데 정순왕후를 등에 업은 벽파 세력에 반대하는 세력인 남인과 시파가 많았기 때문이다. 이것은 천주교 세력을 없애는 좋은 구실이 되었다.

그리하여 신유년인 1801년에 많은 천주교도들이 처형당했다. 이 사건을 '신유박해'라고 한다. 이때 청나라 주문모 신부가 순교하였고, 교회를 이끈 신도들인 이가환, 권철신, 이승훈, 정약종, 정약전, 정약용 등이 처형당하거나 귀양을 갔다.

한양과 지방 곳곳에서 천주교 신자와 더불어 천주교를 믿지 않는 수만 명의 사람들도 억울하게 죽었다.

백성을 옥죄는 세금

백성들의 재물을 마음대로 빼앗아 가는 일은 조선 전기에도 있었다. 그러나 19세기 세도 정치 아래에서는 더욱 심하였다.

조선 후기에는 농업 뿐만 아니라 모든 산업이 크게 발달하였다. 그런데도 농민들의 생활이 넉넉하지 못한 것은 여러 가지 세금 때문이었다.

농민들 가운데는 땅을 가지고 있어서 자신의 땅에 직접 농사짓는 농민도 있었지만 땅이 없어서 지주의 땅을 빌려 농사짓는 농민도 있었다. 땅이 없는 농민들은 아무리 열심히 지어도 추수하고 나서 지주에게 소작료를 내고 나면 남는 것이 없었다. 땅을 가진 농민이라 해도 형편이 그리 나은 것은 아니었다. 나라에서 거두는 세금이 자꾸만 늘어났기 때문이다.

세금의 액수도 문제였지만 그 종류도 크게 늘어났다. 더구나 양반들이나 지방의 권세 있는 사람들은 여러 가지 방법을 써서 세금을 내지 않았다. 그래서 농민들은 양반들의 세금까지 내야 했다.

세금 가운데 농민들을 가장 괴롭힌 것은 '전세, 군역, 환곡'이었다. 이 세 가지 세금을 '삼정'[78]이라 했다. 그런데 이 삼정은 원칙도 없이 뒤죽박죽이었다.

'전세'란 농민들이 농사를 지어 거두어들인 것의 일부를 나라에 바치는 것이다. 원래는 같은 넓이의 땅이라 하더라도 땅의 기름진 정도와 풍년이냐, 흉년이냐에 따라 세금이 달랐다. 그래서 흉년에는 세금을 적게 내도록 하였으나 수령이나 아전들은 흉년 때도 보통 때와 같은 양의 전

---

78) 삼정의 문란

삼정(三政)은 국가의 주요 재정 수입원인 전정(田政. 토지세), 군정(軍政. 군포), 그리고 춘궁기에 곡식을 농민에게 빌려 주고 그 이자 수입으로 재정을 충당하던 환곡(還穀)을 말한다. 수령과 아전들의 각종 편법을 동원한 비리가 만연하여 농민 부담이 크게 증가하였다.

세를 농민들에게서 거두어들이고 나라에서 깎아 준 액수는 자신들의 몫으로 돌렸다.

전세보다 더 농민들을 힘들게 한 세금은 '군역'이었다.

나라에서는 열여섯 살부터 예순 살 사이의 남자에게 군역의 의무를 주었다. 그러나 실제로 모든 사람이 다 군대에 가는 것은 아니었다. 군대에 가지 않는 사람은 베나 돈을 나라에 바쳐 군역의 의무에서 빠졌다. 이것이 군포이다. 그러나 군포를 내는 것도 공평하지 않았다.

영조는 '균역법'이라 하여 군포의 부담을 베 한 필로 줄여 주었다. 균역법은 일반 백성들의 부담을 덜어 주었지만 양반들은 여전히 군역의 의무를 지지 않았다.

이렇게 양반들이 군포를 내지 않자 양반집에서 일하던 종도 주인에게 딸린 사람이라 하여 군역을 지지 않았다. 양반의 묘와 산을 지키는 산지기, 관아의 창고를 지키는 고지기 등 양반 주변에서 먹고 사는 사람들도 군역의 의무에서 빠졌다.

서원, 향교에서 일하는 노비조차 군역에서 빠졌다. 이런 저런 사유로 빠져 나가자 군포를 내는 사람은 항상 모자랐다.

더구나 이때는 신분제도가 상당히 어지러워서 평민이나 노비 가운데서도 돈을 주고 양반 신분을 사는 일이 많았다. 이렇게 양반이 되면 그 사람들도 이리저리 군역에서 빠졌다. 또한 군포의 부담을 견디다 못해 도둑이 되거나 살던 곳을 떠나 이리저리 떠도는 농민들이 많이 생겼다.

그리하여 모자라는 군역을 남은 농민들이 모두 떠안게 되었다. 한 사람이 몇 사람의 몫을 맡아 많은 양의 군포를 내야 했다.

한편 나라에서는 군포 수입이 줄자 아예 군포액을 정하여 주어 고을 아전들은 이것을 채우려고 온갖 방법을 다 이용하였다.

군포를 거두어들이는 방법은 우리가 상상하는 것보다 훨씬 더 가혹하였다. 그래서 백골 징포, 황구 첨정, 족징, 인징이라는 말이 널리 퍼질 정도였다.

백골 징포란 군포를 내야 할 사람이 죽으면 군역의 대가로 내던 군포를 면제해 주었는데 이를 고치지 않고 그대로 두어 죽은 사람의 포를 가족이 내도록 하는 방법이었다.

족징은 군포를 낼 수 없거나 도망간 집이 있으면 친척에게서 거두는 방법이고, 인징은 친척도 없는 경우에 그 이웃집 사람들에게서라도 거두어 가는 것이었다.

그래도 모자라자 아전들은 여자아이를 사내로 바꾸어 징수하고 심지어 배가 불룩한 아낙네의 모습을 보고 아직 태어나지도 않은 아이의 이름을 짓고 군대 장부에 올리기도 하였다.

나중에는 강아지 이름, 곡식을 찧거나 빻는 데 쓴 절구에게도 이름을 붙여 장부에 올릴 정도였다.

'환곡'이란 본래 양식이 귀한 봄철에 농민들에게 곡식을 빌려 주었다가 가을에 추수하여 봄에 빌린 곡식의 10분의 1쯤 되는 이자를 붙여 갚도록 하는 것이었다. 봄철에 양식이 떨어져 굶주리는 사람들을 돕고, 종자로 쓸 씨앗이 없는 농민들을 위해 나라에서 만든 제도였다.

그런데 농민들을 위해 만든 환곡이 오히려 농민들에게 큰 피해를 주었다. 조선 후기에 오면서 각 관청에서는 모자라는 재정을 채우기 위해 환곡을 이용하였다.

조정에서는 지방으로부터 여러 가지 세금을 거두어들였기 때문에 지방 관청은 돈이 떨어졌다. 그러자 지방 관청에서는 일부러 많은 환곡을 설치하여 농민들에게 곡식을 보내 주었다가 가을에 거두어들인 이자로 관청의 재정을 부담하였다.

원래 환곡은 필요한 농민들에게만 나누어 주는 것이었는데 높은 이자를 받기 위해 강제로 모든 농민들에게 떠맡겼다.

환곡을 둘러싼 벼슬아치들의 부정도 심각하였다. 환곡을 줄 때는 겨를 섞어 주고 받을 때는 질 좋은 곡식으로 받았다. 심지어 환곡에 소나무 가지나 짚을 채워서 주기도 하였다. 또 줄 때는 작은 되로 주고 받을 때는 큰 되로 채우라고 하였다.

이 뿐만 아니라 관아에서는 쌀값이 비싼 봄에는 돈으로 주고, 가을 추수 때에는 곡식으로 돌려받아 이익을 챙겼다. 그리고 나누어 주지도 않은 곡식을 나누어 주었다고 장부에 기록하여 가을에 곡식을 거두기도 했다.

고통이 심할수록 농민들은 새로운 세상이 열리기를 간절히 원했다. 백성들은 고통에서 벗어나기 위해서는 자신들을 괴롭히는 벼슬아치들을 몰아내고 권력을 쥐고 있는 양반들과 싸워야 한다고 생각하였다.

홍경래의 난

평안도는 청나라와 가까운 곳으로 무역이 활발하였다. 그리고 금과 은이 묻혀 있는 산이 많아서 광산도 발달하였다. 그 어느 지역보다도 산업이 크게 발달할 수 있는 조건을 갖춘 곳이었다.

그러나 나라에서는 광산을 개발하지 못하도록 하였으며 다른 나라와의 무역도 벼슬아치들만이 할 수 있도록 하여 백성들의 불만이 매우 컸다.

조선 후기 실학자 이중환이 지은 『택리지』를 보면 한양 사대부 양반은 평안도 사람들과 혼인하려 하지 않았으며 사귀는 것조차 꺼렸다고 적혀있다. 이것을 보면 한양 사람들 사이에 평안도 사람들을 차별하는 의식이 매우 오랫동안 계속되었던 것 같다.

이처럼 뿌리 깊은 차별과 업신여김을 받으면서 평안도 사람들의 가슴 속에는 커다란 응어리가 맺혔다.

평안도 가산군에 있는 다복동은 양쪽에 산이 있고 산줄기 사이로 강이 흐르는 조그만 마을이었다. 다복동은 평안도에서 가장 큰 진두장과 가까워 다른 곳과 연락을 하는 데 매우 편리한 지리 조건을 갖춘 곳이었다. 그런 다복동에 몇 년 전부터 사람들이 하나둘씩 모여들기 시작했다.

이런 다복동에 나타난 이가 홍경래였다.

홍경래는 평안도 용강에서 농사꾼의 아들로 태어났다. 원래는 양반이었지만 가세가 기울어 농사지을 땅 한 뼘 없을 만큼 가난했다. 일찍부터 홍경래는 썩어빠진 정치를 비판하고, 농민들이 힘들게 거두어들인 곡식을 벼슬아치에게 빼앗긴 채 어렵게 생활하는 것을 마음 아파했다. 홍경래는 전국을 떠돌아다니며 뜻을 같이하는 동지를 모았다. 그리하여 집터나 묏자리를 보러다니는 풍수꾼 우군칙, 진사 출신인 김창시와 돈을 많이 번 상인 이희저 등이 모여들었다.

우군칙은 양반 출신이지만 서얼이었기 때문에 과거에 나갈 수 없어 불만이 많았다. 글 솜씨가 뛰어난 김창시는 진사 출신이지만 썩어빠진 조정을 못마땅하게 여겨 동참하였다. 이의저는 금광을 경영하고 장사를 해서 번 돈으로 노비 신분에서 벗어난 사람이었다.

이들은 먼저 평안도와 황해도 사람 40여 명을 지휘관으로 뽑아 다복동에 모여든 사람들에게 군사 훈련을 시켰다. 특히 다복동을 근거지로 삼고 광산 일을 하는 사람들을 중점적으로 훈련시켰다.

평안도 여러 고을의 아전과 지방 향리, 지방의 세력가들 가운데에서도 홍경래의 세력에 뜻을 함께 하는 사람이 많았다. 이제 싸울 준비는 차근차근 진행되었다.

1811년 12월 매서운 바람이 몰아치는 날, 드디어 관군과의 싸움이 시작되었다.

대원수 홍경래와 선봉장 홍총각이 이끄는 부대는 먼저 가산읍을 습격하여 군수 정시를 죽이고 가산을 손에 넣었다. 그리고 관아의 창고를 열

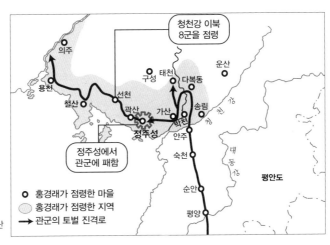

343

어 곡식과 돈을 백성들에게 나누어 주었다. 그리고 남쪽의 박천을 차지한 다음 안주를 공격할 준비를 하였다.

또 다른 부대는 김사용의 지휘 아래 선봉장 이제초가 북쪽으로 나아갔다. 그리하여 곽산, 정주, 선천, 철산, 용천 등을 손에 넣은 뒤 의주를 향해 나아갔다.

각 고을의 수령들은 농민군이 쳐들어가면 싸울 생각조차 하지 않고 도망쳤다. 곽산 군수 이영식은 싸우기도 전에 도망쳤으며, 선천 부사 김익순과 철산 부사 이장겸은 제대로 싸움도 하지 않고 미리 항복해 버렸다.

홍경래의 군사들은 관가의 창고를 열어 가난한 백성들에게 쌀과 물자를 나누어 주고 무기를 빼앗아 가졌다. 억울하게 옥에 갇혀 있던 백성들도 모두 풀어 주었다.

그 동안 고통만 받고 살아온 백성들은 눈물을 흘리며 고마워했고 홍경래의 군사들은 기뻐하는 백성들을 보고 용기를 얻었다.

조정에서는 정만석을 사령관으로 삼아 홍경래와 농민들을 무찌를 관군을 보냈다. 농민군이 일어난 지 일주일 만에 관군과의 첫 전투가 벌어졌다. 처음에는 농민군이 이기는 듯하였으나 싸움이 계속될수록 관군에게 밀려 마침내 관군이 승리를 거두어 박천을 되찾고 곽산과 선천도 모두 관군의 손에 넘어갔다. 홍경래와 농민군은 정주성으로 밀려났다.

농민들은 관군과 맞서 싸우기 위해 홍경래를 따라 정주성으로 들어 있다.

유난히 길고 추웠던 겨울이 지나고 봄이 왔다. 그러나 정주성에서 관군에 맞서 버티고 있는 농민군의 사정은 더욱 나빠졌다. 식량이 바닥나기 시작했다. 먼저 여자와 어린아이들을 성 밖으로 내보냈다. 식량이 떨어지자 성 안에 있는 소나무의 껍질이 하얗게 되었다. 소나무 껍질을 벗겨 먹었기 때문이었다.

관군은 1812년 4월 총공격을 시작하였다. 관군들은 먼저 성벽 밑에 화약을 묻어 성벽을 폭파하였다. 그때 성벽이 무너지면서 그 위에 있던 농민군들이 모두 돌에 깔려 죽고 말았다.

관군은 한꺼번에 총을 쏘며 정주성으로 들어왔다. 농민들은 몰려오는 관군에 맞서 있는 힘을 다해 싸웠지만 많은 농민들이 목숨을 잃었다.

홍경래, 우군칙, 이희저 등도 모두 죽고 말았다. 관군들은 항복하는 사람들까지도 닥치는 대로 죽여 희생된 사람 수가 2천여 명이나 되었다.

그 뒤에도 홍경래가 죽지 않고 살아 있다며 스스로 홍경래의 농민군임을 내세운 농민 봉기가 계속 일어났다.

조대비와 흥선군의 작품으로 만들어진 고종

1830년 순조를 이어 왕위에 오를 예정이던 효명 세자가 갑자기 죽자, 효명 세자의 아들이 왕의 자리를 잇게 되었다. 효명 세자의 아들은 여덟 살 되던 해인 1834년 조선 24대 헌종으로 즉위했다. 나이가 어린 왕은 할아버지인 순조가 대왕대비에게 수렴청정을 받은 것처럼 순조의 왕비인 순원왕후에게 수렴청정을 받았다.

그런데 헌종은 왕으로서의 권한도 제대로 펼쳐 보지 못하고 스물세 살의 나이로 단명하였다.

그러자 헌종의 뒤를 이을 왕자가 없었다. 게다가 죽은 왕의 친척으로 육촌 안에 드는 왕족도 없었다. 세도를 부리던 안동 김씨들은 자신들의 입맛에 맞는 사람을 찾느라고 여기저기를 헤매고 다녔다. 그리하여 찾아낸 이가 바로 강화도령 철종이었다. 그는 영조의 후손, 사도세자의 손자 전계군의 아들이지만 죽은 헌종의 7촌 아저씨뻘이 되기 때문에 왕위에 오를 수 없었으나, 안동 김씨들은 철종을 꼭두각시 왕으로 삼았다.

철종의 본래 이름은 이원범으로, 강화도에 살았기 때문에 강화도령이라고도 불렀다. 전계군은 사도세자의 후궁에서 태어난 세 아들 중 맏이인 은언군의 아들이다.

이원범의 할아버지 은언군은 김구주의 모함으로 억울하게 사약을 받았다. 그 후 은언군이 억울하게 죽은 사실이 밝혀지면서 김구주는 참형되었다.

당시 왕족들은 언제 어디서 어떤 일로 얽혀 죽을지 모르기 때문에 신분을 숨기고 살 수밖에 없었다. 전계군 역시 강화도로 건너와서 숨어 살았다. 철종은 바로 전계군의 셋째 아들이었지만 가난한 농사꾼에 일자무식꾼이었다.

조정에서 대신들이 철종을 모시러 강화도로 내려갔지만 전계군은 이미 세상을 떠난 뒤였다. 전계군의 집에 도착한 대신과 군사들은 황당했다. 더구나 집에는 아무도 없었다. 이에 대신들은 사람을 풀어 원범을 찾아오도록 했다. 얼마 후 나뭇짐을 진 총각이 나타나 집 앞에 늘어선 군사들을 보자 무서워 허둥지둥했다. 그때 대신 정원용이 정중하게 허리를 굽히고 절을 올리며 말했다.

"경하 드립니다. 대비마마의 명을 받고 전하를 모시러 왔습니다."

이를 믿지 못한 원범은 뒤로 물러났다.

"나…… 나는 아무 죄도 없소이다."

그때 정원용은 그동안의 이야기를 자세하게 들려주었다. 그제서야 의심이 풀린 원범은 대궐로 향했다. 이를 바라보고 있던 섬사람들은 부러움에 이구동성으로 말했다.

"가난뱅이 총각이 임금이 되다니……."

원범이 대궐에 당도하자 조정대신들은 별궁으로 모신 다음 덕원군이란 칭호를 올렸다. 원범은 순조의 왕비 순원대비 앞에 엎드리는 순간 대비는 와락 껴안으면서 기쁘게 맞았다.

"오! 내 아들이 왔구나. 어디 보자."

순원대비는 곧바로 성대한 즉위식을 거행했다. 철종은 글을 배우지 못했으며, 장가도 가지 못했다. 이런 그를 왕위에 올린 것은 안동 김씨들이 권력을 유지하기 위한 것이었다.

철종이 보위에 오르자 순원대비가 수렴청정했으며, 2년 후 김문근의 딸이 철종의 왕비가 되었다. 그로부터 나라의 권력이 김문근에게 모이면서 안동 김씨의 천하가 되었다.

그당시 나라의 민심이 흉흉해지면서 도둑떼가 들끓었다. 더구나 지방에서는 '명화적'이란 도적들이 농민과 관을 괴롭혔다. 당시 가장 썩은 탐관오리는 진주의 백낙신으로 그는 백성들의 재물을 약탈하고 갑부들에 겐 온갖 협박으로 돈을 빼앗았다.

1862년, 철종 13년 탐관오리 백낙신을 핑계로 양반 유계춘과 이계열 등이 나무꾼들을 부추겨 반란을 일으켰다. 그들은 백낙신을 잡아 죄를 물었고, 관청 창고의 곡식을 백성들에게 골고루 나눠 주었다.

이 난리는 5월까지 지속되었지만 조정에서는 아무런 대책을 세우지 못했다. 이때 천주교의 교세가 넓혀지면서 최제우가 동학을 일으켰다. 동학은 사람의 평등사상을 강조했으며 후에 천도교로 개칭했다.

1863년 철종이 죽었지만 왕위를 물려받을 후사가 없었다. 이때 헌종 의 어머니 조대비가 옥새를 손에 쥐고 있었다. 더구나 조대비는 왕실의 최고 큰 어른이라 다음 임금을 결정할 권한을 가지고 있었다. 새 임금을 결정하기 위해 중신회의가 열렸을 때 조대비가 먼저 선수를 쳤다.

"경들은 흥선군 이하응의 둘째 아들 명복을 철종의 뒤를 잇게 하시오."

조대비는 안동 김씨 세력을 막기 위해 흥선군 이하응의 둘째 아들 명 복을 조선 26대 임금으로 추대했던 것이다. 그러자 세도가였던 안동 김 씨들은 뒤를 이을 임금을 미리 정해 두지 못한 것을 후회했지만 이미 때 가 늦었다. 임금에 오른 고종은 겨우 열두 살로 아버지 흥선군의 노력으 로 임금자리에 오르게 되었다.

흥선대원군은 인조의 셋째아들 인평대군의 6대손인 남연군의 넷째 아들이다. 남연군은 어릴 때 영조의 아들인 사도세자와 궁녀인 숙빈 임 씨 사이에서 태어난 둘째 아들 인신군의 양자가 되었다. 그래서 영조의 고손자가 되는 셈이다.

대원군 이하응은 열두 살 때 어머니를, 열일곱 살 때 아버지를 잃고 불우한 청년기를 보내다가 1843년 스물네 살 때 흥선군으로 봉해졌다. 벼슬로는 도총관이 전부였다. 그는 안동 김씨들이 권력을 유지하기 위해

홍선대원군

왕손을 척살하자 그 화를 피하기 위해 일부러 시정잡배들과 어울리며 방탕생활을 했다. 더구나 안동 김씨들을 찾아다니며 술을 구걸하고, 개 짖는 시늉도 서슴지 않아 붙은 별명이 '상갓집 개 궁도령'이었다.

왕위에 오른 고종이 나이가 어렸기 때문에 조대비가 수렴청정을 맡게 되었다. 하지만 조대비는 흥선군을 흥선대원군으로 봉한 뒤 나라 일을 맡기고 뒷전으로 물러났다. 그로부터 10년 동안 흥선대원군은 권력을 자기 마음대로 쥐고 흔들었다.

대원군은 안동 김씨 세도정치를 무너뜨리고 남인 계열의 자손들에게 기회를 열어주었다. 또 땅에 떨어진 왕권을 되찾고 외세에 대적할 과감한 개혁을 추진했다. 불만의 온상이었던 서원을 철폐하고 탐관오리들을 처벌했다.

이와 동시에 양반과 토호들의 면세를 조사해 국가재정을 마련했다. 그리고 백성들의 부담을 줄이기 위해 세금을 없애고, 궁중에 바치는 특산

고종의 왕실가족

물 진상제도를 폐지했다. 더구나 나라의 재정에 도움이 되는 금은 광산 개발을 허용했다. 또한 군포세를 호포세로 바꾸어 양반도 세금을 내도록했다.

국방 쪽으로는 의정부를 부활시켜 심군부로 하여 군국기무를 맡게 해 정무와 군무를 분리시켰다. 그리고 '대전화통', '양전편고', '육전조례' 등의 법전도 편찬하였다. 그의 단점은 무리한 정책과 세계정세를 읽지 못한 쇄국정책으로 외교상 많은 어려움을 겪었다.

1865년, 고종 2년 4월 임진왜란으로 불탄 경복궁을 중건하는 도중 화재로 전각들이 불타비렸다. 그는 공사비를 다시 마련하기 위해 이듬해 원납전 징수로 제정이 부족하자 당백전을 발행하였다.

하지만 화폐가치가 폭락해 1867년, 고종 4년에 폐지하고, 이에 앞서 2월부터 한양 4대문에서 통행세를 받았다. 1866년, 고종 3년 고종보다 한살 연상인 16세 민씨를 며느리로 맞았다.

근대

대한제국 ▌

세계열강 속 조선의 운명

1866년, 고종 3년 1월, 흥선대원군은 천주교를 박해했다. 한때 천주교도들이 건의한 논리에 흥미를 가지기도 했지만 정치적 생명에 위협을 느껴 박해로 돌아섰다. 그는 1866년부터 1872년까지 8천 명의 신자들을 학살하기도 했다.

프랑스 선교사 아홉 명을 죽이자 그해 10월 프랑스는 군함 일곱 척에 병력 1천 명을 거느리고 프랑스 신부들을 처형한 것에 대해 항의 하러 왔다는 핑계를 내세워 강화도로 쳐들어왔다. 이때 제주목사이던 양헌수가 지금의 전등사가 있는 정족산성에서 프랑스군을 물리쳤다.

프랑스 군대는 조선의 군사들을 얕보고 쳐들어왔다가 크게 패하고 물러갔다. 이를 '병인양요'라고 한다.

이때 프랑스 군대는 쫓겨 가면서 강화도에 있던 외규장각의 책과 우리 보물들을 많이 훔쳐 가고 나머지는 불살라 버렸다.

또 손돌목 포격사건이 일어났는데 대동강을 거슬러 올라온 미국상선 제너럴셔먼호를 평양 군사들과 백성들이 화공으로 침몰시켰다. 따라서 미국은 1817년, 고종 8년 4월, 셔먼호에 대한 배상요구와 통상관계수립을 위해 군함 다섯 척에 병력 1천2백여 명, 함포 85문으로 강화도를 침범했다. 이것은 사실 미국이 제너럴셔먼호 사건을 빌미로 조선의 문을 열어 보려는 속셈이었다. 그렇지만 조선군의 기습공격으로 물러났다.

척화비

　미국은 이 사건으로 보복 상륙작전을 벌이겠다고 위협하면서 평화협상을 제의했다. 하지만 조선의 거부로 그들은 대대적인 상륙작전을 통해 강화도 초지진에 입성했다.

　조선 군사들은 광성봉에서 싸움을 벌였지만 패하고 강화도는 미국의 점령 하에 들어갔다. 하지만 그들은 흥선대원군이 전국 방방곡곡에 '서양 오랑캐와 화친을 하자고 하는 것은 곧 나라를 파는 일'이라는 '척화비'를 세우는 등 강력한 쇄국정책을 펼치는 것에 밀려 점령 한 달 만에 강화도에서 물러났다.

　1868년 고종 5년 4월, 고종의 애희 궁녀 이씨가 완화군을 생산했다. 이때 민비는 권력을 잡기 위해 자신이 낳은 왕자가 필요하다는 것을 절실히 느꼈다. 민비는 후궁 이씨가 낳은 완화군을 원자로 책봉하려는 순간 흥선대원군과 대결할 수밖에 없다는 생각을 했다.

　그래서 고아인 민비는 양자로 들어온 오빠 민승호를 불러 음모를 꾸몄다. 그런 후 민비는 자신의 세력을 넓히기 위해 대원군과 반대파였던 풍양 조씨의 거두 조영하, 안동 김씨의 거두 김병기, 고종의 형 이재민 등을 끌어들였다.

　이와 함께 유림의 거두 최익현과도 손을 잡았다. 당시 유림들은 흥선대원군의 서원철폐로 불만이 많았다.

　1817년, 고종 8년 민비는 항문이 막힌 왕자를 낳았는데 죽고 말았다. 민비는 원인을 임신 중 흥선대원군이 산삼을 많이 주었기 때문이라고 생각했다. 공교롭게도 열세 살 된 완화군도 갑자기 죽었다. 이것을 계기로 민비는 완화군의 생모 후궁 이씨를 궁궐에서 쫓아냈다.

명성왕후

1873년, 고종 10년 23세의 민비는 최익현에게 흥선대원군이 물러날 것을 상소하게 했다. 당시 흥선대원군이 벌인 경복궁 중건 사업이 민생을 도탄에 빠지게 했다는 것과 고종도 22세가 되었으니 친정을 해야 되기 때문에 섭정에서 물러나라는 내용이었다.

이에 대원군은 물러났고 운현궁과 창덕궁의 직통로 출입문까지 제거해 버렸다. 그러자 조정은 민씨 일가의 손에 들어갔고, 1874년, 고종 11년 2월 민비는 둘째아들 척(순종)을 낳아 이듬해 2월 왕세자로 책봉했다.

1875년, 고종 12년 대원군이 물러나자 일본은 조선의 개항을 서둘렀다. 그해 군함 운요호를 강화도에 보냈지만 조선 수비병의 포격으로 퇴각했다. 이듬해 전권대신 구로다 기요다카를 특명대사로 임명해 군함 7척과 병력 400명과 함께 경기도 남양만에 보내 회담을 요구했다.

1876년, 고종 13년 고종은 병자수호조약(강화도조약)을 맺었고, 이로 인해 제물포항과 부산과 원산항까지 개항되었다. 그 후부터 고종은 미국, 프랑스, 러시아 등과 차례로 조약을 맺고 개항정책을 실시했다. 그러나 고종은 세계정세를 제대로 읽지 못해 열강들의 난입으로 조선은 희생만 당하는 꼴이 되었다.

한성조약과 일본의 조선침략에 대한 초석

1880년, 고종 17년 고종은 김홍집을 수신사로 일본에 보냈는데, 김홍집은 일본에서 중국의 외교관인 황준헌을 만나 앞으로 조선의 외교 정책이 어떤 방향으로 나아가야 할지 물었다. 이에 황준헌은 자신이 쓴 책 『조선책략』을 주었다. 이에 김홍집은 고종에게 그 책을 바쳤다. 책의 내용은 조선, 청나라, 일본 등이 단결하여 러시아를 막아야 한다는 내용이었다.

조종에서는 황준헌의 의견에 귀를 기울여 나라의 문을 열고 여러 나라와 외교 관계를 맺자는 의견이 많아졌다.

조정에서는 '통리기무아문'(청나라 제도를 본떠 만든 관청. 군사, 일반 정치를 두루 맡아 봄)이라는 기관을 세워서 나라의 제도를 새롭게 바꾸고자 하였다.

그러나 여전히 문호를 여는 데 반대하는 사람들이 많았다. 그 이유는 외교 관계를 맺게 되면 그 나라와 교역을 해야만 했기 때문이다. 그런데 외국의 물자들은 대체로 새롭고 신기한 사치품이고 조선에서 나가는 물건은 곡식과 같이 생활에 필요한 물건들이었다.

이렇게 교역을 하면 나중에 물가가 올라 백성들의 생활이 어렵게 되고 나라의 살림도 어렵게 될 것이 뻔했다.

그해 8월 대원군파인 안기영과 권정호 등이 대원군의 서자 이재선을 왕으로 추대하기 위해 고종 폐위운동을 모의했다. 그러나 사전에 발각되어 이재선과 안기영은 참형에 처해졌다. 이것은 대원군과 수구파 유림을 탄압하는 계기가 되었다.

1882년, 고종 19년 민비는 민씨 일가의 정권유지를 위해 민태호의 11

세 된 딸 민씨(손명효황후)를 아홉 살의 세자와 혼인시켰다. 더구나 민비는 자신의 영화를 기원하기 위해 국고로 금강산 일만 이천 봉마다 재를 지내며 탕진했다. 또한 민비는 일본 군사고문을 초빙하여 양반자재 100여 명을 선발해 별기군을 창설했다.

그렇지만 구식군대의 대우는 이루 말할 수 없을 정도로 형편없었다. 더구나 13개월이나 밀린 월급을 한 달 치밖에 주지 않았고, 지급한 쌀에는 돌이 반이나 섞여 있었다. 이에 분노한 군인들은 민겸호의 집으로 찾아가 쑥대밭을 만들었다.

이때 군인들은 대원군이라면 충분히 해결할 것이라는 생각에 그를 따랐고, 대원군은 이들을 이용해 민씨 일파를 내쫓을 기회로 삼아 선동했다.

군인들은 여세를 몰아 민비 세력들과 일본군사관을 습격했고, 민비를 죽이려고 창덕궁으로 갔지만 민비는 대전별감 홍계훈의 등에 업혀 창덕궁을 빠져 나와 장호원 민응식의 집으로 숨었다.

대원군은 고종으로부터 정권을 이양 받은 후 민비를 찾지 못하자 민비가 죽었다며 국상을 발표했다.

10년 만에 권력을 되찾은 대원군은 나라의 재정과 병권을 맡아들 이재면에게 맡긴 후, 청나라 천진에 있던 김윤식에게 청군의 파병을 요청했다.

청나라는 일본을 감시할 목적으로 군사 4,500명을 보냈고, 일본은 공사관 습격을 구실로 공사 하나부사 요시모토가 1,500명의 군사를 데리고 인천으로 들어왔다.

그러나 대원군을 무시한 채 한성에 들어온 일본군은 대원군의 강한 불만으로 인해 인천으로 물러났다. 같은 해 청나라 제독 오장경은 대원군을 청나라로 납치하고 그날 밤 한성을 점령했다.

민비는 청나라군의 보호를 받으며 궁궐에 들어와 왕비를 꿈꾸던 의왕의 생모 장상궁을 죽였다. 일본군 역시 공사관 습격에 따른 배상 문제를 제기했다. 그러자 고종은 '제물포조약'을 체결했는데 이것은 일본군의 조선 주둔을 정식으로 허락한 것이 되었다.

정권을 되찾은 민영익을 대표로 수구파들은 김옥균을 죽이라며 개화파를 탄압했다. 그러자 김옥균과 박영효 등은 민비의 친정수구 세력들을 몰아낼 계획을 1884년, 고종 21년 10월 17일 거사를 일으켰다. 이때 민태호, 민영목을 죽이고 고종과 민비를 경우궁으로 납치해 일본군이 지키게 했다.

이들은 즉각 개혁안을 공표한 후 각국의 공사관에 새로운 정부가 수립되었다고 알렸다. 그때 민비는 이들 몰래 민영익과 경기감사 심상훈을 시켜 청군에 구원을 청했다.

그러면서 민비는 고종에게 창덕궁으로 옮기자고 우겼다. 그것은 창덕궁이 넓어 일본군대가 수적으로 우세한 청군을 막아내기 어렵다고 판단했기 때문이다.

박영효(왼쪽)·김옥균(오른쪽)

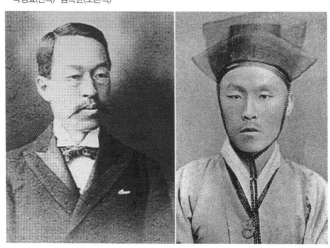

김옥균이 재정문제 해결을 위해 잠시 자리를 비운 사이 민비의 요구를 일본공사 다케조에가 받아들여 창덕궁으로 되돌아가게 했다. 불안한 마음으로 밤을 지새운 김옥균에게 이튿날 아침 원세개가 6백 명의 군사를 이끌고 찾아와 고종의 면회를 요구했다.

　　김옥균이 거절하자 오후가 되면서 청군은 1천5백 명으로 늘어났다. 이때 시민들까지 궁궐 앞에서 친일파 개화당을 죽이려고 했다. 그러다가 갑자기 군중들의 공격을 받은 일본군은 싸우지도 않고 도망쳤다. 더구나 무기가 변변치 않은 신정부군도 수적으로 열세해 패하고 말았다.

　　이때 고종과 민비는 홍영식과 박영교를 비롯해 몇 명 군사들의 호위를 받으며 궁궐을 탈출하여 청나라군 진영으로 들어갔다. 그러자 김옥균, 박영호, 서재필, 서광범, 변수, 유혁로 등은 일본공사 다케조에 일행과 함께 일본공사관으로 도망쳤다.

　　다음 날 김옥균, 박영효 등은 다케조에 일행과 일본으로 가기 위해 인천항으로 갔다. 이때 공사관 직원들이 조선을 떠나기 전 기밀문서를 태

홍영식(왼쪽)·서광범(오른쪽)

우다가 화재가 일어나면서 공사관이 불타버렸다. 이에 개화독립당인 김옥균과 박영효가 일으킨 갑신정변은 3일천하로 끝났다.

이후 일본은 갑신정변 때 공사관의 화재와 일본인 희생자들에 대한 배상을 조선에 요구했다. 이것으로 맺은 것이 '한성조약'인데, 일본의 조선침략에 대한 기초가 마련된 것이라 할 수 있다. 이와 함께 청나라와도 양군의 철수나 파병이 있을 때 서로 통고하자는 '천진조약'까지 맺었다.

갑신정변이 끝나고 조정의 요직은 모두 민씨들이 차지하면서 세도정치는 극에 달했다. 민비는 오직 자신의 정권유지에만 힘썼고 백성들은 뒷전이었다.

조선에 부임한 러시아공사 베베르는 사교계의 여왕인 아내와 함께 민비와 고종을 사로잡았다. 따라서 민비는 러시아 공사와 접촉하여 밀약을 맺으려고 했지만 청나라에게 알려져 더 나쁜 빌미를 제공하고 말았다. 그러자 청나라는 민비의 세력을 약화시키기 위해 납치했던 대원군을 원세개와 함께 귀국시켰다.

조선을 둘러싸고 정복의 야심을 품고 있는 강국 청나라, 러시아, 일본 등의 세력다툼에서 민비는 자신의 권력유지에만 힘을 쏟았다. 이로 인해 조선은 서서히 멸망의 길로 접어들고 있었다.

부정부패를 척결을 위한 갑오농민전쟁

국내에 진출한 열강들의 틈바구니에서 민씨 정권은 나라와 백성들의 안위보다 오로지 자신들의 영달만 생각했다. 그래서 보다 못한 농민들이 일어나 갑오농민전쟁을 일으켰다.

철종 때 동학을 일으킨 최제우가 처형되었지만, 2대 교주 최시형을 중심으로 동학은 더 크게 발전하였다. 즉 동학혁명은 만민평등이란 가치 아래 한국 역사상 최초로 일어난 시민혁명이라고 할 수 있다.

1893년, 고종 30년 충청도 보은집회에서 탐관오리를 제거하고 민생고의 해결과 함께 외세들을 물러가라고 요구했다. 이것이 농민전쟁으로 확대된 것은 부정축재자 고부군수 조병갑 때문이었다. 조병갑은 군민들에게 과중한 세금을 부과하거나 재물을 빼앗고 이에 저항하면 형벌을 가했다. 이에 따라 동학혁명이 일어나면서 농민군들이 전주성을 점령했다.

고종은 농민들의 세력이 확산되자 청나라에 원병을 요청했다. 이때 일

압송되는 전봉준(왼쪽)·최제우(오른쪽)

갑오농민전쟁

본도 천진조약을 구실로 군대를 보냈다. 하지만 농민군과 관군은 '전주화약'을 맺고 전라도 53개 지역에 집강소를 설치해 치안과 행정을 처리키로 하고 싸움을 중단했다.

그러나 조선에 온 청일 양국군은 철수를 거부하고 군대를 늘렸다. 이때 일본은 청나라에 조선의 내정개혁을 제의했지만 청나라는 거절했다. 이에 화가 난 일본공사 오오토리가 군대를 이끌고 궁궐로 쳐들어왔다. 그런 후 대원군을 허수아비 수장으로 앉히고 민씨 정권을 몰아냈고 김홍집을 총리대신에 앉힌 다음 내정을 개혁했다.

이로써 모든 것이 일본에 유리했는데, 일본은 청나라에 선전포고 직후 청국군함에 포격을 시작하면서 청일전쟁이 일으켰고, 일본의 승리로 끝났다. 이 전쟁에서 승리한 일본은 조선의 내정간섭을 시작했고, 동학농민군의 봉기는 일본군이 진압하는 바람에 실패했다. 주동자 전봉준은 부하의 밀고로 순창에서 체포되어 처형되었다.

1895년, 고종 32년 일본은 청나라와 맺은 시모노세키 조약으로 요동

반도를 일본에 주었고 더불어 조선의 완전독립을 선언했다.

또한 민비의 등장을 막고 대원군을 물러나게 했다. 이때 물러났던 김홍집을 총리대신으로 하여 연립내각을 만들도록 했고, 의정부를 내각으로 고쳐 일본인 고문관을 통한 내정간섭을 강화했다.

하지만 일본은 청나라로부터 받은 요동반도를 러시아, 독일, 프랑스의 동맹국의 힘에 눌려 청나라에 되돌려주었다. 영리한 민비가 이것을 알고 친러정책으로 일본을 배척하여 러시아가 일본을 조선에서 몰아내주기를 바랐다. 이때 눈치가 빠른 매국노 이완용도 친러파가 되었다.

민비가 정책을 친러로 바꾸면서 친일파 내각 김홍집을 몰아내고 박정양 내각을 만들면서 이완용을 학부대신으로 임명하였다. 일본은 민비 때문에 러시아에게 밀리자 일본공사 미우라의 지휘로 민비를 죽이기로 했다.

1895년 8월 20일(양력 10월 8일) 미우라는 대원군이 머물러 있는 공덕리 아소정에 일본군이 훈련시킨 조선군대와 일본낭자들이 야간훈련을 빌미로 나타났다. 미우라는 대원군과 결탁하여 대원군을 앞세워 경복궁 앞에 도착했다. 이때 궁궐수비대장 홍계훈이 가로막자 그 자리에서 죽이고 궁궐로 쳐들어가 민비를 찾았다.

이때 민비는 궁녀 복으로 갈아입고 건청궁과 곤녕궁으로 오가면서 숨어 있었다. 그러나 민비가 일본 낭자들에게 발각되자 내부대신 이경직이 두 팔을 벌려 가로막았고, 일본 낭자들은 이경직의 양 팔목을 잘라버리고 민비를 난도질했다.

그들은 증거를 없앤다며 민비의 시체를 홑이불에 둘둘 말아 녹산으로 옮겨 화장했다. 타다 남은 뼛조각은 향원정 연못에 던져 버렸다.

민비가 죽자 일본은 압력을 넣어 민비를 폐서인시켰다. 하지만 그해 일본은 국제적인 여론 때문에 사죄의 뜻으로 형식적인 조사와 함께 민비를 복원시켰다. 이 사건으로 위험을 느낀 고종은 러시아공사 베베르와 이완용의 공작을 통해 러시아영사관으로 몸을 옮겼다.

이후 고종은 박정양의 친러내각을 세우고 이완용을 외부대신에 기용했다. 이때 김홍집 등 친일내각 대신들에 대한 체포령이 내려졌다. 하지만 김홍집과 어윤중은 군중들에 맞아 죽었다. 또한 이미 실시된 단발령을 복원시켰으며, 의병의 해산을 권고하는 조서까지 내렸다.

하지만 친러내각이 들어서면서 위신이 떨어져 국권의 침해가 극심했다. 따라서 서재필 등 30여 명의 개화파들이 조직한 '독립협회'와 백성들은 고종이 대궐에 돌아갈 것을 청했다.

백성들의 권유로 1년 만에 러시아 영사관을 떠나 궁궐에 돌아온 고종은 연호를 '광무'로 고치고 황제에 올라 국호를 대한제국으로 고쳤다. 이때 민비를 명성태황후로 추존했고, 시신 없는 민비의 능을 지금의 청량리 천장산으로 옮긴 후 홍릉으로 명명했다.

나라를 팔아먹은 오적들

1904년, 고종 41년(광무 8년) 러일전쟁이 일어났지만 일본이 승리하면서 고종에게 한일의정서를 강요했다. 일본이 대한제국을 집어삼키기 위해서 가장 먼저 한 일은 대한제국이 다른 나라와 교류하는 것을 막는 것이었다. 1905년 11월 일본은 외교권을 빼앗는 조약을 억지로 맺었다. 고종은 끝까지 거절하였지만 일본은 몇몇 관리들을 협박하여 도장을 찍도록 하였다. 고종은 끝까지 조약에 서명하지 않았다.

그러나 일본은 이 조약을 들먹이면서 대한제국을 대신하여 다른 나라와 외교 활동을 벌였다. 이 조약을 '을사보호조약'이라고 한다.

이때 고종은 이 조약을 극구 반대했지만 일진회 수장 이용구, 손병준과 친러파에서 친일파로 돌아서 학부대신이 된 이완용 등이 조약을 체

헤이그 특사(이준, 이상설, 이위종)

365

결한 것이다. 이 조약에 참가한 오적은 외부대신 박제순, 내부대신 이지용, 군부대신 이근택, 학부대신 이완용, 농상공부대신 권중현이다.

고종은 이 문서에 도장을 찍지 않았기 때문에 이 조약의 무효를 호소하기 위해 1907년 세계 여러 나라들이 네덜란드의 헤이그에 모여 만국평화회의를 연다는 소식을 듣고 특사로 이준과 이상설을 보냈다. 그리고 러시아 형제 니콜라이 2세에게 친서를 보내 특사의 활동을 지원해 줄 것을 요청했다.

그러나 일본과 영국의 방해로 밀사계획은 수포로 돌아갔고 이준은 울분을 참지 못하고 그곳에서 순국하고 말았다.

이완용, 송병준 등의 친일 매국대신들과 초대통감 이토는 한일협약을 위배했다는 책임을 지고 고종을 물러나게 했다.

고종의 뒤를 이어 순종이 27대 조선의 마지막 왕으로 즉위한 후 고종은 태황제로 높여졌다.

1910년, 순종 41년(융희 4년) 일본은 대한제국을 총칼로 합방했다. 그런 후 고종을 이태왕으로 격하시켰으며 같은 해 고종은 덕수궁에서 68세로 죽었다. 당시 고종의 사망원인을 일본인의 독살이라는 소문이 나돌면서 국장일인 3월 1일을 기해 3.1만세운동이 일어났다.

1910년 국권이 상실되면서 순종이 폐위되고 황태자는 왕세자로 격하되었다. 이로써 조선 왕조는 27대 519년 만에 멸망했다. 순종은 1926년 4월 25일 53세로 죽었고 6월 10일 국장일에 6.10만세운동이 전국적으로 일어났다.

일본군과 맞서 싸운 의병들

일본의 억압으로 고종황제가 물러나자 유인석, 이강녕, 홍범도, 신돌석 등이 전국에서 의병부대를 창설해 일본군과 싸웠다. 또한 이범윤과 최재형은 북간도와 연해주에서 의병을 일으켜 일본군에게 승리하면서 국내 상륙도 감행했다.

1908년 이인용을 총대장으로 한양진공작전으로 허위가 이끄는 결사대가 동대문 밖 30리까지 왔지만 실패했다.

1908년 안중근은 대한의군 참모총장 겸 독립대장으로 의병군을 이끌었다. 그는 1909년 10월 26일 오전 7시에 만주 하얼빈 역에서 침략의 원흉 이토 히로부미를 암살한 영웅이다. 당시 이토 히로부미가 쓰러지자 안중군은 가슴에서 태극기를 꺼내들고 만세를 불렀다. 안중근 의사는 1910년 여순감옥에서 32살의 나이로 사형당했다.

1908년 3월 21일 미국 샌프란시스코에서 한국외교고문인 스티븐스가 일본의 한국 침략을 찬양한 기사를 신문에 보도했다. 그러자 정인환과 전명운 두 의사가 스티븐스를 저격했다. 또 을사 5적의 우두머리 이완용은 1909년 12월, 명동성당에서 애국청년 이재명의 칼에 찔렸지만 죽지 않고 상처만 입었다.

안중근

3.1 운동과 항일투쟁 단체

조선총독부는 식민정책을 펴기 위해 일본이 세운 것으로 우리의 농업, 어업, 광업, 임업 등의 모든 분야를 비롯해 문화까지 착취했다.

이 무렵 제1차 세계대전이 연합군의 승리로 끝나고 4년 후인 1918년, 미국의 윌슨 대통령은 민족자결주의를 제창했다. 민족자결주의는 약소국들에겐 큰 힘이 되었는데 이것을 계기로 독립만세운동이 전개되었다.

3.1운동이 일어나기 전, 도산 안창호와 이동녕 등이 조직한 비밀단체인 신민회 외에도 독립의군부, 광복회, 국권회복단, 국민회의 등이 조직한 비밀단체들은 일본 헌병들의 눈을 피해 독립운동을 전개했다.

해외에선 항일독립투쟁의 기틀을 마련하기 위해 이시영과 이동녕이 서간도의 심원보와 밀산부에 세운 한흥동이 조선독립운동의 기지가 되었다. 또 연해주에 대한광복군정부가 세워져 독립군의 무장 항쟁 터전이 마련되었다. 국내 독립운동가인 신규식은 상하이에서 동계사를 조직했

기미독립선언문(왼쪽)·안창호(오른쪽)

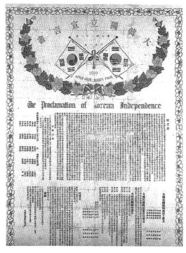

고, 안창호와 이승만은 미주지역에서 국민회를 조직하였으며, 박용만은 한인소년병학교를 세웠다. 상하이에서 조직된 시한청년단에서는 1919년 2월, 파리평화회의에 김규식을 민족대표로 보냈다.

1919년 1월 6일엔 일본 도쿄의 조선기록청년회관에서 조선청년독립단이 조직되었고, 2월8일에는 재일유학생 4백여 명이 최팔용 등을 중심으로 독립을 요구하는 선언서와 결의문을 세계만방에 선포하고, 일본정부에 이를 독립만세운동으로 통고하고 시위를 벌였다.

손병희 등 민족대표 33인은 거족적인 독립만세운동을 계획하여 1919년 3월 1일 조선의 독립을 선언했다.

이날 아침부터 파고다공원에 모여들기 시작한 학생들과 시민들은 시위행진을 벌였고, 이와 때를 같이하여 일어난 독립만세운동은 전국적으로 동시에 일어났다.

독립만세운동은 만주와 하얼빈과 하와이 등 해외 동포들에게까지 퍼졌다. 일제는 헌병과 경찰을 총동원하여 무차별 총격을 가하면서 독립

유관순 열사(왼쪽)·조선의열단(오른쪽)

만세운동을 탄압했다. 더구나 일본군대는 화성 제암리 부락의 교회에 신도와 마을사람들을 모아놓고 문을 잠근 후 집중사격을 가하고 교회와 마을에 불을 질러 1천여 명을 학살했다. 17세의 유관순은 고향으로 내려가 아우내 장날 만세운동을 벌이다가 체포되어 모진 고문으로 세상을 떠났다.

3.1운동은 우리나라 교육에도 많은 의미를 던져 주었다. 이후 민립대학설립운동[79]이나, 조선교육회의 설립 등으로 인해 민족주의 교육이 일어났던 것이다.

---

79) 1920년 6월 한규설, 이상재 등이 재단법인 조선교육회설립발기회를 개최하여 문리과, 농과, 상공과, 의과 등을 중심으로 교육운동이 곧 민족운동이라는 이념을 보다 굳건하게 부각시켰다

역사에 빛나는 청산리 전투의 승리

　3.1운동을 겪은 일본은 무력탄압으로는 식민 지배가 어렵다고 생각하였다. 그래서 나온 정책들인 달래고 속이는 회유의 정책이었다. 더구나 새로 부임한 사이토 총독은 군복차림의 헌병대신 검은 제복에 칼을 찬 경찰, 즉 고등경찰 통치제도를 사용했다.

　이때 민족의 지도자들은 한결같이 정부를 세워야겠다고 생각했다. 3.1운동 이전부터 시베리아로 망명한 한국인 교포들은 '전로 한족회'를 조직했다. 이 조직은 러시아에 흩어져 있는 우리 민족을 한곳으로 모은 애국단체이다. 이 조직에서는 유인석, 이범윤, 이동휘 등이 활약하고 있었다.

　이 조직은 1919년 2월에 '대한국민의회'로 이름을 바꾸었고, 3.1운동이 일어나자 3월 17일에 독립선언서를 발표하고 21일에 그 이름을 임시정부로 고쳤다. 당시 각료는 대통령에 손병희, 부통령에 박영효, 국무총리에 이승만이었다.

　한양에서도 이교현, 윤이병, 이규갑 등이 임시정부를 만들기 위해 계획을 세웠다. 따라서 천도교, 기독교, 유교, 불교 등 각계 대표 30명이 비밀리에 인천 만국공원에 모였다. 여기서 국민회의를 열어 파리강화회의에 대표를 파견하여 정부수립을 나라 안팎에 선포하자고 했다.

청산리전투

그래서 국민대회가 4월 23일에 열렸는데, 이날 한성 임시정부의 수립이 선포되고 결의사항 등이 인쇄되어 뿌려졌다. 각료에는 대통령에 이승만, 국무총리에 이동휘 등이 뽑혔으며 13도의 대표 명단도 공포되었다.

1919년 4월 10일에 중국 상하이에서는 독립운동을 조직적이고 체계적으로 추진하기 위해 임시의정원을 구성했다. 당시 이승만을 국무총리로 하는 국무원내각을 발표했다. 이에 따라 상하이임시정부가 탄생되었는데, 1919년을 대한임시 원년으로 정하고 국호를 대한민국이라고 선포했다.

13일에는 임시헌장을 발표했으며, 국무원 내각에 이승만, 내무총장 안창호, 외무총장 김규식, 법무총장 이시영 등이 임명되었다. 또한 시베리아 임시정부, 한성 임시정부, 상하이 임시정부가 하나로 통합되었다. 그리고 이렇게 통합된 대한민국 임시정부를 상하이에 두었다.

1919년 9월 11일에 대한 임시정부는 새로운 헌법을 공포 및 발표하여 이승만을 집정관 총재로 선출하였다.

나석주

1926년 12월에는 김구가 주석이 되었다. 그러나 재정이 충분하지 못해 많은 어려움을 겪기도 했다.

1919년 9월 2일, 사이토가 우리나라에 취임하던 날 강우규는 서울역에 도착하여 마차에 타려는 사이토를 향해 폭탄을 던졌다. 그러나 안타깝게도 사이토는 죽지 않고 중상만 입었다. 이때 강우규 의사는 체포되어 처형당했다.

1923년 1월 23일에는 의열단원

김상옥이 종로경찰서에 폭탄을 던지고 붙잡히자 34세의 나이로 자살했다. 1923년 9월 1일, 일본 관동지방에 대지진이 일어나 60만여 호가 불타고 24여만 명이 죽었다. 천재지변인 지진을 이용해 일본은 우리 동포들을 죽창으로 찔러 죽이는 등 학살만행을 저질렀다.

이때 목숨을 잃은 동포는 약 6천여 명이나 된다.

1924년 이들의 만행에 복수하기 위해 김지섭은 폭탄 세 개를 품고 일본 천황의 궁으로 몰래 들어갔지만 폭탄이 터지지 않아서 실패했다. 현장에서 체포된 김지섭 의사는 1928년 2월 44세를 일기로 감옥에서 죽었다.

1926년 7월, 의열단 나석주는 중국인으로 변장해 톈진에서 인천항을 통해 국내로 들어왔다. 그는 동양척식주식회사와 식산은행에 폭탄을 던졌지만 터지지 않았다. 실패한 그는 도망가다가 추격해 오는 일본 경찰 간부를 권총으로 쏘아 죽이고 자결했다. 그때 나이 36세였다.

1932년 1월, 이봉창은 상하이로 건너가 김구 주석의 지시로 도쿄로 들어가 마차를 타고 가는 천황에게 폭탄을 던졌다. 하지만 그를 죽이지 못했다. 이때 일제는 이봉창 의사의 의거로 치를 떨었다.

1932년 4월 19일, 윤봉길은 김구 주석의 명령으로 상하이 훙코우 공원에서 물통과 도시락으로 꾸민 폭탄을 던졌다. 이때 일본군 최고 사령관과 일본인 고관들이 죽거나 중상을 입었다. 윤봉길 의사는 거사 후 현장에서 체포되어 일본 군법 회의에서 사형을 선고받고 1932년 12월 19일 순국하였다.

그러자 중국 국민당 장개석 총통은 윤봉길 의사의 의거에 찬사를 보냈다고 한다.

1929년 11월 3일, 광주여고 학생 박기옥이 일본인 남학생들에게 놀림을 당하자 한국인 학생들이 들고 일어났다. 그리하여 일본인 학생과 큰 싸움이 벌어졌다. 이것이 발단이 되어 학생운동이 전국으로 퍼져 나갔다.

그 당시 만주의 서북간도와 연해주에는 한민족이 1백만 명 정도가 살고 있었다. 따라서 이곳을 기반으로 삼아 무장 항일운동단체가 많았다. 대표적인 단체로 안무가 지휘하던 북간도 국민회군, 김좌진을 총사령관으로 하는 북로군정서군, 의병대장 홍범도의 대한독립군, 임시정부 소속의 지청천이 지휘하는 서간도의 서로군정서군, 이계가 지휘하던 서간도의 대한의군, 오동진이 지휘하던 남만주 광복군총영 등이다.

독립군들이 벌인 전투에서 '청산리 전투'의 대승은 역사상 길이 빛나는 전과이다. 이 싸움은 1920년 10월 20~23일까지 김좌진 장군과 이범석 장군이 지휘하는 독립군이 만주의 지린성 청산리 계곡에서 벌어졌다. 이때 전사한 일본군은 3천3백여 명이었지만 독립군 전사자는 60여명 안팎이었다. 청산리 전투의 패배 이후 일본은 독립군에 대한 탄압을 강화했다.

총칼 대신 글로 일본에 대항한 우리 문학

일제는 임진왜란과 마찬가지로 중국 대륙정벌을 빙자해 대한제국을 보급기지로 삼고자 했다. 이에 공장을 세워 자원과 노동력을 착취했다.

1938년에는 '내선일체' 즉, 일본과 조선은 한몸이라는 구호를 내세워 국가 총동원령을 내렸다. 이것은 문화와 전통을 없애려는 계략이었다.

1940년에 일제는 한글을 없애기 위해 한글판 '조선일보'와 '동아일보'의 신문과 잡지 등을 폐간시켰다. 또한 1942년에는 조선어학회와 진단학회를 해산시킨 후 간부들을 민족운동을 일으킨 주범이라며 감옥에 투옥시켰다.

특히 매월 1일에 신사참배를 강요하여 한민족의 얼을 뺏고자 했다. 당시 주기철, 최봉석 목사는 신사참배를 끝까지 거부하다가 순교했다.

1940년에는 성과 이름을 일본식으로 고치는 창씨개명을 발표했다. 그렇지만 매국노나 그들의 집안을 제외한 대부분의 사람들이 거부했다. 그리고 전쟁에서 부족한 물자나 식량을 채우기 위해 강제적으로 공출을 받기도 했다.

1938년엔 사람까지 총알받이로 이용하기 위해 조선육군특별지원병제도를 실시했다. 1941년까지 약 1만여 명의 청년들이 동원되었다. 심지어 1943년에는 징병제도를, 1944년에는 학병제를 실시해 약 40만여 명이 전쟁터로 보내졌다. 그리고 조선인 남자 4백85만 명을 강제로 징용하여 전쟁에 부역자로 충당했는데, 이들 중 6만여 명 이상이 끌려가 목숨을 잃었다.

그들은 여자들에게까지 정신대 근무령을 공포하여 만 12세 이상 40세 미만의 여성들을 남양과 중국 등의 전쟁터로 보내 일본군을 위안하도록 했다.

더 기가 막힌 것은 우리 민족의 정기를 끊는다며 백두산 천지를 비롯해 전국의 명산에 쇠말뚝까지 박았다. 하지만 그들의 극악무도한 민족말살정책에도 굴하지 않고 민족운동은 당당하게 일어났던 것이다.

한글과 한국어의 연구를 위해 이루어진 학술 단체가 1908년 8월 31일에 김정진을 회장으로 하여 창립한 '국어연구학회'를 모체로 1921년 임경재·장지영·이규방·신명균 등이 '조선어연구회'라는 이름으로 활동을 재개했다. 1931년 1월 '조선어학회'로 다시 바뀌었다가 1949년 9월 지금의 명칭인 '한글학회'로 정착했다. 또한 한글학회는 1926년에 한글날을, 1933년에 한글맞춤법통일안을 제정하고, 한글을 보급하고자 노력했다.

신채호는 해외 망명 중에 『조선상고사』, 『조선사연구초』를 썼고, 최남선은 단군이야기와 한국고전을 간행하여 보급시켰다.

박은식, 정인보, 문일평, 안재홍 등은 국사연구와 한국고전개발에 힘썼다. 최남선은 근대사를, 이광수는 『무정』을 발표했다.

한용운은 한국 근대시 역사 불후의 업적인 『님의 침묵』을 펴냈고, 한

조선어학회

국 근대 불교계에서 혁신적인 사상과 활동을 펼쳤으며, 3.1독립선언에 민족대표로 참가하는 등 일제강점기의 혁명적인 독립운동에도 앞장섰다.

김소월, 염상섭 등은 현대문학을 발전시켰다.

이상화, 이육사, 윤동주 등은 시를 통해 민족의식을 고찰했고, 1932년 방정환은 잡지 『어린이』를 발간했으며, 같은 해 5월 1일을 '어린이날'로 제정했다. 홍난파는 '봉선화'와 '성불사의 밤'을 작곡했다. 이 시기에도 우리의 전통 문화를 계승 발전시키기 위해 각 전문분야의 사람들이 일본의 대항에 총칼이 아닌 글로서 열심히 싸웠다.

우리의 해방과 미·소 중심의 냉전체제

제2차 세계대전은 독일·이탈리아·일본 삼국동맹의 추축국 대 미국·영국·중국·소련 등 연합국의 대립이었다. 침략적인 전체주의 국가들을 물리치기 위해 자본주의 국가인 미국·영국과 공산주의 국가인 소련이 연합하였다.

1945년 9월 2일 9시 4분, 도쿄만의 미주리호 함상에서는 연합국 대표들과 일본 대표들 사이에 일본의 항복문서 조인식이 거행되었다.

이탈리아와 독일이 항복한 뒤에도 마지막까지 버티던 일본은 미국의 연이은 원자폭탄 투하로 8월 15일에 무조건 항복을 선언하고 9월 2일 항복문서에 서명하였다. 그리하여 마침내 우리는 해방을 맞게 되었다.

미국의 요청에도 태평양 전쟁에 개입하지 않던 소련은 히로시마 원폭 투하 직후인 1945년 8월 8일, 9일자로 전쟁에 개입할 것임을 일본 측에 통고하였다. 이튿날 소련군은 관동군에 대한 공격을 개시하였다.

북한 지역으로 진공한 소련군은 일본군과 전투를 벌이면서 남하하여 8월 말경에는 38선 이북 전역을 장악하였다.

9월 2일 일본으로부터 항복을 받은 미군은 8일 인천에 상륙하고, 9일 서울에 도착하여 조선 총독으로부터 항복을 받았다. 이에 미군은 군정 실시를 선언하면서 공산화 방지를 위해 민주주의 실현과 질서 유지를 명분으로 조선 총독부의 행정 체제를 활용하고자 하였다. 미군정은 총독부 관료와 경찰을 그대로 등용한 반면, 한국인들이 조직한 대한민국 임시정부와 조선인민공화국은 모두 부인하였다.

38선을 경계로 미군과 소련군이 남북을 분할 점령함으로써 한국의 독립국가 건설 작업은 양국의 정치적 영향을 많이 받게 되었다.

1945년 12월 말 모스크바에서 개최된 미·영·소 3국 외무장관 회의에서 한국의 임시 민주 정부수립과 이를 위한 미·소 공동위원회 설치, 최대 5년 간의 신탁통치가 결의되었다.

한반도는 해방은 되었으나 미소 군정에 의한 신탁통치로 완전한 해방이 아닌 상황을 맞게 되었다. 남북 양측은 신탁 반대와 신탁 찬성 편으로 나뉘었고, 좌우 대립은 극심해졌다.

대한민국 임시정부와 독립촉성중앙협의회 등을 중심으로 한 우익 세력들은 신탁통치는 한국의 자주권을 부정하는 것이라고 하면서 반대 운동을 전개하였다. 조선공산당 등의 좌익 세력들을 처음에는 신탁통치 반대 입장을 취하다가 신탁통치를 '후견' 혹은 '원조 협력'으로 해석하여 이를 받아들였다.

1946년 3월 20일, 서울에서 열린 미·소 공동위원회에서는 임시정부수립에 참여할 협의 대상 선정을 둘러싸고 미국과 소련의 의견이 대립하였다.

제1차 미·소 공동위원회가 결렬될 때부터 남한 지역의 임시정부수립을 주장했던 이승만과 반공을 중시했던 한국민주당 등은 총선거를 통한 남쪽 지역의 정부수립에 적극적으로 참여하였다.

반면, 김구가 이끄는 한국독립당과 김규식 등의 중도파 세력들은 남쪽만의 선거는 민족 분단의 길이며, 장차 한민족이 미·소 전쟁의 전초전을 벌이는 민족상잔의 비극을 초래하게 될 것이라고 하여 반대하였다.

김구와 김규식 등은 1948년 4월 평양으로 가서 북쪽의 김일성과 김두봉 등과 만나 남북 제정당사회단체지도자협의회를 개최하였다.

협의회에서는 외국 군대의 즉시 철수, 외국 군대 철수 후 내전 발생 부인, 조선정치회의 구성 후 총선거를 통한 통일정부수립, 남한 단독 선거 반대 등을 공동성명으로 발표하였다.

김구와 김규식 일행은 서울로 돌아온 후 총선거에 반대하면서 통일정부수립운동을 펼쳐 나갔다. 이들은 남북 양쪽에서 추진하는 정부수립 작업을 모두 민족분열 행위라고 비판하면서, 민족 분단은 동족상잔의 비극을 초래하게 될 것이라고 경고하였다. 남북협상운동은 대한민국 정부수립 이후에도 계속되다가 1949년 6월 김구가 암살된 후 단절되고 말았다.

대한민국 정부와 북한 정부수립

국제연합총회에서 결의된 남북한 총선거가 소련의 거부로 불가능해지자, 1948년 2월 유엔 소총회에서는 가능한 지역에서의 선거를 결의하였다. 이에 유엔 한국 임시 위원단의 감시 아래 남한에서는 5월 10일 역사상 최초로 국민의 대표인 국회의원을 지역별로 선출하는 총선거가 시행되었다. 그러나 김구와 김규식 등의 남북 협상파와 좌익 세력은 참여하지 않았다.

투표권이 부여된 만 21세 이상 등록 유권자의 95.9%인 7백4십여만 명이 투표에 참가하여 제주도 2개 선거구를 제외한 198명의 국회의원을 선출하였다.

5.10 총선거에서 당선된 국회의원들로 구성된 제헌국회가 5월 31일 개원하여 의장에 이승만을 선출하였다. 국회에서는 7월 1일 국호를 대한민국으로 결정했고, 7월 17일에는 헌법, 정부 조직법을 공포하였다.

헌법 전문에는 3.1운동으로 대한민국을 건립하여 세계에 선포한 독립정신을 계승하여 민주 독립 국가를 재건한다고 명시했고, 대한민국 임시정부의 대한민국 건국 강령에 나타난 독립, 민주, 평등, 평화의 가치를 헌법 정신으로 구현함으로써 대한민국이 임시정부의 역사적 법통을 계승한 민주공화국임을 밝혔다.

이어 국회에서는 헌법에 따라 대통령 이승만과 부통령 이시영을 선출하였다. 이승만 대통령은 이범석을 국무총리로 하는 내각을 조직하고 8월 15일 미군정의 폐지와 함께 대한민국 정부수립을 국내외에 선포하였다. 12월 12일 파리에서 개최된 제3회 국제연합총회에서는 선거가 가능했던 지역에서 대한민국 정부가 유일한 합법 정부임을 승인하였다. 이후 미국 등 여러 국가들이 한국을 승인하였다.

5.10 총선거를 전후하여 단독정부수립을 위한 단독 선거라고 비난하는 세력들이 무장봉기하여 군경과 충돌하는 유혈 사태가 발생하였다. 이 과정에서 수많은 양민이 희생되었는데, 대표적인 사건은 제주 4.3사건과 여수·순천 10.19사건이었다.

광복 직후 북한 지역에서는 민족주의자 조만식이 지도하는 평안남도 건국 준비위원회 중심으로 건국 작업이 진행되고 있었으나 소련군 진주 이후 상황이 바뀌었다.

1948년 2월에는 조선 인민군이 창설되고, 1948년 8월 25일의 총선거로 구성된 최고인민회의에서 조선민주주의 인민공화국 헌법이 채택되었다.

이에 초대 수상 김일성을 중심으로 내각이 구성됨에 따라, 9월 9일 조선민주주의인민공화국 정부수립이 선포되었다. 북한에서도 광복 직후에는 태극기를 사용하였으나, 1948년 9월 8일에 인공기를 국기로 제정하였다.

이로써 남북 양쪽에서 이념과 체제를 달리하는 정부가 수립되어 서로 대립하는 상황이 전개되었다.

북한이 정부 수립 이후 미·소 양군의 철수를 요구하자 소련군은 1948년 말에 즉각 철수하였다. 이후 북한 정권은 소련과 군사 비밀 협정을 체결하여 비행기와 전차 등의 신무기와 각종 군사적 지원을 받았으며, 중국과도 협의하여 중국의 내전에 참여했던 조선 의용군 수만 명을 인민군에 편입하였다.

1950년 소련은 중국과 상호우호동맹 조약을 맺은 후 북한의 남침 계획을 승인했고, 중국도 미국의 전쟁 개입이 있을 경우 참전할 것을 북한에 약속하였다.

남한에서는 정부가 수립된 후 조선 경비대를 모체로 국군을 창설하여 치안을 확보하고 국방력 강화를 도모하였다. 미군이 철수한 이듬해인 1950년 한국 정부는 미국과 한·미 상호방위협정을 맺었다.

이에 앞서 미국 국무장관 애치슨은 태평양 지역 방위선을 발표했는데, 한국은 미국의 방위선에서 제외되었다. 만약 한국이 공격을 받는다면 한국인 스스로 방어해야 한다는 뜻이었다.

6.25전쟁과 휴전 협정

1950년 6월 25일 새벽 북한군(인민군)은 선전포고 없이 전면적인 전쟁을 일으켜 남침하였다.

북한군은 전차를 앞세운 우세한 전력으로 3일 만에 서울을 점령한 뒤 파죽지세로 남하하였다. 국제연합에서는 안전보장이사회를 소집하여 한국을 지원하는 유엔군의 참전을 결의하여 16개국의 연합국이 참전하게 되었다.

이승만 대통령은 전쟁의 효과적인 수행을 위해 국군의 작전 지휘권을 유엔군 사령관에게 이양하였다. 국군과 유엔군은 연합 작전을 전개하여 북한군의 남하를 저지했는데, 8월에 이르러 마산에서 낙동강을 따라 왜관을 거쳐 동해안에 이르기까지 최후 방어선을 구축하였다.

유엔군은 우세한 공군력을 바탕으로 북한군의 공세를 낙동강 전선에서 저지하고, 9월 15일 인천상륙작전의 성공으로 전세를 역전시켰다. 국군과 유엔군은 9월 28일 서울을 수복했으며, 10월 1일 38도선을 돌파하여 10월 말에는 압록강까지 진격하였다.

그러나 압록강을 건너 참전한 중국군(중국인민지원군)의 대공세에 밀려 국군과 유엔군은 후퇴하였고, 1951년 1월 4일 서울을 다시 빼앗겼다. 평택까지 밀렸던 국군과 유엔군은 전열을 재정비하여 5월 중순경에는 38도선 부근까지 진격하였다. 이후 38도선 부근에서 전선이 교착 상태에 빠지자 소련의 제안에 따라 미·소 양국은 정전회담에 합의하였다.

유엔군과 중국군 및 북한군은 6월부터 정전회담을 개최, 2년여 간 협의한 결과 1953년 7월 27일 비무장지대 설치, 군사정전위원회와 중립국 감시 위원단 설치 등을 골자로 한 정전협정을 체결하였다.

한국 정부는 휴전에 반대하여 정전회담에 참여하지 않았고, 정전협정

체결 전에 반공 포로들을 석방하는 조치를 취하였다. 그러나 한국 정부는 미국의 경제원조와 한·미 상호방위조약을 보장받고 정전협정을 준수한다는 입장을 밝혔다.

6.25 전쟁으로 군인과 민간인을 포함한 사상자는 전체 인구의 6분의 1인 500만여 명에 이르렀다. 전쟁 중 남한에서 납북되거나 월북한 사람들도 있었고, 북한에서 월남한 사람들이 100만 명 가까이 되었다.

수십만 명의 미망인과 전쟁고아가 발생했으며, 수많은 사람들이 이산가족이 되었다.

역사 연대표

한국사		연대	세계사	
약 70만 년전	구석기 문화		3000년경	이집트 문명 시작,
8000년경	신석기 문화			메소포타미아 문명 시작
233~2000	고조선 건국		2500년경	황허 문화 시작, 인더스 문명 시작
2000	청동기 문화의 보급		1800년경	함무라비 왕,
400년경	철기 문화의 보급			메소포타미아 통일
194	위만, 고조선의 왕이 됨		1000년경	주(周)의 건국
108	고조선의 멸망		600년경	석가모니 탄생
57	신라 건국		551년경	공자 탄생
37	고구려 건국		334	알렉산드로스 동방 원정
18	백제 건국		221	진(秦)의 중국 통일
			202	한 건국
			27	로마, 제정 시작
		B.C.	4	그리스도 탄생
194	고구려 진대법 실시	A.D.	45	인도, 쿠산 왕조 성립
260	백제 고이왕,		280	진(晉)의 중국 통일
	16관등법과 공복 제정			
313	고구려 낙랑군을 멸망시킴		313	로마 그리스트교 공인
372	고구려 불교 전래 및 태학		316	5호 17국 시대
	백제, 동진에 사절 보냄		375	게르만족 대이동 시작
384	백제 불교 전래	300	395	로마 제국 동서로 분열
405	백제 일본에 한학을 전함		439	중국 남북조 성립
427	고구려 평양 천도		476	서로마 제국 멸망
433	나제 동맹 설립	400	486	프랑크 왕국 건국
502	신라 우경 실시		529	유스티니아누스 법전 편찬
527	신라 불교 공인			베네딕트, 몬테카시노 수도원 창설
538	백제 사비성 천도		537	콘스탄티노플의 성 소피아 성당 건립
552	백제 일본에 불교 전파			
		500	589	수나라 중국 통일
612	고구려 살수대첩		610	이슬람교 창시
660	백제 멸망		618	당의 건국
668	고구려 멸망		622	헤지라(이슬람 기원 원년)
676	신라 9주 5소경 설치		629	현장, 대당서역기 씀
685	9주 5소경 설치		645	일본 다이카 개신
698	발해 건국	600	671	당 의정, 불경을 구하러 인도 여행
722	신라 정전 지급		710	일본 나라 천도
751	불국사와 석굴암 건립		755	당 안시의 난
771	성덕대왕 신종 주조		771	카롤루스 대제 프랑크 왕국 통일
788	독서삼품과 설치	700	794	일본, 헤이안 천도
828	장보고 청해진 설치		829	잉글랜드 왕국 설립

한국사		연대	세계사	
900	견훤 후백제 건국	800	875	당, 황소의 난
901	궁예 후고구려 건국		907	당 멸망, 5대의 시작
918	왕건 고려 건국		911	노르망디 공국 성립
936	고려 후삼국 통일		916	거란 건국
956	노비안검법 실시 과거제 실시		946	거란 국호를 요라 함
958	과거제 실시		860	송 건국
976	전시과 설치		862	오토 1세 신성 로마 황제 대관
983	전국에 12목 설치	900	987	프랑스 카페 왕조 시작
1009	강조의 정변		1037	셀주크 튀르크 건국
1019	귀주 대첩		1054	그리스트교 동서로 분열
1076	전시과 개정, 관제 개혁	1000	1096	십자군 원정
1107	윤관 여진 정벌		1115	금 건국
1126	이자겸의 난		1125	금, 요를 멸망시킴
1135	묘청의 서경 천도 운동		1127	북송 멸망, 남송 시작
1170	무신 정변		1163	프랑스, 노트르담 성당 건축 시작
1198	만적의 봉기	1100	1192	일본, 가마쿠라 막부 세움
1231	몽골의 제 1차 침입		1205	칭기스 칸 몽골 통일
1232	강화천도		1215	영국 대헌장 제정
1234	금속 활자로 상정고금예문 간행		1241	신성 로마 제국, 한자 동맹 성립
1236	고려 대장경 새김(~1251)		1271	원 제국 성립
1270	개경으로 환도,	1200	1299	오스만 제국 성립
	삼별초의 대몽 항쟁			
1359	홍건적의 침입		1302	프랑스 삼부회 성립
1377	직지심체요절 인쇄		1309	교황 아비뇽 유폐
1388	위화도 회군		1338	일본 무로마치 막부 성립
1389	박위 대마도 섬 토벌			영국·프랑스 백년 전쟁(~1453)
1391	고전법 제정		1356	독일 황금 문서 발표
1392	고려 멸망, 조선 건국		1368	원 멸망, 명 건국
1394	한양 천도	1300	1381	영국, 와트 타일러의 난
1413	조선 왕조의 지방행정 조직 완성		1405	정화의 남해 원정(~1433)
			1414	콘스탄츠 공의회(~1418)
	태조신록 편찬		1429	잔다르크 영국군 격파
1416	4군 신청(~1443)		1450	구텐베르크 활판 인쇄술 발명
1420	집현전 확장		1453	비잔티움 제국 멸망
1434	6진 설치(~1449)		1478	오스만 제국의 발칸 정복 완료
1441	측우기 제작		1492	콜롬버스 아메리카 항로 발견
1443	훈민정음 창제(반포 1446)		1498	바스쿠 다가마 인도 항로 발견
1485	경국대전 완성	1400		
1510	삼포 왜란		1517	루터의 종교 개혁

한국사		연대	세계사	
1512	임신약조		1519	마젤란 세계 일주(~1522)
1543	백운동 서원 세움		1526	무굴 제국 성립
1554	비변사 설치		1536	칼뱅의 종교 개혁
1592	임진왜란, 한산도 대첩		1590	도요토미 히데요시 일본 통일
1593	행주 대첩	1500	1598	낭트 칙령 발표
1608	경기도에 대동법 실시		1600	영국 동인도 회사 설립
1610	동의보감 완성		1616	후금 건국
1623	인조반정		1618	독일 30년 전쟁(~1649)
1627	정묘호란		1628	영국 권리 청원 제출
1636	병자호란		1642	영국 청교도 혁명(~1649)
1658	제2차 나선 정벌		1644	명 멸망, 청 중국 통일
	호서 지방에 대동법 제작		1688	영국 명예혁명
1678	상평통보 주조		1689	영국 권리 장정 발표
1696	안용복 독도에서 일본인 쫓아냄	1600		청·러시아 네르친스크 조약 체결
1708	대동법 전국 확대 시행		1701	프로이센 왕국 성립
1712	백두산정계비 건립		1757	플라시 전투
1725	탕평책 실시		1765	와트 증기 기관 완성
1750	균역법 실시		1776	미국 독립선언
1776	규장각 설치	1700	1789	프랑스 혁명 인권선언
1801	신유박해, 황사영 백서 사건		1814	빈 회의(~1815)
1811	홍경래의 난		1830	프랑스 7월 혁명
1831	천주교 조선교구 설치		1832	영국 선거법 개정
1839	기해박해		1840	청·영국 아편 전쟁(~1842)
1860	최제우 동학 창시		1848	유럽 1848년의 혁명
1861	김정호 대동여지도 만듦		1857	세포이의 항쟁
1862	임술 농민 봉기		1858	인도, 무굴 제국 멸망
1863	고종 즉위, 흥선대원군 집권		1860	베이징 조약
1865	경복궁 중건(~1872)			가리발디, 시칠리아·나폴리 전쟁
1966	병인박해, 병인양요		1861	미국 남북 전쟁(~1865)
1871	신미양요		1861	중국 양무운동 시작
1875	운요호 사건		1863	링컨 노예 해방 선언
1876	강화도 조약		1868	일본 메이지 유신
1879	지석영 종두법 실시		1869	수에즈 운하 개통
1880	통리기무아문 설치		1870	이탈리아 통일
1881	조사 사찰단 및 영선사 파견		1871	독일 통일
1882	임오군란		1882	독일·오스트리아·이탈리아
	조·미 수호 통상 조약 체결			삼국 동맹 성립
1883	한성순보 발간, 전환국 설치		1884	청·프 전쟁(~1885)
	원산 학사 설립		1885	청일 텐진 조약 체결

한국사		연대	세계사	
1884	우정국 설치, 갑신정변			인도 국민회의 성립
1885	거문도 사건, 배재 학당 설립	1887	프랑스령 인도차이나 성립	
1886	육영 공원, 이화 학당 설립	1889	일본 제국 헌법 공포	
1889	함경도에 방곡령 실시	1890	세실 조르 케이프	
			식민지 수상에 취임	
1893	보은 집회, 최초의 전화기 도입	1893	디젤 기관 발명	
1894	동학농민운동, 갑오개혁	1894	청일 전쟁(~1895)	
1895	을미사변,		쑨원 흥중회 창립	
	유길준 서유견문 지음	1895	일본 시모노세키 조약 체결	
1896	아관파천, 독립협회 설립,	1898	청 무술개혁, 무술정변,	
	독립신문 창간		파쇼다 사건	
1897	대한제국 성립	1899	헤이그 만국 평화 회의	
1898	만민공동회 개최, 독립협회 해산		청, 의화단 운동	
1899	경인선 개통, 대한국 국제 반포	1800		
1904	한일 의정서 체결	1902	제1차 명일 동맹	
1905	제2차 한일 협약(을사늑약)	1904	러일 전쟁(~1905)	
1906	통감부 설치	1905	제2차 영일 동맹	
1907	국채보상 운동		미국·일본 가쓰라·테프트 밀약	
	헤이그 특사 파견, 정미7조약,		러시아·일본 포츠머스 강화 조약	
	고종 황제 강제 퇴위, 군대 해산		러시아 피의 일요일 사건	
1908	의병, 서울 진공 작전		쑨원 중국 동맹의 결성	
1909	간도 협약 체결		인도, 스와라지 운동	
	안중근, 이토 히로부미 사살	1907	영국·프랑스·러시아 삼국 협상 성립	
	나철 대종교 창시			
1910	국권 피탈, 조선 총독부 설치,	1908	청, 서태후 사망, 신통제 즉위	
	회사령 공포,	1909	청·일본 간도 협약 체결	
	토지 조사 사업(~1819)	1900		
1911	105인 사건	1911	제2차 모로코 사건	
1912	토지 조사령 공포		중국, 신해혁명	
	조선 태형령,	1912	발칸 전쟁(~1913)	
	경찰범 처벌 규칙 시행		미국, 윌슨 대통령 당선	
	임병찬 독립 의군부 조직	1914	제1차 세계 대전(~1918) 발발	
1914	이상설, 대한 광복군 정부 수립	1915	일본 21개조 요구 조항 발표	
1917	대동단결선언	1917	러시아 혁명	
1918	서당 규칙 공포 시행,	1918	윌슨 대통령 14개조 평화 원칙 발표	
	한인 사회당 결성	1919	파리 강화 회의 개최, 베르사유 조약	
1919	2.8독립 선언, 3.1운동,		간디 비폭력 저항 운동 개시	
	제암리 학살 사건	1910	무솔리니 파시스트당 창설	
	대한제국 임시 정부 수립		5.4운동	

한국사		연대	세계사
1920	강우규, 사이토 총독에게 폭탄 투척		독일 바이마르 헌법 제정
	봉오동 전투, 청산리 전투, 간도 참변	1920	국제 연맹 설립
	조선 노동 공제회 창립		인도네시아 공산당 결성
	조선일보·동아일보 창간		
1921	김익상 조선 총독부에 폭탄 투척	1921	레닌 신경제 정책(NEP) 발표
			중국 공산당 결성
1922	조선 민립 대학 기성회 발기		워싱턴 군축 회의
1923	조선 물산장려회 창립	1922	코민테른 창설, 소련 연방 수립
	암태도 소작 쟁의		무솔리니의 로마 진군
	김상옥 종로 경찰서에 폭탄 투척		이집트 독립 선언
		1923	일본 관동 대지진 발생
1924	조선 노농 총동맹 결성	1924	제1차 국공 합작
	김지섭 도쿄 궁성에 폭탄 투척	1925	로카르노 협약 체결
1925	조선 공산당 창립	1926	장제스 북벌 시작
1926	6.10만세 운동	1927	인도 간디의 소금 행진 시작
	나석주, 동양척식주식회사와 식산 은행에 폭탄 투척		인도네시아 국민당 결성
		1928	켈로그·브리앙 조약
1927	신간회, 근우회 창립	1929	뉴욕 주식시장 붕괴,
	광주 학생 항일 운동		세계 경제 공황
1929	원산 노동자 총파업	1920 1930	베트남, 인도차이나 공산당 결성
1931	조선어 연구회, 조선어 학회로 개칭	1931	만주사변
	동아일보, 브나로드 운동 전개	1932	만주국 건국
	김구 한인 애국단 조직	1933	히틀러 독일 총통에 취임
1932	이종창 의거, 윤봉길 의거	1934	중국, 대장정 시작
1933	한글 맞춤법 통일안 제정	1936	프랑코 쿠데타, 에스파냐 내전
1934	진단 학회 조직	1937	중·일 전쟁,
1935	민족 혁명당 조직, 한국 국민당 조직		중국 제2차 국공 합작
1938	조선 의용대 조직		난징 대학살
	한글 교육 금지, 국가 총동원법 공포	1939	제2차 세계대전 발발(~1945)
1939	국민 징용령 공포	1930	소련 폴란드 침공
1940	한국광복군 창설	1940	추축국(독일·이탈리아·일본)형성
1941	대한민국 임시 정부,	1941	스탈린 소련 수상 취임
	건국 강령 발표		대서양 헌장 발표
	대일 선전 포고		태평양 전쟁 발발(~1945)
1942	조선어 학회 사건	1942	일본, 미드웨이 해전 패배
	조선 의용대의 광복군 편입		스탈린그라드 공방전
1943	학도 지원병제 실시	1940 1943	이탈리아 항복, 카이로 회담

한국사		연대	세계사
1944	조선에서 징병제. 징용제 실시	1944	얄타 회담
	미곡 강제 공출제 실시,		포츠담 선언
	여자 정신 근로령		독일과 일본의 무조건 항복
	여운형, 건국 동맹 조직		샌프란시스코 회의, 유엔 성립
1945	8.15 광복	1947	마셜 플랜
	조선 건국 준비 위원회 발족	1948	소련 베를린 봉쇄
	이승만, 독립 촉성 중앙		유엔 총회 세계 인권 선언 채택
	협의회 발족	1949	북대서양 조약기구(NATO)성립
	모스크바 3상 회의 개최		중화인민공화국 수립
1946	제1차 미·소 공동 위원회 개최	1950	애치슨 선언
1947	유엔 한국 임시 위원단 구성		유엔, 한국 파병 결의
1948	5.10 총선거 실시, 남북 협상		
	대한민국 정부 수립		
	제주 4.3사건, 여순 사건 발생		
1949	농지 개혁법 공포, 김구 피살		
1950	6.25 한국전쟁 발발	1950